중3부터 준비하는 **명문대 입학 로드맵**

민성원의 완전개정판
엄마는 전략가

민성원 지음

고등편

예담
friend

머리말

내 아이에게 가장 유리한 명문대 입학의 길

"지금 아는 것을 그때도 알았더라면 얼마나 좋았을까!"

자녀의 대학 입시를 마치고 많은 부모들이 이런 후회를 한다.

"우리 아이가 서울대 경영학과를 가고 싶어 하는데 뭘 해야 하나요?"

"연세대 의대를 가기 위해서는 어떻게 해야 할까요?"

학부모가 이런 질문을 얼마나 일찍 하느냐에 따라서 자녀의 합격 가능성이 달라진다. 외고를 비롯한 특목고의 합격도 공부 시작 시점에 좌우되는 것이 현실이다.

공부를 잘하는 데는 왕도가 없다고 한다. 좋은 대학에 들어가려면 열심히 공부해야 한다고 한다. 참 답답한 말이다. 라면을 끓이는 데도 설명서에 적힌 방법이 있는데, 어찌 공부를 잘하고 대학을 가는 데 방법이 없을까? 과연 서울대에 합격한 학생들이 지방대에 합격한 학생들과 같은 방식으로 공부를 했을까? 4시간 자면 떨어지고 3시간 자면 붙는다는 '3당4락'을 외치면서 잠도 자지 않고 열심히 공부만 했을까? 언론에서 말하는 것처럼 사교육을 받아가면서 공부했을까? 정말로 특목고를 가는 것이 서울대에 합격하는 데 유리할까? 많은 경우에 대답은 "아니오"다.

학생과 학부모님들께 올바른 정보를 드리고자 해마다 개정판 작업을 한다. 2015학년도 대입에서는 수시 4개, 정시 2개 이내로 전형 방법 수를 축소해 수험생들이 쉽게 준비할 수 있도록 '전형 간소화'를 추진하고 수능 최저학력기준을 완화하며 우선선발을 금지하는 등 많이 달라진다. 특기할 만한 점은 서울대가 2015학년도 대입에서 정시모집 선발 비율을 확대하면서(2014학년도 17.4퍼센트→2015학년도 24.9퍼센트) 수능 100퍼센트 선발 전형도 그 비중을 늘렸다는 것이다. 이와 더불어 새롭게 개편되는 대학 입시에 대해 자세한 내용을 수록했다.

대입 제도가 어떤 식으로 변화하더라도 여전히 바뀌지 않는 단 한 가지 요소는 명문대의 수는 제한되어 있고 그곳에 들어가고자 하는 학생의 수는 많다는 것이다. 제도는 누구에게나 공평하게 적용된다. 자신에게 가장 적합한 길을 찾는다면 주어진 상황에서 최선의 결과를 얻을 수 있을 것이다.

해마다 개정판을 내면서 내년에는 개정판이 필요하지 않을 정도로 안정된 입시가 정착하길 기대한다. 지난해의 불만을 반영하여 입시를 자주 바꾸더라도 모두를 만족시키는 제도가 되기는 어려운 것이 현실이다. 합격자에게는 만족스러운 입시제도이고 불합격자에게는 불만족스러운 입시제도로 남을 것이기 때문이다. 또한 실제로 자신이 원하는 대학에 진학한다는 것은 무척 어려운 일이라 어느 시절의 입시제도도 만족보다 불만이 월등히 많을 것은 자명하다. 오히려 안정된 입시를 유지하는 것이 학생과 학부모의 예측 가능성을 높이는 데 도움이 된다.

어떤 입시제도에서도 국어, 영어, 수학을 중심으로 열심히 공부하고 평소에 학교 공부를 충실히 하는 학생이 손해를 보는 일은 없다. 주변 입시 상황이 많이 변화하는 것 같지만 가장 핵심적인 본류는 거의 변화하지 않는다는 것을 알아야 한다. 제발 내년에는 개정판을 내지 않아도 되면 좋겠지만, 그것은 필자의 바람일 뿐 또 내년 6월이면 원고 마감 때문에 잠 못 이루는 한 달이 될 것으로 보인다.

학생과 학부모님께 올바른 길을 제시하는 보람으로 민성원연구소 연구원들과 많은 시간을 보냈다. 성적이 개선되거나 합격했다는 소식을 들을 때마다 지금껏 고생한 보람이 있다고 생각한다. 이 책이 고등학교 공부와 대학 합격에 올바른 지도가 될 수 있길 바란다.

그리고 입시 현장에서 가장 많은 컨설팅을 하면서도 바쁜 시간을 쪼개 해마다 개정 작업을 하고 있는 민성원연구소 수석컨설턴트인 박소형 선생님에게 감사의 말을 전한다. 또 수석컨설턴트를 도와 함께 원고 작업을 해준 김성근, 곽치영, 엄명희, 차유리, 김나연 컨설턴트도 고맙다. 모자란 소장을 돕느라고 노고를 아끼지 않는 직원들과 경영진들에게 다시 한 번 깊이 감사드린다.

2014년 7월
청담동 연구소에서
민성원

contents

머리말_내 아이에게 가장 유리한 명문대 입학의 길 4

1부_ 중3부터 준비하는 명문대 입학 프로젝트

01 중3 엄마의 전략이 왜 절실한가
복잡한 대입 제도 때문에 엄마의 전략이 필요하다 14
높은 수시 비중 때문에 엄마의 전략이 필요하다 16
수시 준비는 하루아침에 되지 않는다 20
일찍 수시를 준비할수록 유리하다 22
공인영어성적은 늦어도 중3부터 준비해야 한다 26
명문대에 입학하려면 수학 실력을 높여라 29

02 시작이 반, 현재 위치부터 파악하라
능력과 적성을 점검하라 31
  웩슬러 지능검사, 능력에 맞는 전략을 짜라 32 | 다중지능 이론, 나만의 강점 역량을 찾아내자 43 | 학습유형검사, 성격에 따라 공부법도 다르다 47

현재 성적을 확인하라 49
　내신성적을 관리하라 49 | 영어 성적을 확인하라 52 | 수학 진도를 파악하라 53
　언어 독해력을 파악하라 53 | 수능 모의고사 성적을 분석하라 55

03 내 아이에게 맞는 전략을 세워라

수능보다 내신이 좋은 경우 60

수능보다 논술이 좋은 경우 61

수능보다 비교과가 좋은 경우 61

수능, 내신, 논술, 비교과가 비슷한 경우 62

수능이 내신, 논술, 비교과보다 좋은 경우 62

04 진로도 전략적으로 결정하라

중3, 늦어도 고2에는 진로를 정하라 63

특목고 입학, 끝이 아니다 65

서울대에 입학하려면 과학고나 영재고를 가라 70

연고대에 입학하려면 외고를 가라 74

의대, 치대, 한의대를 가려면 자사고를 가라 76

일반고도 불리하지 않다 77

지방이나 농어촌에서 함부로 이사하지 마라 81

정치가 하고 싶어서 정치학과에 간다? 84

돈을 많이 벌고 싶다면 의대를 가라 86

대학보다는 학과가 중요하다? 89

학과 선택에도 요령이 있다 90

05 내신과 수능의 핵심 전략은 따로 있다

전략적인 내신 로드맵 94

　학년별 내신 관리법 94 | 수학 공부법 97 | 영어 공부법 108
　내신 대비를 위한 알짜 TIP 111

효과적인 수능 로드맵 113

　국어 영역 113 | 수학 영역 117 | 영어 영역 120 | 탐구(사회탐구/과학탐구) 영역 122
　사회탐구 과목을 선택하는 요령 123

중요 과목의 학년별 로드맵 126

　영어 로드맵 126 | 수학 로드맵 138 | 국어 로드맵 151 | 사회탐구 로드맵 158
　과학탐구 로드맵 161

2부_ 고3 아이의 실력에 날개를 달아주는 마무리 전략

01 수시와 정시, 대입 제도를 꼼꼼히 분석하라

수시를 알면 대학이 보인다 166
정시를 위해 수능도 함께 준비하라 168
먼저 수능을 철저히 파악하라 170

02 입학사정관제도, 이렇게 준비하라

입학사정관제도란 무엇인가 174
입학사정관은 어떤 사람인가 177
입학사정관제도에 관한 오해와 진실 178
입학사정관제도의 평가 기준 181
입학사정관제, 어떻게 준비할까 186

최근 면접·구술 시험의 출제 경향 및 전망은? 190
　면접·구술의 주요 평가 요소 191 | 면접·구술의 실시 방법 192
　면접·구술 준비 시 반드시 주의할 점 194 | 면접·구술의 대비 방법 196
입학사정관제도 유형별 합격 사례 201

03 서울대 입시, 무엇이 핵심인가

서울대 입시를 알아야 하는 이유 207
서울대에 들어가려면 서울대 들어가는 공부를 하라 210
　수시모집 지역균형선발 전형 211 | 수시모집 일반 전형 220 | 정시모집 226 | 정원 외 특별전형 – 기회균형선발 특별전형 Ⅰ, Ⅱ 230

04 연고대 입시, 무엇이 핵심인가

연세대 입시, 어떻게 준비할까 233
　수시 모집 235 | 정시모집 250
고려대 입시, 어떻게 준비할까 251
　수시 모집 251 | 정시모집 263

05 대입을 결정짓는 4가지 핵심 변수

내신, 어떻게 준비할까 267
　무엇보다 성적이 우선이다 267 | 정시에서도 뒷심을 발휘하는 내신 269 | 중3 내신은 고등 내신의 출발점 270
수능, 어떻게 준비할까 272
　모의고사 제대로 알기 272 | 수능을 잘 보기 위한 핵심 능력 273

논술, 어떻게 준비할까 275

　논술이란 무엇인가 275 | 통합 논술이란 무엇인가 278 | 논술, 어떻게 준비할 것인가 281 | 논술, 어떻게 잘할 수 있을까 285 | 능동적 학습으로 구술 면접에 대비하라 289

비교과, 어떻게 준비할까 291

　비교과란 무엇인가 291 | 비교과로 내신과 수능을 동시에 준비하라 292 | 이런 것도 비교과가 될 수 있다 294

06 비교과를 정복하라

국어 영역 비교과 296

수학 영역 비교과 298

영어 영역 비교과 299

탐구 영역 비교과 301

07 전략적으로 원서 쓰는 방법

수시 원서 쓰는 법 304

　자기소개서 잘 쓰는 법 305 | 추천서도 중요하다 316 | 포트폴리오, 이렇게 준비하라 321

정시 원서 쓰는 법 326

　전형 방법을 분석하라 327 | 영역별 최상의 조합을 찾아라 328 | 교차지원도 전략이다 330

중학교 3학년 자녀를 둔 엄마는 대학 입시가 멀게 느껴질 수 있다. 하지만 중학교 3학년 때 명문대 입학의 마지막 기회를 잡아야 한다. 이 시기를 어떻게 보내느냐에 따라 아이의 고등학교 성적과 대학 수준이 결정된다.

1부. 중3부터 준비하는 명문대 입학 프로젝트

01. 중3 엄마의 전략이 왜 절실한가

**복잡한 대입 제도 때문에
엄마의 전략이 필요하다**

중학생 자녀를 둔 엄마라면 대학 입시가 남의 일처럼 느껴질지도 모른다. 작은 시험을 준비하는 데는 짧은 시간이 필요하지만, 큰 시험을 잘 치르려면 오랜 준비를 해야 한다. 먼 길을 갈 때는 갈 곳을 정하고 전략을 세우는 것이 당연하다. 당장의 것만 해결한다고 먼 길을 제때에 제대로 갈 수 있는 것은 아니다. 뉴욕에 갈 사람은 뉴욕행 비행기를 먼저 예약한다. 공항에 가는 데 택시를 탈지, 공항버스를 탈지 선택하는 일은 그다음 문제다.

마찬가지로 자녀를 좋은 대학에 보내려면 현재 대학입시제도를 제대로 이해해야 한다. 특목고 입시도 자녀의 능력과 현재 성적, 목표 대학과 학과, 졸업 후의 직업에 대한 구체적인 고민 속에서 이루어져야 한다. 하지만 많은 부모들이 목표 행선지를 정하기도 전에 남들이 공항버스를 타니까 쫓아서 타는 모습을 연출하고 있다. 남들이 아이를 특목고에 보내니까 내 아이도 똑같이 특목고에 보내려고 애쓴다. 뒤에서 살펴보겠지만 특목고에 갈 아이가 있고, 그렇지 않은 아이가 있다. 특목고에 맞지 않는 아이한테 특목고 입학은 오히려 커다란 걸림돌이 될 수 있다.

경제적으로 여유로운 엄마들은 자녀 교육에서 유리한 위치를 선점하고 있는데도 잘못된 정보 때문에 목표에 맞지 않는 교육을 시키는 경우가 허다하다. 나는 이것을 긍정적 오류라고 부르는데, 겉보기에는 올바른 행동인 것 같지만 결국은 목적과 멀어지는 행동을 말한다. 예를 들어 중학교 3학년 아이가 수능 영어에 못 미치는 실력으로 TEPS를 준비한다면 아무리 노력해도 고등학교 3학년이 될 때까지 TEPS를 900점 이상 받기가 힘들다. 그런데도 남들이 TEPS를 공부하니까 덩달아 시작한다. 이 학생은 차라리 그 시간에 취약 과목을 공부하는 편이 낫다.

2015학년도 대학 입시의 64.2퍼센트를 수시모집으로 선발하고 서울대를 비롯한 상위권 대학은 평균 60퍼센트 이상 수시모집을 유지하고 있어, 수시의 중요성은 여전히 높다. 하지만 중학교 학부모를 만나서 상담해 보면 대부분 '수시'에 대한 지식이 거의 없다는 사실에 깜짝 놀라게 된다. 중학교나 중학생 대상 학원도 특목고 입학에는 관심이 있을지 모르지만 대학 입학에는 별 관심이 없다. 고등학교 3학년 담임선생님을 만나기 전까지는 누구도 학생과 학부모에게 대학 진학에 대해 진지하게 이야기하지 않는다. 복잡한 수시 정보의 홍수 속에서 내 아이에게 딱 맞춰 로드맵을 작성한다는 것은 얼핏 불가능에 가까워 보인다.

그러나 누군가는 아이를 위한 목표를 정하고, 그 목표를 달성하기 위한 전략을 짜야 한다. 누가 그 일을 해야 할까? 당연히 이 책을 읽는 엄마의 몫이다. 아이를 유명한 학원에 보내는 것만으로 부모의 역할을 다했다고 자부해서는 안 된다.

사실 학력고사를 거친 부모 세대의 경우에는 딱히 전략을 짤 것이 없었다. 그때의 전략이라고 한다면 열심히 효율적으로 공부해서 점수를 잘 받는 것이 유일했다. 따라서 줄곧 놀다가도 고등학교 2학년 때쯤 열심히 공부하기 시작하면 좋은 대학에 합격할 수 있었다. 그러나 지금은 그러기가 힘들다. 왜냐하면 현재 대학입시제도는 학교생활기록부 종합전형, 논술, 특기, 정시모집 등 여러 종류에 따른 맞춤형 상세 전략을 필요로 하기 때문이다.

높은 수시 비중 때문에
엄마의 전략이 필요하다

서울대 정운찬 전 총장이 수시모집을 확대한다고 발표했을 때 반발이 매우 심했다. 특히 전체 정원의 30퍼센트를, 교육에 소외된 지방 학생들을 위해 지역균형선발 전형으로 뽑겠다고 했을 때 강남권은 엄청나게 반발했다. 공부 잘하는 학생순으로 뽑아야지, 학교별 수준 차이를 인정하지 않는 내신성적으로 선발하거나 봉사활동, 학급 임원 활동 같은 과외활동 자료가 포함된 서류 심사로 선발하는 것은 불합리하다면서 학부모들의 원성이 드높았다. 특히 내신성적에 불리할 수밖에 없는 특목고 학생들은 더더욱 당혹해했다.

정운찬 전 총장이 퇴임하고 이장무 총장이 서울대 후임 총장으로 선임되자, 학생과 학부모를 포함한 교육 관계자들은 혁신적인 개혁이 좀 누그러들 것이라고 예상했으나, 그 결과는 오히려 정반대였다. 이장무 전 총장은 수시 비중을 더욱 확대하여 다양한 학생들을 선발하겠다고 발표했다. 2009학년도부터는 지역균형선발 전형에 더해 가난한 학생들을 위한 기회균형선발 전형까지 만들었다. 교육만큼은 기회의 평등이 이루어져야 한다는 취지에서였다.

도입 당시에는 내부 반발이 심했던 지역균형선발 전형이 이제 성공적으로 자리 잡았다는 데 대해 큰 이견이 없다. 2009년 졸업생들만 봐도 그렇다. 2009년은 지역균형선발 전형 학생들이 처음으로 졸업한 해였다. 4년간 그들의 학점을 분석한 결과, 내신 중심의 지역균형선발 전형으로 입학한 학생들이 정시모집 합격생들보다 더 높은 학점을 받은 것으로 나타난 것이다. 실제로 필자가 지도했던 지역균형 합격생들도 대학에 들어간 후 높은 학점을 받는 경우가 많았다.

2004년부터 서울대, 연세대, 고려대 등 상위권 대학을 중심으로 수시모집의 비중이 확대되어왔다. 2008학년도 이후에는 전체 정원의 절반이 넘는 학생을 수시에서 모집하게 되었다. 2009학년도 이후에는 그 비중이 더 늘어났고, 2014학년도까지 이런 추세는 이어져 왔다. 특히 2012학년도 수시모집부터는 수시 미등록 충원 기간이 도입되어 대학들은 거의 대부분 이 기간 동안 예비 합격자를 순위에 따라 선발할 수 있다. 이로 인해 정시로 이월되는 인원이 대폭 줄어들 것으로 전망된다. 따라서 수험생들은 수시에 대한 준비를 더욱 철저하게 해야 할 필요가 생겼다.

오연천 서울대 총장은 2011년 8월 초에 열린 취임 1주년 기자 간담회에서 "서울대는 지식 중심의 자기실현형 인간형을 뛰어넘어 사회 정의와 공정성에 균형 잡힌 가치관과 창의적인 상상력을 가진 사회통합형 인재를 양성하겠다"고 말했다. 이는 서울대가 '시험만 잘 치는 이기적 엘리트'는 더 이상 원하지 않는다는 것을 의미하고, 나아가 향후 입시에서는 입학사정관제를 더욱 확대할 가능성이 높음을 시사한다. 이와 관련하여 서울대는 이날 기자 간담회 보도자료에서 "공교육 정상화와 사교육비 경감에 기여하고자 잠재력 위주로 선발하는 수시모집을 단계적으로 확대할 계획"이라고 밝혔다.

현재 서울대의 수시모집 선발 비중은 모집 정원의 75퍼센트 수준으로 이미 그 비중이 상당하다. 연세대 72.8퍼센트, 고려대 73.6퍼센트, 서강대 66.2퍼센트, 성균관대 75.7퍼센트, 한양대 70퍼센트 등 서울의 주요 상위권 대학들도 정원의 60퍼센트 이상을 2015학년도 수시모집에서 선발한다. 이는 단 한 차례의 수능 시험만으로 학생의 우수성이나 잠재력을 판단하기 쉽지 않기 때문에 학교생활기록부뿐만 아니라 논술, 서류, 면접 등의 다양한 전형 요소를 반영하여 우수한 학생을 우선적으로 확보하기 위해 수시모집의 비중을 확대하는 것으로 해석된다.

수시모집을 처음 도입할 때는 정시모집의 보조 수단으로 소수의 특기자를 선발하기 위한 목적이었으나, 지금은 오히려 정시모집보다 수시모집을 통해 선발하려는 경향이 강하다. 대학의 입장에서는 수시모집이 정부의 간섭을 상대적으로 덜 받으면서 입맛에 맞는 학생을 선발할 수 있는 입시 전형이기 때문이다. 게다가 대학교육협의회에 입시가 맡겨진 현실에서 이런 추세는 거스를 수 없는 대세가 되었다.

현재 수시모집은 서류 심사를 통과한 후에 논술과 구술 시험을 치러야 하며, 서류 심사를 통과하기 위해서도 외국어 능력, 대외 수상 실적 등 미리 제시해 놓은 기준에 부합해야 하는 경우가 많다. 따라서 중학교 때부터 준비하지 않고 고등학교에 올라가서, 그것도 3학년이 되어서 준비하기에는 너무 늦다는 것을 알아야 한다.

그런데도 학교나 학원에서는 모두 정시를 최대의 목표로 삼아 공부하라고 말한다. 학교에서는 수시에 대비하여 지도할 교사 인력이 부족할 뿐 아니라 수시로 합격시켜본 경험이 부족하여 학생들을 체계적으로 지도하기가 어려운 실정이다. 특목고는 수능 중심의 정시와 더불어 수시에 각별한 힘을 쏟으면서 합격자도 많이 배출하고 있다.

그렇다면 일반고 학생들은 수시모집에서 특목고 학생들보다 불리할까? 아니, 오히려 유리할 수 있다. 현재 수시모집에서 특목고 학생들이 좋은 성적을 올리는 이유는 두 가지다.

첫째, 특목고에는 처음부터 우수한 아이들이 입학한다.

외고 학생들은 처음부터 영어를 잘했으니 외국어 성적을 중심으로 뽑는 글로벌 전형에 유리한 조건을 갖추고 있고, 과학고나 영재고 학생들은 올림피아드 출신들이 많으니 수시에서 성적이 좋은 것이다.

둘째, 특목고 차원에서 각종 경시대회에 입상하도록 준비시킨다.

중학교에는 없고 고등학교 1학년 겨울과 2학년 겨울에만 시험을 치르는 한국개발연구원KDI 주관 경제한마당대회의 입상 현황을 살펴보면 대원외고, 민사고, 한영외고, 명덕외고, 외대부속용인외고, 상산고

등 특목고 학생들의 수상 비율이 월등히 높음을 알 수 있는데, 이는 고등학교 1학년 때부터 미리 수시를 준비하기 때문이다. 하지만 현재 일반고 학생들은 고등학교 자체의 수시 경험이 부족하니 대입에서 대세가 되어가는 수시를 제대로 준비하기 어려운 실정이다.

그 대신 일반고 학생들은 내신에 강하니 스스로 계획을 세워 수시모집에 미리 대비한다면 오히려 특목고 학생들보다 더 유리할 수 있다. 수시모집의 내신 반영 비율이 높은 편이고, 대부분의 대학에서 학교생활기록부를 요구하기 때문에 일반고에서 준비만 잘한다면 오히려 특목고보다 수시 입학에 유리하다.

그러나 2015학년도부터는 수시 전형에서 수능 최저학력기준을 등급제로 한정해 우수한 학생을 가리는 변별력이 떨어지게 될 수 있다. 그 때문에 대학이 수시보다 정시의 비중을 높일 가능성도 있다고 예측된다.

수시 준비는 하루아침에 되지 않는다

정시가 수능에 의존하여 수능 점수만 좋으면 입학할 수 있는 제도라면 수시는 내신, 특기, 수상 실적, 공인 점수 등을 입증해 주는 서류 경쟁을 통해 입학할 수 있는 제도다. 따라서 일찍 수시를 준비하지 않으면 1년 반짝 열심히 애쓴다고 해서 자격 요건을 갖출 수 없다. 또한 내신 위주의 선발은 학교장의 추천을 받아 원서를 제출하는 전형으로 재수생에게는 거의 기회가 없는 제도다. 재수생은 올림피아드나 각종 경시대회에 새로이 응시할 수 있는 자격이 없기 때문에 특기자 전형에서도 합격할 가능성이 낮다.

그런데도 고등학교 3학년이 되어서야 비로소 전체 정원의 50~80퍼센트까지 수능과 관계없이 내신이나 특기만으로 선발하는 대학입시 제도가 있다는 것을 알게 되는 경우가 대부분이라는 사실은 참으로 아이러니하다. 좋은 대학에 합격시키겠다는 일념으로 일찍부터 자녀를 학원으로 내몰면서도 정작 가장 중요한 정보는 모르고 있으니 말이다.

TEPS, TOEFL 등 외국어 공인성적이 높은 어학 특기자를 예로 들어보자. 예전에 비해 영어를 잘하는 학생들이 너무 많아졌다. 어린 학생들이 원어민 수준의 대화가 가능하고, 매우 높은 어학 점수를 받는 것을 보면 대단하다는 생각이 든다. 그렇다고 무조건 일찍부터 영어 교육을 시키는 것이 옳다고는 할 수 없다. 하지만 언어 발달이 활발히 이루어지는 12세 이전에 확실한 계획을 세우고 영어 교육을 시키는 학부모가 많아지고 있다는 사실은 고무적이다. 결국 시기별로 듣기와 읽기, 말하기와 쓰기, 문법에 대한 계획을 세우고 공부해 온 학생을, 고등학교 때 '학교 내신만 잘 따라가면 되겠지'라고 생각하는 학생이 영어 성적으로 이길 가능성은 매우 적은 셈이다.

내신성적으로 뽑는 전형도 최소한 중학교 3학년 때부터 열심히 공부하는 연습이 되어 있어야 고등학교에 올라가서 차근차근 준비하여 학교장 추천을 받을 수 있다. 모든 수시 전형이 다 그런 것은 아니지만, 중학교 3학년쯤 되면 어떤 수시 전형이 자신에게 유리한지 살펴보고 준비하는 것이 합격 가능성을 높이는 길이다.

현재 수상을 비롯한 비교과 성적은 고등학교 재학 중의 실적만 인정하고 있다. 하지만 고등학교 때 수상 실적을 얻으려면 그 이전부터 준비를 해야 한다. 어학 급수, 각종 경시대회 등은 단기간의 준비로 수상하기가 어렵기 때문이다.

대학에서는 학생들을 위해 여러 입시제도를 만들어 대학 홈페이지에 관련 자료를 올려놓는다. 그런데도 그 자료의 다운로드 수가 의아할 정도로 적은 것을 보면 화들짝 놀라지 않을 수 없다. 바야흐로 대학 입시는 다양성의 시대를 맞이했다. 학력고사나 수능 같은 단 하나의 막강한 시험으로 대학에 입학하던 시절이 아니다. 아이들이 치러야 하는 대학입시제도는 관례적으로 최소한 4년 전에 공지한다. 대학입시제도를 잘 몰라서 자녀 교육에 실패했다면 누구를 탓할 것도 없다. 전략은 엄마가 짜고 공부는 학생이 하는 것이다.

일찍 수시를 준비할수록 유리하다

서울대는 2015학년도 대학입학 전형계획에서 정원 내 선발 인원 75퍼센트(지역균형선발 전형 21.8퍼센트, 일반 전형 53.1퍼센트)를 수시모집으로 선발한다고 발표했다. 특히 자연대, 공대, 사범대 내의 10개 학과와 수의과대, 음대, 미대 등 3개 단과대는 아예 정시 전형을 없애고 100퍼센트 수시 전형으로만 선발한다. 연세대와 고려대도 전체 정원의 70퍼센트 정도를 수시모집으로 선발하고 있다. 수시는 수능보다는 내신, 논술, 특기 관련 서류 심사를 중요시하는 전형으로 재학생에게 절대적으로 유리하다. 물론 재수생에게도 기회가 없는 것은 아니지만, 재학생에게만 지원 자격을 부여하는 전형이 많다.

일반적으로 '포트폴리오'라고 부르는 서류를 잘 구비하기 위해서는 많은 시간과 노력이 필요하다. 수능을 얼마 남기지 않은 시점에서 수시를 준비하려 한다면 포트폴리오를 제대로 갖출 수 없는 게 당연하다. 고등학교에 입학하고 나면 학교 공부를 따라가는 데도 시간이 부족할 지경이기 때문에, 따로 공인영어성적을 관리하거나 올림피아드나 경시대회를 준비하는 일이 무척 버거워진다.

그리고 수시에서 시행하는 논술과 구술은 비판적·통합적인 사고력을 요구하는데, 이런 능력이 하루아침에 생기기란 어렵다. 수능에서 국어 영역의 성적을 올리는 것이 제일 힘들다고들 하는데, 그 이유는 앞서의 비판적·통합적 사고를 바탕으로 하는 과목이 수능 국어이기 때문이다. 따라서 논리적 사고력을 키우기 위해서는 늦어도 중학교 3학년 때부터 준비해야 한다. 물론 가장 좋은 학습 시기는 중학교 1~2학년 때다. 이 시기의 국어 공부를 소홀히 하면 언어 개념과 독해 원리 능력을 키우기가 쉽지 않다.

서울대 수시모집과 정시모집의 자연계열 및 경영대학 모집 단위에서는 논술이 폐지되고 면접과 구술 고사가 시행되는데, 학업 능력을 비롯해 전공과 관련한 지식과 관심도를 평가한다는 점에서 꾸준히 준비된 포트폴리오를 바탕으로 검증한 지원자의 재능과 특기가 합격의 당락을 가를 것이다.

다만 2015학년도 대입부터는 자율적으로 문제풀이식 구술면접을 지양하고 학교생활기록부 위주로 평가하도록 바뀌었다. 논술도 마찬가지로 가급적 시행하지 않거나 고등학교 교육과정 수준에서 출제돼야 한다. 대다수 학생들이 준비하는 수능과 학교생활기록부가 적극적으로 반영되도록 하기 위함이다. 하지만 대학은 이렇게 되면 우수한 학생을 가리기가 어려워진다고 난색을 표한다. 반드시 대학에서 발표하는 최종 전형을 점검할 필요가 있다.

서울대 수시모집에서는 논술이 폐지됐지만 상위권 대학의 수시모집에서는 여전히 논술이 합격의 중요한 변수이다. 서울대의 정시모집에서도 자연계열과 경영대학을 제외한 모집 단위에서는 논술의 비중이 거의 절대적이라고 할 수 있다.

논술의 유형도 서론, 본론, 결론의 형식적인 작문 대신 논리력과 비판적 사고력을 바탕으로 심층 이해와 문제해결능력을 평가하는 다면적, 다층적 평가 구조를 통해 변별력을 강화하고 있다. 수능이 끝나고 한 달 정도 준비하는 것으로는 이런 유형의 논술에서 좋은 성적을 기대하기 어렵다.

논술은 일찍 준비하기 시작하더라도 무작정 열심히 공부하는 것으로는 안 된다. 대학의 출제 경향에 맞추어 공부해야 한다. 현재 '통합논술'이라는 이름으로 시행되는 대학 논술 시험에는 거의 모든 대학에서 "요약하라", "설명하라", "비판·평가하라", "자신의 견해를 서술하라"는 문제들이 출제되고 있다.

앞의 두 유형인 '요약' 또는 '설명' 문제는 주어진 제시문과 자료에 대한 분석적, 종합적인 심층 이해 능력을 학생에게 요구한다. '비판' 또는 '평가' 문제는 가치 판단 능력을 요구하고 마지막 유형인 '견해' 쓰기 문제는 합리적, 창의적인 문제해결능력을 요구한다. 따라서 논술 시험에서는 답을 썼다는 것이 중요하지 않다. 다른 학생보다 더 깊은 사고력과 이해력, 교과서 수준을 뛰어넘는 문제해결력이 돋보여야 한다.

문과 학생은 말할 것도 없고 이과 학생도 수리·과학 논술 문제의 답안지를 남과 같은 평범한 방식으로 메우기만 해서는 의미가 없다. 기회는 모두가 아닌 소수가 알고 있을 때만 진정한 기회로 다가온다. 그리고 그 기회를 알더라도 실천하지 않으면 여전히 나의 것이 아니다.

그렇다면 어떻게 논술을 준비해야 할까? 우선은 글 쓰는 방법을 배우고 숙달시키는 것이 좋다. 신문기자가 육하원칙에 의해 기사 쓰는 연습을 하듯이 내용을 요약하는 방법, 설명·비판의 글을 구성하는 방법, 견해를 논리적으로 구성하고 전개하는 방법을 알고서 자연스럽게 쓸 수 있도록 연습하는 것이다.

실제로 대학 논술의 채점 시 논리적인 구성 요건의 비중이 30~40퍼센트에 달하며, 이런 능력이 부족한 학생은 쓰고 지우고를 반복하다가 시간 부족으로 논술 시험을 망친다. 다음으로 책을 많이 읽으면서 생각의 폭과 깊이를 확장해야 한다. 또한 교과 수업과 연계하여 관련 글이나 자료를 찾아 분석해 봄으로써 독해와 이해 능력을 키워둬야 할 것이다. 물론 논술 기출문제를 풀어보는 것이 가장 효율적이다. 못 풀 문제보다 풀 만한 중위권 대학 문제부터 시작해 보라.

학부모들 중에는 아직 자녀가 어리고 입시제도도 자주 바뀌니 논술은 미리 준비하지 않아도 된다고 생각하는 사람들이 많다. 하지만 여기에서 단순한 사실에 주목할 필요가 있다. 대학에서 뽑는 정원은 언제나 정해져 있고, 전 영역에 걸쳐 모든 준비를 완벽하게 마친 실력파 학생들은 하나만 잘하는 학생들보다 훨씬 많으며, 그들이 합격하는 것은 당연하다는 사실 말이다.

일찌감치 자신이 원하는 대학을 선정하고, 그 대학의 요구 사항을 중심으로 로드맵을 그려 계획성 있게 공부해야 한다. 그렇지 않으면 절반 이상의 합격 기회가 있는 수시모집을 포기하고 바늘구멍처럼 좁은 정시모집에 의존할 수밖에 없다. 수시를 준비하는 데는 많은 시간이 필요하다. 하지만 거꾸로 생각하면, 많은 학생들이 수시 준비 시간을 충분히 갖지 못하기 때문에 미리 수시를 준비하면 상대적인 우위에 설 수 있다. 일찍 일어나는 새가 먹이를 많이 구한다는 말도 있지 않은가.

공인영어성적은 늦어도 중3부터 준비해야 한다

지금은 영어 실력만 가지고도 대학을 갈 수 있는 시대다. 명문대들은 거의 대부분 공인영어성적이 좋은 학생을 선발하는 기준을 마련해 두었는데, 수능 영어 영역에서 1등급을 받거나 만점을 받는 수준 이상의 영어 성적을 요구한다. 영어 실력을 입증하기 위해서는 TEPS 같은 공인성적이 필요한데, 문과의 경우 850점 이상, 이과는 750~850점대의 점수를 제출하는 학생들이 많다.

현재는 외국어특기자 전형 외에는 공인성적을 제출하라고 직접 요구하지 않는 경우가 많지만, 수능 만점자들의 영어 실력이 매우 우수하다는 점을 고려하면 수준 높은 영어 실력을 미리 만드는 것은 중요하다. 이런 학생들은 대부분 어린 시절부터 영어를 습득하기 시작하여 고등학교 입학 전에 일정 수준 이상의 영어 실력을 갖춘다. 그러면 고등학교 입학 후에 공인인증시험에 응시하여 높은 성적을 받는 것이 비교적 용이하고 수능 영어 영역에 대한 시간적 부담도 덜게 된다. 그래서 한동안 공인영어성적에 대한 열풍이 거세게 불었고 지금도 크게 다르지는 않다.

다만 공인성적 제출에 대해 제한을 두어 필요 이상의 과도한 경쟁을 막으려고 노력하는 움직임 때문인지, 과거에는 높은 점수일수록 합격 가능성이 올라갔으나, 최근에는 기준 점수를 충족하면 논술이나 심층 면접 등으로 합격 여부를 가리는 대학들이 많아지고 있다. 또한 TEPS 750~800점대의 학생들도 영어 B에서 100점을 받는 것이 쉽지 않을 만큼 수능 영어가 까다로워졌다는 점은 우리에게 시사하는 바가 크다.

먼저 TOEFL에 대해 이야기하겠다. TOEFL은 가장 넓은 범위의 시험에 해당한다. 그러나 TEPS가 주로 중학교 고학년에서 고등학교까지 준비하는 시험인 데 비해, TOEFL은 그 연령층이 더 낮고 훨씬 많은 것을 보여줄 수 있는 시험이므로 아직 어리고 시간이 있다면 준비하는 것도 좋겠다.

iBT TOEFL은 보통 중학교 1~2학년 학생들이 많이 준비하고, 중학교 2학년 말이나 3학년부터는 본격적으로 TEPS 준비에 들어간다. TOEIC은 TEPS보다 시험이 쉬운 편이라 우선은 TEPS를 목표로 준비하고, TOEIC은 고등학교에 진학한 후 몇 차례 정도 시험만 응시하는 방법을 선택해도 된다. TOEIC을 치기 전에 몇 회의 모의고사를 풀어 시험에 익숙해지고 TOEIC 특유의 어휘, 즉 기업 경영 및 무역에 관한 용어를 점검하면 좋은 성적을 얻을 수 있다.

영어 실력이 좋으면 모든 공인영어시험에서 유리하다. 하지만 TEPS나 TOEFL 같은 공인영어시험은 영어 지문을 우리말로 바꿔놓아도 이해하기가 어려울 만큼 내용에 깊이가 있다. 아직 한국어로도 TEPS 수준의 지문을 읽을 독해력이 완성되지 않은 학생은 독서를 포함한 국어 공부를 통해 기본 독해 능력을 기르는 것이 더 절실하다는 것을 잊어서는 안 된다.

내신 영어는 학교 수업을 따라가면서 열심히 공부해도 별 무리 없이 1등급을 받을 수 있다. 그러나 수능 영어는 시험마다 다르지만 대체로 1등급 커트라인 점수는 94~96점 선이므로 더욱 노력해야 1등급이 가능하다. 난이도가 올라가면 2~3등급 학생들은 점수가 크게 하락하는 반면, 1등급 학생들의 점수는 거의 변화가 없다. 이 점에 주목한다면 최상위 4퍼센트 학생들의 영어 실력은 수능 이상의 수준이라는 것을 쉽게 알 수 있다.

내신이나 수능과 달리 TEPS 성적을 900점 이상 얻기 위해서는 세밀한 로드맵을 설계하여 체계적으로 듣기, 어휘, 문법, 독해 능력의 수준을 높여야 한다. 이는 내신 영어 성적과는 별도로 관리해야 하는 것이다.

그리고 공인성적의 유효기간은 대부분 2년 이내이기 때문에 수시모집을 대비한다면 고등학교 1학년 여름방학, 정시모집을 대비한다면 고등학교 1학년 겨울방학 이후의 성적만이 유효하다는 점을 명심해야 한다. 목표 점수를 달성하는 마지노선 기한은 고등학교 2학년 여름방학까지로 정하는 것이 좋다. 고등학교 2학년 2학기부터는 수능 마무리에 최대한 많은 시간을 써야 하기 때문이다. 공인영어시험은 문제가 어렵긴 하지만, 대한민국의 모든 학생이 준비하는 것이 아니라 소수의 학생만 준비한다. 미리 알고 준비한다면 누구든 자신이 원하는 공인 점수를 달성할 수 있다.

아무리 영어 실력이 뛰어나도 수능 당일의 저조한 컨디션으로 한두 문제를 틀릴 수 있고, 그 때문에 수능 성적이 나쁘게 나오는 경우가 있다. 그러나 공인성적의 경우에는 여러 번 치른 시험 성적 중에서 가장 좋은 성적을 제출하면 되고, 일반적으로 시험일로부터 2년 이내의 공인시험을 모두 인정해 주기 때문에, 자신의 로드맵을 따라 차근차근 준비하는 학생이 결국에는 유리한 입장에 서게 된다. 게다가 같은 유형의 공인영어시험을 자주 치른 학생은 그 시험에 익숙해져서 높은 점수를 받을 수 있는 가능성이 그만큼 커진다.

명문대에 입학하려면
수학 실력을 높여라

영어가 인생을 결정하고 수학이 대학을 결정한다는 말이 있다. 보통 자연계를 지원하는 학생은 고등학교에서 수학 B를 선택하고, 인문계를 지원하는 학생은 수학 A를 선택한다. 개정교과가 해당되지 않는 현 고등학교 2~3학년은 현 3학년 기준으로 수학 A는 수학 상·하와 수학 1, 미적분과 통계기본을 공부하면 되고, 수학 B는 수학 상·하, 수학 1, 수학 2, 적분과 통계, 기하와 벡터를 공부해야 한다. 그리고 현 고등학교 1학년부터 적용될 수학 교육과정은 수학 1, 수학 2, 확률과 통계, 미적분 1, 미적분 2, 기하와 벡터, 고급수학 1, 고급수학 2로 개편된다. 수학 1, 수학 2, 확률과 통계, 미적분 1이 인문계와 자연계 교과과정에 공통으로 포함된다. 서울대의 경우 2015학년도 입학 요강에 의하면, 전체 모집 단위에서 수능 성적표에 기재된 표준점수×6/5, 즉 수학에 가중치를 부여한다. 수학 A/B형에 따른 가산점은 없어졌지만, 수학에 대한 반영 비율을 두어 수학의 중요성을 여전히 강조하고 있는 것이다.

수학에서 평균 성적을 내는 학생들은 선행학습을 중단하고 복습 위주의 공부를 하는 것이 올바른 전략이다. 하지만 명문대에 진학하고자 하는 우수한 학생들의 전략은 다르다. 그들에게 선행학습은 선택이 아닌 필수다. 저축은 미래의 소비를 위해 현재의 소비를 절약하는 것이다. 선행학습은 미래의 공부 시간을 저축하는 셈이다.

이전에 수학 진도를 모두 마치지 않고서 고등학교 3학년 때 논술과 수능 준비를 한다는 것은 어리석은 일이다. 이는 중간고사 3일 전까지도 공부 진도를 다 나가지 않은 것과 다름없다. 결국 중간고사 전날에 밤을 새우듯, 고등학교 3학년이라는 그 1년 동안 당일치기하는 마음으로 강도 높게 공부할 수밖에 없다. 이런 식으로 자신이 원하는 명문대에 진학하기란 수월치 않을 것이다. 사과나무를 심어서 사과를 따려면 1년의 시간만으로는 부족하다.

서울대에 합격한 학생들을 분석해 보면, 대부분 중학교 3학년 때 수학 상·하는 물론 수학 1까지 공부를 마쳤다는 것을 알 수 있다. 명문대를 목표로 한다면 고등학교 2학년 여름방학까지 수학 진도를 모두 마치고 2학기부터는 복습에 들어간다는 계획 아래 로드맵을 그려 성실하게 공부해야 한다.

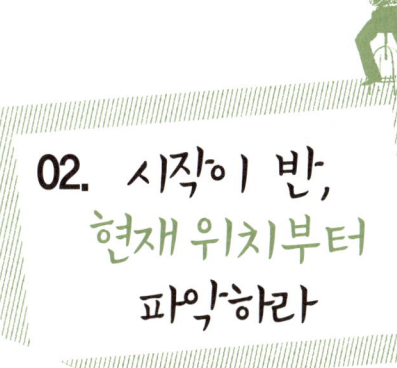

02. 시작이 반, 현재 위치부터 파악하라

능력과 적성을 점검하라

고등학생에게는 시간이 별로 없다. 학생의 현재 상태를 점검한 후 3년간의 일정을 완벽에 가깝게 짜지 않으면 목표 대학에 들어가기가 어렵다. 현재 65~67만 명의 수험생들이 가장 선호하는 서울대, 고려대, 연세대에 입학할 수 있는 정원은 겨우 1만 명 내외다. 나머지 64~66만 명은 고배를 마실 수밖에 없다.

상담을 진행해 보면 학생들이 꿈꾸는 대학은 대체로 본인의 성적을 훨씬 웃도는 학교인 경우가 많다. 현실감이 없는 학생들이 태반이고 자녀가 얼마나 많은 준비를 해야 하는지에 대한 감이 부족한 부모님들이 대부분이다. 시간은 모든 학생에게 똑같이 주어졌다. 누가 올바른 길로 현명하게 가는가에 대한 선택만 남아 있는 것이다. 일단 본인의 현재를 알고 미래를 설계해야 한다.

자기 자신을 정확하게 안다는 것은 입시 전략이 절실하게 필요한 요즘 같은 때에 무엇보다 중요하다. 자기 능력을 바탕으로 전략을 짠다는 것은 가장 기본적인 토대다. 내가 할 수 있는 것 중에서 해야 하는 것을 찾는 게 현실적인 방법이다.

▶ 웩슬러 지능검사, 능력에 맞는 전략을 짜라

심리 검사 중에서 학업 능력과 가장 상관관계가 높은 것은 아이큐(IQ)다. 게다가 요즘 학생들이 치르는 수능이나 논술은 사고력을 중심으로 문제해결능력을 물어보는 경향이 강하다. 이는 학생의 지능 수준을 묻는 것과 유사하다. 그러므로 현재 학생의 지능을 알아본다는 것에는 큰 의미가 있다. 학업과 가장 관련성이 높은 웩슬러 지능검사(K-WISC)에 대해 좀더 자세히 알아보자.

웩슬러 지능검사는 집단검사가 아니라 개인 검사다. 검사자와 피검사자 사이에 바람직한 신뢰감을 조성하기 쉬우며, 검사 과정에서 주의 깊은 관찰이 가능하다. 따라서 더욱 정확하게 검사할 수 있을 뿐 아니라 피검사자의 성격적인 특성까지 알아볼 수 있다.

웩슬러 지능지수는 종합 지수만 산출되는 것이 아니라 각각의 소항목마다 지수를 따로 측정한다. 그래서 각각의 소항목마다 강점과 약점을 파악하여 전략을 짤 수 있는 장점을 가진다. 웩슬러 지능검사는 성향 검사가 아니라 능력 검사이므로 학생의 능력을 객관적으로 파악하는 것이 가능하다. 그렇다면 웩슬러 소검사는 어떻게 실시하고 그 의미는 무엇인지, 그리고 그것이 교과목별로 어떤 연관성을 갖는지 살펴보자.

▶ 지능지수의 분류

지능지수	분류
130 이상	최우수(very superior)
120~129	우수(superior)
110~119	평균 상(high average)
90~109	평균(average)
80~89	평균 하(low average)
70~79	경계선(borderline)
69 이하	정신지체(mentally retarded)

언어이해 소검사

언어이해 지능은 학습과의 상관관계가 아주 높은 영역이다. 후천적인 학습으로 개발될 여지가 지각추론 지능보다 높다.

공통성

검사자가 두 가지 단어를 제시하고 학생이 둘 사이의 공통점을 유출해 내도록 한다. 학생은 짝지은 단어들을 정확하게 인지하는 동시에 공통 요소를 유추해야 한다. 이 검사를 통해 학생의 융통성, 언어적 개념 형성 능력, 추상적·논리적 사고력을 포함한 장기 기억력을 파악할 수 있다. 예를 들어 안경과 자전거의 공통점은 무엇인가 같은 질문에 어떻게 반응하는지를 살펴서 학생의 능력을 알아보는 것이다. 공통성을 잘 찾지 못하는 학생은 국어, 수학, 사회탐구 등 추상적, 논리적 사고력을 묻는 질문에서 출제자의 의도를 정확히 파악하지 못하는 경향을 보인다.

어휘

검사자가 학생에게 단어의 뜻에 대해 질문한다. 어휘 소검사는 상식 소검사처럼 학생의 경험이나 교육 환경과 밀접하게 관계된다. 학생의 학습 능력, 정보 축적 능력, 장기 기억력, 개념 형성 및 언어 발달, 사고의 풍부함에 대한 정보를 얻을 수 있다. 어휘력은 학생이 학습하고 정보를 축적하는 능력과 관련 있으므로 학교에서 성실하게 공부한 학생이 높은 지수를 보인다. 공부의 기본은 어휘이기 때문이다. 다독을 하면 어휘력이 좋아질 것으로 생각하나 실제로는 독서보다 교과목을 통해 어휘를 늘리는 것이 정확하고 효과적인 방법이다. 독서는 상식을 늘리는 데는 큰 도움이 되지만, 호기심을 갖고 사전을 찾아가면서 책을 읽지 않는 한 어휘에는 별 도움이 되지 않는다. 과목별로 개념을 정리하면서 공부하는 습관을 들이는 것이 좋은데, 교과서에 나오는 어휘는 반드시 그 뜻을 정리해 둬야 한다. 어휘는 전 과목에 대한 이해와 시험 성적에 영향을 미치므로 꾸준히 공부하자.

이해

검사자가 학생에게 여러 가지 사회적 상황을 설명하고, 그 원인이나 해결책에 대해 묻는다. 이 검사를 통해 학생이 가진 실용적인 정보나 이전 경험을 응용하여 답을 이끌어내는 문제해결능력이 있는지 평가할 수 있다. 학생의 반응에 따라 학생의 표준 지식, 문화적 기회의 범위, 양심이나 도덕의식의 발달 수준도 파악할 수 있다. 또한 자신이 알고 있는 사실을 종합하여 언어화하는 능력도 엿볼 수 있는데, 주관식·객관식 시험을 막론하고 성적과의 상관관계가 매우 높다. 자신이 아는 것을 말로 표현하는 것이므로 이해 소검사에서 높은 지수를 얻으면 논술과 구술에서 긍정적인 결과가 나올 가능성이 크다. 평소 발표를 많이 하고 글을 꾸준히 쓰는 연습을 통해 이 수준을 높일 수 있다. 이해 지수가 높은 학생은 노력에 비해 성적이 높게 나오는 편인데, 특히 국어나 탐구 과목에서 높은 성취를 보인다. 반대로 이해 지수가 낮은 학생은 노력에 비해 성적이 낮게 나오는 경향이 있으므로 영어와 수학을 먼저 전략 과목으로 선정하는 것이 바람직하다.

단어 추리

검사자가 제시하는 단서들이 설명하는 공통 개념을 알아내는 검사로 스무고개와 유사한 방식으로 실시한다. 이 검사에서 높은 지수를 받은 학생은 동일한 범주에 들어가는 어휘를 선택해 내는 범주화 능력이 뛰어날 것이라고 판단된다. 또한 언어로 표현된 단서를 이해하는 능력과 추론하는 능력, 단어 지식 수준이 우수할 확률이 높다. 단어 추리 검사를 통해 모든 과목 시험에서 출제자의 의도를 정확히 파악할 수 있는지와 암기 과목에서 공통 범주들을 효율적으로 묶어 암기하는지를 확인할 수 있다. 따라서 이 영역을 계발하기 위해 학생은 어휘 노트를 활용하여 체계적인 어휘 학습을 해야 할 것이다. 같은 뜻을 가진 어휘를 찾아보거나 사전을 들춰가며 학습하는 것도 좋겠다. 어휘 공부는 물론 사회탐구, 과학탐구 등의 다양한 학습에서도 범주화를 활용한 암기 전략을 활용해 보자.

상식(보충 소검사)

검사자가 학생에게 직접 상식과 관련된 질문을 한다. 학생이 가진 지식의 양은 타고난 재능, 교육 정도, 환경에 의존한다. 일반적으로 상식 소검사는 보통 학생들이 정상적인 가정생활과 학교 경험을 통해 획득할 수 있는 지식을 기준으로 한다. 학교 공부는 누구나 알고 있는 상식을 기본으로 진행해 나간다. 만일 상식 수준이 낮다면 새로운 지식을 습득하는 데 시간이 많이 걸리거나 지식을 응용하는 데 어려움을 느낄 수 있다. 중고등학교 수준에서 상식을 늘리는 방법은 충실한 교과목 공부를 바탕으로 독서와 세상에 관심을 가지는 것이다. 상식은 그 나이에 알아야 할 지식이므로 같은 나이대의 친구들과 적절히 교류하는 것도 상식을 쌓는 데 도움이 된다. 상식이 부족하면 국어, 사회(도덕) 과목을 어려워하고 영어 독해 속도도 어느 정도 이상으로 잘 올라가지 않는다.

산수(보충 소검사)

검사자가 직접 학생에게 문제를 읽어주거나 학생이 직접 문제를 읽고 암산하여 문제를 푼다. 이 검사는 학생이 언어적 지시에 따라 문제의 선택된 부분에 집중하고 수적인 응용을 할 것을 요구한다. 문제에 따라 덧셈, 뺄셈, 곱셈, 나눗셈 등 사칙연산에 대한 지식을 기반으로 연산력, 암산력, 집중력이 필요한 검사이다. 어휘와 상식 소검사처럼 이전 학습 경험의 영향을 받는다. 수적인 능력과 함께 산수 맥락에 제시된 언어적 정보를 이해하고 통합하는 능력도 살펴볼 수 있지만, 궁극적으로는 학생의 산수 재능을 측정한다. 수학에서 대수 파트와 관련이 있으며, 스스로 공부를 하거나 수업을 들을 때의 집중력, 주의력, 기억력과도 상관관계가 깊다. 산수 지수가 높은 학생들은 현재 성적이 다소 낮더라도 공부 동기가 생기면 성적이 빠르게 향상된다. 반면 산수 지수가 낮은 학생은 인터넷 강의와 같은 일방적인 강의에는 집중하기 힘들므로 소수의 학생을 대상으로 하는 오프라인 강의가 효과적이다.

지각추론 소검사

토막 짜기

학생에게 4~9개의 토막과 함께 토막이 일정한 모양으로 배열되어 있는 이미지를 제시하여 똑같은 모양으로 만들어보도록 한다. 이 검사를 위해 학생은 토막의 형태를 지각하고 분석해야 한다. 전체 그림에서 토막 하나하나의 이미지를 분화하여 배열해야 하는데 이때 지각 조직화, 공간 시각화, 추상 개념화가 요구된다. 학생의 비언어적 추론력과, 눈과 손의 협응력도 판단할 수 있다. 어려서 블록이나 레고 같은 장난감을 많이 가지고 놀았던 학생들이 더 수월하게 수행할 수 있다. 수학에서 기하 파트, 지리 등과 관련이 있는데, 수학을 잘 못하는 학생이 지리 공부도 힘들어하는 것은 공간을 시각화하고 개념화하는 것을 잘하지 못하기 때문이다. 토막 짜기를 잘하는 학생은 사회탐구에서 지리,

과학탐구에서 지구과학을 선택하는 것이 좋은 전략이다.

공통 그림 찾기

학생에게 두 줄 또는 세 줄로 이루어진 그림들을 제시하면 학생이 공통된 특성으로 묶일 수 있는 그림을 각 줄에서 한 가지씩 고른다. 이 검사는 추상화와 범주적 추론 능력을 측정하는 데 쓰인다. 이 검사에서 높은 점수를 받는 학생은 시각적으로 표현된 이미지들을 인지하는 능력이 우수하고, 이미지화된 그림들 사이에서의 추상화 작용과 범주화 능력이 뛰어날 확률이 높다. 또한 소검사 진행 과정에서 학생의 집중력과 스트레스 관리도가 우수할 확률이 높다. 이 영역을 계발하기 위해서는 평소 사물의 원리나 특성 등을 정확하게 인지하고 작은 부분이라도 꼼꼼하게 살펴보는 노력이 필요하다.

행렬 추리

불안정하게 제시된 행렬을 보고 다섯 개의 반응 선택지에서 그 행렬의 빠진 부분을 찾아내게 하는 검사이다. 이를 통해 학생이 시각적인 정보를 처리하는 능력을 파악하고 추상적인 추론 능력을 평가할 수 있다. 언어가 아니라 그림들을 보고 추론하는 능력을 판단하기에, 행렬 추리 검사에서 높은 지수를 얻은 학생은 비언어적인 추론력과 유추력이 뛰어날 가능성이 높다. 규칙성을 찾는 것은 모든 과목에 전반적으로 긍정적인 영향을 미치지만, 그중 수학에서 특히 크게 작용한다. 문제 해결 능력은 물론 함수, 수열 등 수학의 많은 부분에서 규칙성을 요구하기 때문이다. 따라서 행렬 추리 지수가 낮은 학생은 수학 중에서도 수열과 함수 부분에서 체계적으로 학습할 필요가 있다.

빠진 곳 찾기(보충 소검사)

검사자가 학생에게 다양한 사물의 이미지를 보여주면서 그 안에서 빠져 있는 부분을 찾게 한다. 이 검사에서 학생은 제시된 이미지를 인식하고 그것의 불완전한 부분을 식별한 후 빠진 부분이 무엇인지 결정해야 한다. 시각적인 변별력을 검사하는 소검사로 학생의 관찰력, 집중력, 추론력, 시각 조직화 능력을 판단할 수 있다. 세심한 집중력을 바탕으로 빠른 판단을 측정하는 것이다. 이 지수가 낮은 학생들은 응용문제에서 잘 실수하고 수학 기하 파트에서 고생할 확률이 높다.

작업기억 소검사

숫자

검사자가 학생에게 일련의 숫자를 불러준 후 똑바로, 혹은 거꾸로 말하게 한다. 이 검사는 학생의 단기 청각 기억과 주의집중력을 측정한다. 검사를 진행하는 과정에서 테스트를 받는 데 민감한 반응을 보이고 극도로 불안해하는 학생을 분별해 낼 수 있다. 똑바로 따라 말하기는 기계적인 학습과 단기 기억을 점검하며, 거꾸로 따라 말하기는 사고의 유연성과 스트레스에 대한 인내심, 집중력을 평가할 수 있다. 숫자 지수가 높은 학생은 암기할 것이 많은 영역에서 전략 과목을 찾는 편이 유리하다. 즉 사회탐구에서는 경제나 사회문화보다 지리를, 과학탐구에서는 물리나 화학보다 지구과학이나 생물을 선택하는 것이 전략적으로 유리하다.

순차 연결

학생에게 숫자와 글자를 섞어서 정보를 주었을 때 각각을 선별해 정리해 낼 수 있는 능력을 확인하는 검사이다. 연속되는 숫자와 글자를 읽어주고, 숫자와 글자를 순서대로 말하는 동시에 숫자는 가장 작은 순서대로, 글자는 가나다 순서대로 암기하게 하는 검사이다. 이 검사는 단기 기억력은 물론 주의집중력, 정신적인 조작 능력을 평가한다. 따라서 순차 연결 지수가 높은 학생은 수와 글에 대한 계열화 작업뿐 아니라 정신적 조작, 두뇌의 시공간적 형상화 능력이 우수할 것이라고 판단된다. 반면 이 검사에서 점수가 낮은 학생의 경우 한 번도 접해보지 못한 문제를 접할 때 다소 어려움을 느끼고 쉽게 포기할 가능성이 높다.

처리속도 소검사

기호 쓰기

일정한 규칙에 따라 제시된 기호를 빈칸에 채워 넣는다. 기호 쓰기는 학생이 낯선 과제를 학습하는 능력과 관계된다. 과제를 수행하는 속도와 정확성을 통해 학생의 지적 능력을 측정하고 눈과 손의 협응력, 정보처리능력, 단기 기억력 및 집중력을 판단할 수 있다. 또한 학생의 인성적 성향, 우울의 정도, 동기 부족, 완벽주의적인 모습을 판단하는 척도가 된다. 이 지수가 낮은 학생들은 시간 부족에 시달려 성적이 잘 나오지 않을 가능성이 크다. 공부를 할 때도 항상 시간을 재는 것이 좋은데, 평소 실전처럼 연습하지 않으면 자기 실력에 비해 성적이 낮게 나오기 쉽다. 특히 수학 문제를 풀 때 정답을 맞히려는 노력만 하지 말고 정확하면서도 빠르게 푸는 연습을 해야 한다.

동형 찾기

도형 하나를 보여주고 그것이 포함되어 있는 또 다른 도형을 찾게 한다. 기호 쓰기와 비슷한 소검사로, 과제를 수행하는 속도와 정확성을 통해 학생의 지적 능력을 측정할 수 있다. 주어진 도형을 언어적으로 암호화하는 능력이 뛰어난 학생이 우수한 결과를 내며 시각적 지각력, 주의집중력, 단기 기억력, 인지적 융통성을 평가할 수 있다. 수학과 깊은 관련이 있다.

지능지수에 따른 공부 전략

현재 성적이 상위권인 학생들은 지능검사를 통해 전략 과목을 선정하는 것이 커다란 의미를 가지지는 못한다. 이 학생들은 이미 높은 수준의 성취를 보이고 있으므로 자기 취향에 맞는 선택을 할 수 있다. 하지만 현재 성적을 중심으로 성적 향상을 도모하는 중하위권 학생의 경우에는 어떤 과목을 우선적으로 공부하고 어떤 과목을 선택해야 하는지에 대한 판단 기준이 상당히 모호하다. 이때 학업 성취와 상관관계가 높은 웩슬러 지능검사의 도움을 받아 학업 전략을 세우는 것이 상당히 효과적이다.

고등학생이라면 시간이 절대적으로 부족하므로 지능을 높이는 전략보다는 현재의 지능 수준에서 약점을 피하고 강점을 기준으로 성적 향상 계획을 짜는 것이 더욱 효율적이다. 지능을 기준으로 전략을 세우면 다음과 같다. 다만 이는 과목의 선택이 어려울 경우 참고자료로만 사용하는 것이 바람직하다. 공부는 지능 이외에도 동기부여나 효율적인 공부법에 의해 많은 영향을 받기 때문이다.

90~109(평균)

국어, 수학, 영어 영역 모두 중위권 이하의 학생인 경우, 학생의 지능을 검사한 결과 종합지수가 100 이하라면 국어나 수학보다는 영어 성적이 좀더 빨리 향상될 것이라고 기대할 수 있다. 다만 지각추론과 언어이해 소검사 지수가 23 이상의 차이를 보인다면 다른 결론을 도출해야 한다. 만일 지각추론 지수는 높은데 언어이해 지수가 낮다면 수학 성적이 좀더 쉽게 향상될 가능성이 있고, 그 반대라면 국어 성적의 향상을 기대할 수 있다.

110~119(평균 상)

다소 우수한 지능을 가지고 있는 경우다. 이런 학생의 성적이 잘 나오지 않는 것은 동기 부족이나 잘못된 공부법 때문이다. 동기부여를 하고 자신에게 맞는 공부법만 생기면 빠른 속도로 성적이 올라갈 것이다. 이런 학생은 국어와 수학에서 동시에 성적을 올릴 수 있으며, 올바른 로드맵을 잡아 계획을 세운다면 순식간에 우등생으로 변신할 가능성이 높다. 다만 영어 성적은 어휘 실력이 낮아 빨리 오르지 않을 수 있으니 인내심을 가지고 공부해야 한다.

120 이상(우수)

지능지수 120 이상인 학생의 성적이 좋지 않다면 환경 요인과 심리 요인이 복합적으로 작용하고 있을 가능성이 크다. 특히 언어이해와 지각추론 지수가 골고루 높게 나왔다면 비약적인 성적 향상을 기대할 수 있다. 이런 학생의 경우에는 동기부여를 할 수 있는 기회를 찾는 일이 시급하다.

스스로 공부에 의욕을 갖지 않으면 머리 좋은 열등생이 된다. 두뇌가 우수한 학생도 공부의 의미를 찾지 못하면 꾸준히 공부하기 힘들다. 그리고 자기 머리만 믿고 당일치기 위주로 공부하기 때문에 지속성이 떨어지기도 한다. 대입 로드맵을 짜고 내신 계획을 잘 세워 일정 시간 이상 계획적으로 공부한다면 스스로 성적을 올리는 기쁨을 누리게 된다.

이런 학생은 내신성적 향상도 기대할 수 있지만, 범위가 넓고 추상적이며 분석력을 요구하는 수능에서 더욱 높은 성적을 기대할 수 있다. 수능 비중이 높은 전형을 선택한다면 기대 이상의 결과가 나올 가능성이 많다고 하겠다.

▶ 다중지능 이론, 나만의 강점 역량을 찾아내자

하워드 가드너는 1984년에 자기 저서 『마음의 틀』에서 다중지능 Multiple Intelligence 이론을 제창했다. 다중지능 이론은 피검사자의 지능을 분석해서 강점 지능과 약점 지능을 알고, 이에 맞는 효율적인 학습 방법을 찾아내어 꿈과 목표를 실현하는 데 궁극적인 목적이 있다. 현재까지 밝혀진 다중지능만 해도 언어 지능, 논리수학 지능, 공간 지능, 신체운동 지능, 음악 지능, 대인관계 지능, 자기성찰 지능, 자연친화 지능 등이 있다.

언어 지능

단어의 소리, 리듬, 의미에 대한 감수성과 관련된 능력이다. 오래전부터 사람들은 언어와 두뇌의 관계에 관심을 가져왔다. 언어 지능이 높은 사람은 토론 시간에 두각을 나타내며, 유머 감각이 뛰어나고 말 잇기 게임, 낱말 맞히기 등을 잘한다.

논리수학 지능

논리수학 지능은 예전부터 지능의 핵심으로 여겨져 왔고, 유럽 학자들은 가장 중요한 인지 능력으로 꼽았다. 다중지능 이론에서도 가장 중심에 위치한다. 이 지능은 논리적인 문제나 방정식을 풀어가는 정신적 과정에 관한 능력으로, 때에 따라서는 언어 사용이 필요 없는 지능이다. 이 지능이 높은 사람은 논리적 과정에 대한 문제를 보통 사람들보다 훨씬 빠른 속도로 해결한다. 추론을 잘 이끌어내며, 주먹구구식이 아닌 체계적이고 과학적인 방법으로 문제를 파악한다.

공간 지능

시공간 세계를 정확하게 인지하고 건축가, 미술가, 발명가 등과 같이 삼차원 세계를 잘 변형시키는 능력이다. 공간 지능은 색깔, 선, 모양, 형태, 공간, 그리고 이런 요소들 사이의 관계에 대해 잘 안다. 두뇌의 오른쪽 반구가 공간 지능과 관련 있으며 시각 능력과도 관계가 깊다고 알려져 있다. 이 지능이 높은 사람은 밤하늘의 별을 보고 방향을 잘 찾아내며, 처음 방문한 곳을 다시 찾아가는 데도 별 어려움을 느끼지 않는다. 또한 시공간적인 아이디어들을 도표, 지도, 그림 등으로 잘 나타낸다.

신체운동 지능

가드너의 다중지능 중에서 가장 논란이 되는 지능으로, 사람마다 자신의 운동, 균형, 민첩성, 태도 등을 조절할 수 있는 능력을 가졌다고 여긴다. 유명 운동선수들은 어떻게 몸을 움직이고 반사적인 행동을 해야 하는지에 대한 타고난 감각을 갖고 있다.

음악 지능

음악 지능이 뛰어난 사람은 소리, 리듬, 진동과 같은 음의 세계에 민감하고, 사람의 목소리와 같은 언어적 형태의 소리뿐 아니라 비언어적 소리에도 예민하다. 예를 들어 발자국 소리만으로도 누가 오는지를 알아내는 사람은 음악 지능이 높다.

대인관계 지능

이 지능은 다른 사람들과 교류하고, 이해하며, 그들의 행동을 해석하는 능력을 말한다. 다른 사람의 기분, 감정, 의향, 동기 등을 인식하고 구분할 수 있는 능력과 얼굴 표정, 음성, 몸짓 등에 대한 감수성과 관련이 깊다. 대인관계에서 나타나는 다양한 힌트, 신호, 단서, 암시 등을 구별하는 능력이 뛰어나고 이에 대해 효율적으로 대처한다. 대인관계 지능이 뛰어난 사람은 친구를 폭넓게 사귀는 편이고, 교우 관계도에서 중앙에 위치한다. 유능한 정치인, 지도자, 성직자들 중에는 이 지능이 우수한 사람들이 많다.

자기성찰 지능

대인관계 지능과 유사한 특성을 지닌 인지 능력으로 '나는 누구인가? 나는 어떤 감정을 가졌는가? 왜 이렇게 행동하는가?' 등과 같은 질문을 던지며 자기 존재에 대해 이해하는 지능이다. 화를 내거나 기쁨을 표현하는 무형의 것들과 시나 그림으로 표현하는 유형의 것들로 인식할 수 있다. 자기성찰 지능이 높은 사람은 자아 존중감이 강하고 자신이 처한 어려움을 극복할 수 있는 능력을 지녔다.

자연친화 지능

다중지능 이론의 목록에서 가장 최근에 정립된 지능으로, 자연현상에 대한 유형을 규정하고 분류하는 능력을 말한다. 이 지능이 높은 사람은 자연을 관찰하고 이해하는 능력이 뛰어나다. 예를 들면 자연친화 지능이 높은 사람들은 보통 사람들이 헷갈려 하는 식물이나 동물의 종류를 쉽게 구별할 줄 안다.

▶ 학습유형검사, 성격에 따라 공부법도 다르다

학습유형검사를 해보면 성격에 따라 아이가 선호하는 학습 방식이나 교수 방식을 알아볼 수 있다. 행동형, 규범형, 탐구형, 이상형 네 가지로 나뉘는데, 이 성격 유형에 따라 공부 방법도 다르다. 예를 들어 행동형 아이는 자기주도적인 방법으로 학습하는 것이 효율적인 데 반해, 규범형 아이는 세세한 부분까지 계획적으로 설계해 줘야 자기 역량을 발휘한다. 학습유형검사를 통해 미리 아이의 유형을 파악하여 그에 맞는 학습법을 적용하면 좀더 즐겁고 효율적으로 공부할 수 있게 된다.

행동형
행동형은 상황에 대한 순발력이 뛰어나다. 머리 회전은 빠르지만 참을성이 없고 벼락치기로 학습하는 유형이다. 이런 유형은 성적이 잠시 오를 수는 있으나 인내력이 부족하여 이를 지속하기는 어려울 수 있다. 행동형에게는 꿈이나 목표가 아주 중요하다. 스케일이 크고, 일단 목표를 인식하면 기어이 해내고 마는 성향이 있다.

본인이 모든 것을 통제하고 싶어 하고, 자극에 민감하여 스스로 해보고 느껴야 실제 행동으로 옮긴다. 또한 본인이 하고 싶은 것에 대한 집중력은 높지만, 일상적으로는 집중력이 높은 편이 아니기 때문에 무조건 공부로 몰아붙이는 것은 좋지 않다.

규범형
규범형은 책임감이 강하고 성실하며, 미리 준비하여 과정에 맞춰 진행해 나간다. 꼼꼼한 유형이라 무엇이든 놓치지 않고 반복하려 해서 느리고 답답하게 느껴질 수 있다. 이런 아이에게 '빨리빨리'를 강조하는 것은 좋지 않다. 본인만의 계획이 있는 유형이며 그 안에서의 규칙을 중요시한다. 단계적으로 준비하고 한 번에 하나씩 처리하는 편이다.

또한 결과에 민감한 성격이기 때문에 시험 불안을 쉽게 가질 수 있는 유형이기도 하다. 좌절을 경험하지 않도록 하는 것이 가장 바람직한데, 만일 그렇지 못하다면 아이와 함께 실패 요인을 분석해 보는 것이 좋고, 스스로 존중받는다고 느껴야만 정서적인 위안을 얻는다. 그러므로 부모의 역할이 무엇보다 중요하다.

탐구형

탐구형은 궁금한 것이 너무 많다. 호기심이 많은 편이지만, 본인이 관심 있는 것에만 집중하며, 자신의 눈으로 세상을 바라보기 때문에 대인관계에는 별로 관심이 없다. 과제에 임할 때도 할지, 하지 않을지를 본인이 결정한다.

수업을 들을 때 원리 이해를 중요하게 여겨서 질문도 자주 하는데 맥락과 무관한 질문도 많다. 워낙 사고의 범주가 폭넓어 엉뚱한 질문을 하는 아이로 생각될 수 있지만, 자기만의 세계가 있는 유형이다. 그래서 부모는 또래 아이들과 다르다고 여기기 쉬운데, 조급하게 밀어붙이지 말고 아이의 세계를 충분히 이해해 줘야 한다.

하나의 관심사가 끊임없이 깊어져 전문성으로 이어지므로 대학 이후에 본인의 영역을 크게 넓힐 수 있는 유형이다. 중고등학생 시절에 아이의 잠재력을 잘 키워줄 필요가 있다. 다만 탐구형 학생일수록 특정 분야에만 호기심을 보이므로 두뇌 불균형이 일어날 가능성이 높기 때문에 정확한 지능검사를 통해 지속적으로 관찰해야 한다.

이상형

이상형은 진정한 인간관계를 중요시하고, 타인을 배려하고 용서하며 기다릴 줄 안다. 인간적이고 헌신적이지만 완벽주의적인 성향을 보이고 비현실적인 면도 다소 있는 편이다. 칭찬을 밑거름으로 성장하고, 멘토가 어떤 사람이냐에 따라 학습 역량이 크게 좌우되기도 한다. 따라서 선생님과 부모의 역할이 중요하다. 자신을 알아주는 사람에게서 존재감을 느끼고 능력의 최대치를 발휘하므로 이를 잘 활용할 필요가 있다. 반대로 자기 의견을 지지받지 못하면 굉장히 힘들어하고, 비난이나 지적은 정서적인 불안을 유발할 수 있다. 아이에 대한 신뢰를 바탕으로 격려와 지지를 해주어 아이가 성장해 갈 수 있도록 살펴야 한다.

현재 성적을 확인하라

▶ 내신성적을 관리하라

보통 내신성적이 우수한 학생을 보고 성실하다고 이야기하는 경우가 많은데, 사실 내신성적은 그 외에도 의미하는 바가 많다. 내신성적은 평소 그 학생의 학습 동기가 얼마나 강한지, 수업 시간에 얼마나 집중해서 듣는지, 예습과 복습은 꾸준히 했는지, 시험 적응도는 어느 정도인지, 자신에게 주어진 시간을 얼마나 잘 활용했는지 등의 요소들이 복합적으로 함축된 지표이기 때문이다.

그중에서 가장 중요한 것이 시간 관리다. 고등학생이 되면 대학 입시에 필요한 모든 요소들을 동시에 준비해 나가야 하므로 학생들의 부담감은 클 수밖에 없다. 하지만 고등학생이라면 누구나 불안한 마음을 안고 공부한다. 공부 시간도 누구에게나 똑같이 주어진다. 자신의 심리적인 부분을 잘 조절하면서 시간을 효율적으로 쪼개어 사용한 사람만이 목표 대학에 합격하는 기쁨을 맛볼 수 있다.

결국 내신 관리를 꾸준히 잘하는 학생은 자기 통제력이 뛰어나고 학습에 대한 성실함까지 갖췄다고 말할 수 있다. 이런 학생이 내신만 좋을 리 없다. 내신을 잘 관리하는 학생은 수능 성적도 대체로 좋다.

중학교 3학년이 되면 국어, 영어, 수학을 중심으로 내신성적을 관리해야 한다. 외고를 비롯한 특목고 입시가 중학교 내신성적을 중심으로 선발하기도 하지만, 고등학교에 올라간다고 해서 현재 성적이 갑자기 좋아지는 일은 드물다.

늦어도 중학교 3학년부터는 자신의 내신성적을 관리하는 노하우를 찾아야 한다. 실력이 좋은 것도 중요하지만 실력을 성적으로 반영시키는 것이 공부의 마지막 단계인 것이다. 특히 주요 과목 중에서 뒤처지는 과목이 없도록 관리하는 것은 중학교 3학년부터 고등학교를 마칠 때까지 반드시 해야 할 일이다.

이제 내 아이가 몇 점을 받았는지가 중요한 것이 아니라 상위 몇 퍼센트인지가 더욱 중요한 시점이 됐다. 대학은 고등학교 내신성적을 반영할 때 점수가 아닌 등급을 기준으로 삼기 때문이다. 그렇다면 등급은 어떻게 매겨질까? 등급은 전교생을 기준으로 아이의 성적이 상위 몇 퍼센트에 속해 있는지에 따라 1등급부터 9등급까지 구분된다.

예를 들어 아이가 영어에서 90점을 받아 학급에서 5등, 전교에서 50등을 했다고 가정해 보자. 전교생이 300명이라면 이 아이는 영어 과목에서 상위 16.6퍼센트로 3등급을 받는다. 점수나 등수로 봤을 때는 나쁘지 않을 것 같았던 성적이 등급으로 환산하자 3등급이 되어버렸다. 고등학교 내신이 전 과목 평균 3등급이라면 서울에 있는 대학은 가기 힘들다.

만약 아이가 특목고나 자사고에 진학할 경우 내신 관리는 더욱 힘들어진다. 우수한 학생들 사이에서 상위 몇 퍼센트 안에 진입하기란 너무나 힘든 일이다. 이처럼 특목고 학생들의 경우, 한 번의 실수로 내신이 망가지고 이로 인해 대학 진입의 가능성도 좁아져서 역차별 논란까지 일고 있다.

현재 입시제도에서 내신을 관리하면서 점수와 등수에 연연하는 것 자체가 무의미해졌다. 오직 백분위점수와 등급에 신경 쓰라는 뜻이다. 대학 입시는 고등학교 내신부터 반영되지만, 중학교 때부터 상위 4퍼센트(1등급) 안에 드는 훈련을 통해 내신을 철저하게 관리하는 습관을 들이는 것이 좋다. 학교에 따라 시험 수준이 다르겠지만 국어, 영어, 수학, 사회, 과학 석차등급 평균을 산출해 보고 2등급 이내에 들어가는지 확인한다. 3~4등급을 받고 있다면 내신 대비에 좀더 많은 시간을 투자할 필요가 있다. 수시 전형을 쓸 때 내신이 좋지 않으면 논술이나 비교과 등 다른 영역에 대한 부담이 커진다.

다만 2013년부터 내신에 대한 평가가 상대평가에서 절대평가로 바뛰었다. 내신의 영향력은 다소 떨어지겠지만 그만큼 다른 요소가 중요해질 수밖에 없다. 특목고를 가든 안 가든 절대적인 실력이 중요하다는 이야기이다. 내신이 완화된다면 서류가 강화될 가능성이 더 커진다. 대학 입시를 일찍 준비하는 것이 훨씬 중요해졌다는 사실을 명심해야 한다.

▶ 영어 성적을 확인하라

매달 TEPS를 치르면서 자신의 영어 실력을 체크하는 것이 중요하다. 학교 영어는 시험 범위 내에서 최선을 다하면 좋은 성적이 나올 수 있지만, 수능은 학교에서 배운 영어 실력으로 만점을 기대하기 어렵다.

중학교 3학년 때 TEPS 성적이 700점 이하라면, 영어 특기자로 대학을 가기 위해 영어에 투자하는 것보다 영어는 수능 만점을 목표로 하고 수학에 투자하는 것이 낫다. 특히 상위권 대학을 목표로 한다면 수학과 국어 과목에 더 많은 시간을 들이는 것이 현명한 전략이다.

이런 학생의 경우는 자기 학년, 혹은 위 학년 영어 모의고사를 가지고 매주 스스로 시험을 쳐서 시험 적응력을 높이는 동시에 그 시험의 등급을 확인하여 자기 위치를 체크하는 것이 바람직하다. 그러면서 영어의 여러 파트 중 어느 부분이 취약하고 강한지를 파악하여 강화하거나 보완하는 작업을 수행해야 한다. 단어장을 이용하여 자신의 어휘 수준을 파악하고 구문을 꾸준히 외워야 하며, 독해 속도를 체크하는 것도 매우 중요해진다. 시간 내에 독해하지 못한다면 아무런 소용이 없기 때문이다.

▶ 수학 진도를 파악하라

학교 진도와 함께 남들이 많이 사용하고 자신에게도 잘 맞는 『수학의 정석』이나 『개념원리』 등으로 수학 진도를 파악한다. 자기 계열(인문계, 자연계)에 따라 최소한 수능을 치르기 얼마 전에 수학 진도를 마쳐야 할지를 계획하고 공부해야 한다.

중학교 3학년 때 공부 계획을 세운다면 늦어도 고등학교 2학년 말까지는 수학 진도를 마치는 것을 목표로 해야 한다. 고등학교 수학은 생각보다 깊이 있고 방대하여 계획 없이 공부하다가는 3학년 때도 여전히 진도를 나가느라 고생하기 일쑤일뿐더러, 결과적으로는 수학을 포기하게 되어 자신이 원하는 대학에 진학하지 못하는 경우가 허다하다.

수능의 수학 영역은 학력고사 수학과 달리 사고력과 문제해결능력을 물어보는 문제가 많으므로 진도를 다 마치면 『자이스토리』 같은 기출문제집이나 EBS 연계 교재 등으로 시험 적응력을 높여야 고득점을 맞는 데 유리할 것이다.

▶ 언어 독해력을 파악하라

요즘 학생들은 독서량은 많지만 빠른 속도로 내용을 분석하면서 읽는 능력은 오히려 과거 학생들보다 떨어져 보인다. 상위권 학생들의 경험에 비춰보면, 가장 성적이 늦게 오르는 과목이 국어 영역이다. 공부를 하지 않는다고 금방 성적이 내려가지는 않지만, 벼락치기로 많은 양의 공부를 해도 성적이 쉽게 오르지 않는 것이 국어 영역이어서 고등학교 3학년 때까지 고심 거리로 남게 된다.

분석적으로 독해하면서도 읽는 속도를 높이기 위해서는, 음독을 하거나 단어를 하나하나 읽어 나가서는 안 되고, 글의 논리적인 구조를 이해하고 읽어야 한다. 쉽게 말해 글이 어떻게 시작해서 어떻게 마무리되는지를 알아야 부분적인 내용들이 전체 논지의 흐름 속에 어떤 관계를 가지면서 글로 이루어지는지를 파악할 수 있다. 이런 독해 훈련이 잘된 학생들은 처음 글을 읽어 나가면서도 무슨 내용이 중요한지 아닌지를 순식간에 파악하면서 내용을 정리하기 때문에 읽는 속도가 빠를 뿐 아니라 정확하게 독해할 수 있다.

정리하면 독해 방식에는 글을 문단, 문장, 어휘 단위로 나누어 이해하는 분석 독해가 있고 반대로 어휘의 관계, 문장의 관계, 문단의 관계를 묶으면서 이해하는 종합 독해가 있다. 그리고 분석 독해와 종합 독해를 동시에 통합하여 독해하는 논리구조 독해 방식이 있는데, 대다수의 학생들은 학교나 내신 관리 학원에서 분석 독해 방식으로만 공부했기 때문에 수능 국어 시험에서 시간이 부족하거나 지문 전체와 관련된 문제 해결에 어려움을 겪는다.

국어 영역, 특히 독서는 인문과 사회를 포함하여 경제, 과학, 심지어는 음악, 미술, 실용적인 사용설명서 등의 지문을 제시한다. 이때 필요한 능력은 제시문의 내용을 왜곡하지 않고, 있는 그대로를 뽑아내는 사실적인 사고 능력을 기반으로 한다. 그다음에 분석적, 종합적인 사고 능력을 바탕으로 추론 능력을 갖추어야 고득점을 올릴 수 있다. 그러나 다양한 분야의 지문이 나온다고 겁먹을 필요는 없다. 일반적으로 이과생은 과학·기술 영역의 지문에 강하고 문과생은 인문·사회 영역의 지문에, 예능계는 예술 영역의 지문에 유리하다. 하지만 일정 수준 이상의 독해 능력을 지녔다면 어떤 영역의 지문이든 못 풀 문제는 없다.

많은 고등학생들이 독해력이 떨어져서 고통을 받고 있다. 언어 능력이 떨어지면 교사의 수업 내용에 대한 이해도가 약해지기 때문에 다른 과목의 성적도 잘 나오지 않으므로 정확하고 빠른 독해를 위해 시간을 할애하길 바란다. 다만 중학교 3학년이나 고등학생들은 일반적인 독서로 독해력을 갑자기 향상시키기에는 절대적인 시간이 부족하므로 수능 국어 독서 또는 문학 문제집을 풀거나 전문적인 독해력 향상 프로그램을 활용하는 것이 효율적이다.

▶ 수능 모의고사 성적을 분석하라

원점수가 아닌 백분위점수를 통해 전국 단위에서의 정확한 자기 위치를 아는 것이 중요하다. 수능 모의고사 국어, 수학, 영어 영역에서 2등급 미만(3~9등급)인 과목이 있다면 적신호다. 중학교 때 심화학습을 충분히 하지 않았다는 뜻이다. 내신 위주로만 공부한 경우, 독서량이 부족한 경우, 독해 능력이 좋지 않은 경우 등은 수능 점수가 잘 나오지 않을 수 있다. 수능은 단기간에 성적이 오르는 시험이 아니므로 장기적인 목표를 두고 준비해야 한다.

예시로 들어놓은 수능 모의고사 성적표(58쪽)를 한번 살펴보자.

일단 중학교 때 볼 수 없었던 표준점수와 등급 항목이 보인다. 표준

▶ 2014학년도 수능 6월 모의고사 성적 통지표

구분	국어 영역	수학 영역	영어 영역	과학탐구 영역	
	A형	B형	B형	물리 II	화학 II
표준점수	0~200	0~200	0~200	0~200	0~200
백분위	99.6	98.12	99.68	96.3	97.7
등급	1	1	1	1	1
응시자 수	303,507	200,248	673,738	7,354	14,746

▶ 2014학년도 수능 성적 통지표(한국교육과정평가원의 예시)

수험 번호	성명	주민등록번호		출신 고교(반 또는 졸업 연도)	
12345678	홍길동	950905-1234567		한국고(0009)	
구분	국어	수학	영어	과학탐구	제2외국어/한문
	A형	B형	B형	물리 I	화학 I	일본어 I
표준점수	131	137	141	53	64	69
백분위	93	95	97	75	93	95
등급	2	2	1	4	2	2

점수란 서로 다른 영역의 점수를 비교하기 위해 "평균으로부터의 격차"를 점수화한 상대적인 점수다. 즉 자신의 원점수가 시험을 본 전체 학생들의 평균 성적으로부터 위 혹은 아래로 얼마나 떨어져 있는지에 대한 상대적인 위치를 표현한 것이다. 표준점수는 국어, 수학, 영어 영역은 200점 만점, 탐구 영역은 과목별 100점 만점이다. 현재 대학에서는 원점수가 아닌 표준점수 또는 백분위점수를 반영하고 있으며, 최근이 두 점수를 결합해 사용하기도 한다.

그러나 2015학년도 대입부터 수시전형에서 수능 최저학력기준으로 백분위점수 사용을 지양하고 등급만 사용하도록 발표했다. 백분위점수를 반영하면 수험생들에게 수능 점수에 대한 부담을 더 많이 주게 되기 때문이다.

2014학년도 수능을 예시로 설명하자면 국어(A/B), 수학(A/B), 영어(A/B)의 경우 모두 원점수로 1등급이어도 각각 점수가 다르다. 국어 A 128점, 국어 B 127점, 수학 A 137점, 수학 B 132점, 영어 A/B는 동일하게 129점이 각각 표준변환점수이다.

성적표 예시를 보면 알 수 있듯이 표준점수로 변환했을 때 점수 차이가 가장 높게 나타나는 과목은 수학 영역이다. 이는 수학 영역의 평균 성적이 그만큼 낮다는 것을 의미한다. 이 때문에 수학 영역은 표준점수 변환과 동시에 그 자체로 가중치를 지니게 되는 것이다. 더욱이 서울대에서는 표준점수 반영 비율이 국어 100, 수학 120, 영어 100, 탐구 80인데, 수학 영역은 특히 1.2배 높여서 반영하고 있다(사범대의 체육교육과, 음악대학 작곡과 전자음악 전공, 미술대학 디자인학부, 음악대학 작곡과 등은 제외된다). 결국 대학 입시에서 수학을 못하면 큰 점수를 놓칠 수밖에 없다.

그렇다면 수능은 언제부터 대비하기 시작하면 좋을까? 필자는 중학교 때부터 조금씩 준비하라고 권하고 싶다. 국어와 영어 영역은 범위가 따로 정해져 있지 않아 중학생들도 충분히 풀 수 있는 문제들로 구성되어 있다.

국어 영역의 경우 늦어도 중학교 3학년부터 기출문제나 모의고사 문제로 자기 수준을 파악하고 수능의 문제 유형을 익히는 것이 좋다. 국어 영역은 우리말이기 때문에 다른 영역에 비해 쉽게 느껴지지만 결코 만만한 과목이 아니다. 최상위권 학생들의 가장 큰 고민이 국어 영역이라는 점만 봐도 확인할 수 있다. 국어 영역은 문학과 비문학 파트로 구성되어 있는데, 글의 내용을 정확하게 읽어내는 독해 능력뿐 아니라 직접적으로 드러나지 않는 사상까지 짚어내는 추론 능력이 필요하다. 수준 높은 독해와 추론 능력을 완벽하게 갖추고자 한다면 중학교 1~2학년 국어 교과과정인 용어의 개념 정립, 다양한 글의 특징과 이를 바탕으로 한 독해 원리 학습이 충분히 이루어져야 한다.

영어 영역은 중학교 1, 2학년부터, 그동안 영어를 강도 높게 공부해 왔다면 그 이전에 풀어보기 시작해도 괜찮다. 현재 영어 영역의 지문 내용은 미국 중학교 1, 2학년 수준에서 크게 벗어나지 않는다. 모의고사도 고등학교 1학년에서 3학년으로 갈수록 어려워지므로 아이가 수능 기출문제를 어려워할 경우 고등학교 1학년 모의고사 문제부터 풀리는 방법도 좋겠다. 특히 영어 듣기 문제가 45문제 중 17문제로 그 비중이 상당히 높은 편이니 자투리 시간을 활용하여 꾸준히 듣기 연습을 할 필요가 있다. 그러나 출제 비중에 비해 난이도는 높지 않으니 수능 영어 영역의 듣기 수준을 경험해 보고 자기 실력에 맞춰서 연습 시간을 적절하게 배분하도록 한다. 실제로 고등학교 입학 이전에 수능 수준 이상의 영어 듣기 실력이 이미 완성되어 있는 경우가 많으므로 수능 영어 듣기가 매우 쉽게 느껴진다면 굳이 많은 시간을 투자할 필요는 없다.

수학 영역의 경우 국어나 영어 영역과는 달리 진도를 나가지 않으면 해결하기 어렵다. 모의고사도 출제 범위가 있으므로 아이의 진도에 맞춰 풀게 하는 것이 좋다. 수학 영역은 개념의 정확한 이해를 바탕으로 응용문제나 창의적 사고력을 묻는 문제가 대부분이다. 연산 위주의 중학교 수학에 익숙한 학생은 고등학교 수학이 어렵게 느껴질 수 있다. 이런 경우 고도의 사고력을 요구하는 문제를 꾸준히 접하면서 수학적인 두뇌를 계발시키는 방향으로 공부하는 것이 바람직하다. 이 밖에 탐구 영역은 지도, 그래프, 도표 등 자료 분석 능력을 토대로 공부할 수 있도록 지도하면 좋다.

　이처럼 아이가 고등학생이 되기 전 미리 수능 기출문제나 모의고사를 접하게 해주자. 실전에 앞서 문제 유형을 분석하고 자신에게 부족한 부분을 미리 파악하는 것은 향후 적절한 공부 방향을 설정하는 데 도움이 될 것이다.

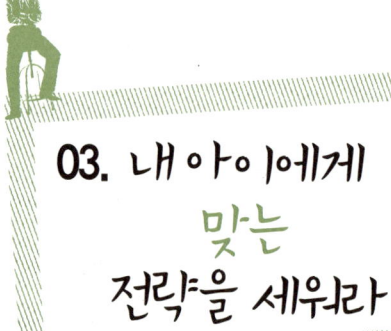

03. 내 아이에게 맞는 전략을 세워라

자신에 대한 분석이 끝났다면 이제 대학별 전형을 확인하고 자신의 강점과 약점에 따른 대비 전략을 세워야 한다. 크게 다섯 가지 경우로 분류하여 지원 전략을 제시한다.

수능보다 내신이 좋은 경우

수시를 적극 공략해야 한다. 그러기 위해서는 중간고사와 기말고사에 최선을 다해야 하는데, 내신이 뛰어나지 않으면 일단 모든 과목 1등급을 목표로 준비한다. 내신이 좋은 학생은 내신 반영률이 높은 수시모집 학교생활기록부 중심 전형에 지원하는 편이 유리하다.

수능보다 논술이 좋은 경우

역시 수시를 적극적으로 공략한다. 논술 실력을 높이는 동시에 중간고사와 기말고사를 대비하는 데 만전을 기해야 한다. 또한 상위권 대학들은 수능 점수에 따라 논술 비율을 차등적으로 반영하는 곳이 많고, 나머지 대학들도 최저학력기준으로 수능 점수를 반영하므로 수능 성적을 올리는 데도 많은 노력을 기울여야 한다. 실제로 수시모집에서 많은 학생들이 논술 위주의 전형에 지원하게 되고 경쟁률도 일반적으로 가장 높다. 최근 대학 입시에서는 논술 100퍼센트 전형이 거의 폐지되고 논술과 내신을 합산하여 선발하는 학교들이 많아졌다. 논술과 함께 내신에도 신경을 써야 대학 합격률이 높아진다.

수능보다 비교과가 좋은 경우

이 경우에도 수시를 적극적으로 공략한다. 입학사정관전형이나 특기자 전형이 유리하므로 자신에게 맞는 대학과 전형을 꼼꼼하게 확인해 봐야 한다. 지원 학과를 고려해서 현재 갖추고 있는 비교과 실적을 정리하여 포트폴리오를 미리 구성해 보는 것도 의미가 있다. 비교과를 반영하는 학교생활기록부 종합전형 또는 특기 등 증빙 자료를 활용할 수 있는 전형을 찾아서 공략해 보길 바란다.

수능, 내신, 논술, 비교과가 비슷한 경우

수시와 정시를 동시에 준비해야 한다. 수시에만 모든 노력을 쏟아붓는 것은 금물이다. 수시와 정시에 지원 가능한 대학의 수준을 비교해서 꾸준히 수능을 준비하되, 고학년으로 올라가면서 수능 모의고사 성적이 더 이상 오르지 않는다면 수시에 관심을 갖고 준비하도록 한다. 고등학교 2학년 때까지 수시와 정시를 비슷한 비중으로 준비하다가 수시에 지원할 때 자신의 강점과 약점을 파악하여 자신에게 가장 유리한 전형을 최종 선택한다. 또한 수시에 불합격할 경우를 대비하여 정시 준비도 게을리하지 않는다.

수능이 내신, 논술, 비교과보다 좋은 경우

이 경우에는 정시를 적극적으로 공략한다. 수시에는 내신, 논술, 비교과 중 그나마 괜찮은 영역을 골라 전략적으로 지원하고, 수능 준비에 최선을 다한다. 정시 일반 전형과 수능 100퍼센트 전형이 가장 유리하다. 수시에서 수능 최저학력기준이 높은 대학을 고려하여 지원하는 것도 좋은 전략이다. 수능 준비를 최우선으로 하되 대학별 고사(논술, 면접 등)가 있는 경우 맞춤형으로 준비한다.

04. 진로도 전략적으로 결정하라

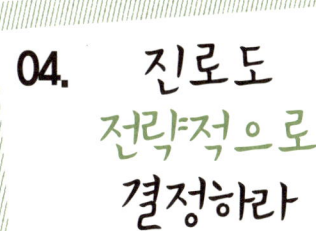

중3, 늦어도 고2에는 진로를 정하라

대학을 미리 정할수록 그 대학에 합격할 확률은 높아진다. 복잡한 대학 입시에서 학습 로드맵을 설계하고 공부하는 것은 합격 가능성을 높이는 최상의 전략이다.

어린 시절에는 아인슈타인처럼 되고 싶어 물리학이 무엇인지도 모르면서 물리학자가 되겠다고 하는 친구들이 많다. 강아지를 좋아하면 수의사가 되고 싶고, 일본 애니메이션에 빠지면 애니메이션 작가가 되고 싶어진다. 소방관이 멋있어 보이거나 학교 선생님이 좋아서 꿈을 품게 되는 경우도 있다. 뉴스를 보다가 CEO가 되어야겠다고 결심할 때도 있다. 다 좋다. 어린 시절의 꿈이니까.

그러나 이젠 현실 속에서 꿈을 구체화해야 한다. 부모나 친척, 진로 전문가들의 도움을 받아 자신의 진로와 직업을 구체적으로 생각해 봐야 한다. 학교에서 아이들을 가르치는 선생님들에게는 대단히 미안한 말이지만, 교사들은 참 순수한 면이 많다. 고등학교 때 국어 선생님은 나에게 국문학과에 가서 시를 쓰는 것이 어떻겠느냐고 조언하기도 했고, 또 다른 선생님은 공부를 잘하니까 물리학을 전공해서 한국 과학사에 한 획을 그으라고도 말씀하셨다. 그때마다 나는 참 진지하게 고민했던 것 같다.

결국 나는 세칭 인기 학과로 통하는 경제학과에 지원했고, 이후에도 후회한 적은 없다. 대학 동아리에서 편집부장을 하면서 시도 썼고, 서울대 경제학과와 법과대학 공법학과를 졸업하고 나서는 현대그룹 종합기획실에 입사했고, 현대증권과 미국계 컨설팅 회사 대표, 인터넷 벤처회사 재무담당 부사장의 직책도 경험했다. 지금은 교육 관련 사업을 하면서 법무연수원과 사법연수원에서 스피치를 가르치고 동기부여 연설가로도 활동하고 있다. 또한 방송 프로그램을 진행하고 신문에 칼럼을 쓰면서 연세대 언론홍보대학원을 졸업했다.

진로에 대해서는 고등학교 선생님이나 친구들보다 아버지나 아버지 친구들, 아니면 현재 그 일을 하고 있는 사람들에게 자세한 조언을 듣는 것이 안전하다. 멀리서 바라보는 직업과 가까이에서 경험하는 직업은 상당히 다르기 때문이다.

중학교 3학년 때 진로를 정하라는 말은 어린 시절의 막연한 꿈을 직업과 연결시켜 구체화하라는 뜻이다. 나도 아주 어린 시절에는 누구나처럼 과학자가 되고 싶었다. 발명을 많이 해서 에디슨 같은 위인이 되려 했다. 고학년이 되어서는 의사가 되고 싶었는데, 의사를 꿈꾸게 된 계기는 어머니의 바람 때문이었다. 누구도 내 직업에 대해 이야기해 주는 사람이 없었기에 어머니의 권유가 쉽게 와 닿았던 것이다. 중학교 3학년 무렵에는 검사가 되라고 어머니가 자신의 바람을 바꿨고, 그것도 좋겠다고 막연히 생각했다. 고등학교에 진학해서 나는 문과를 선택했다. 만일 의대에 갈 계획이었다면 이과를 선택해야 했을 것이다. 일단 문과를 선택하고 나자 '의사'라는 직업은 다시 생각하지 않게 되었다. 진로가 어느 정도 결정된 것이다. 고등학교 3학년에 올라갈 무렵 법과에서 상과로 다시 한 번 진로를 바꾸어 서울대 경제학과에 입학했다.

내가 학교를 다닐 때는 충분히 가능했던 시나리오다. 문과와 이과만 나누고 나면 학력고사라는 일관된 시험을 통해 대학에 진학했기 때문에 최후 순간까지 학과를 정하지 않아도 상관없었다. 대학도 마찬가지다. 선시험 후지원이라 점수를 받은 다음에 학교와 학과를 정하는 것이 그 당시에는 당연하게 여겨졌다. 하지만 지금처럼 많은 것을 준비해야 하는 입시제도에서 고등학교에 들어가서야 진로를 정한다면 좋은 대학에 갈 수 있는 기회가 그만큼 줄어들 수밖에 없다.

특목고 입학, 끝이 아니다

옛날에는 경기고를 거쳐 서울대를 졸업한 학생들을 KS라고 했다. 지금은 대원외고를 거쳐 서울대를 졸업한 학생들을 DS라고 한다. 대원외고의 교복, 민사고의 개량 한복, 기숙사 생활을 하는

용인외고, 과학고, 영재고, 상산고 등 특목고나 자사고의 이름만 들어도 초등학교 고학년, 중학교 학생들은 부러움을 감추지 못한다.

나는 우수한 학생들을 분리하여 공부시키는 수월성 교육에 대해 적극적으로 찬성한다. 내가 지금 중학교를 다닌다면 틀림없이 대원외고에 들어가려 했을 것이다. 아무 의심 없이 공부를 잘하는 아이들이 가는 학교라고 생각했을 테니까. 좋은 친구들을 만나서 선의의 경쟁을 하고, 우수한 시설에서 실력 있는 선생님들과 함께 공부한다는 사실만으로도 얼마나 가슴 설레는 일인가.

대원외고를 다니는 학생에게 물어본 적이 있다.

"특목고를 다니니까 어떤 점이 좋니?"

"하루 종일 공부해도 저한테 공부만 하는 '범생이'라고 놀리는 친구들이 없어요. 여기서는 공부를 열심히 하고 잘하는 것이 창피한 일이 아니에요."

내가 처음 서울대에 입학했을 때 바로 그렇게 느꼈다. 공부를 열심히 하는 것이 이상하지 않은 분위기, 공부를 하지 않으면 오히려 어색한 분위기가 다소 긴장되긴 했지만 참 좋았다고 기억한다.

게다가 외고 국제반의 실적은 대단하다. 많은 학생들이 훌륭한 영어실력을 바탕으로 아이비리그에 당당히 합격하여 대한민국의 능력을 세상에 알리고 있다. 한마디로 글로벌 리더의 산실인 것이다.

과학고나 영재고는 국가에서 운영하는 고등학교로 차세대 한국의 과학 기술을 책임질 인재들을 양성하고 학비도 국고에서 지원하기 때문에 『가난하다고 꿈조차 가난할 수는 없다』의 김현근 학생과 같은 자랑스러운 성공담을 만들어내기도 했다. 가난했기에 영재고에 들어갈 수밖에 없었다는 김현근 학생의 경험담은 이 시대에 보기 드문 감동을 안겨준다.

그렇다면 학교를 졸업한 다음의 인맥은 어떤가? 요즘은 네트워크 사회라고들 하는데, 좋은 동창이 있다는 것은 사회적으로 큰 자산이다. 사법고시 합격자, 행정고시 합격자, 의대를 졸업한 의사들, 각종 분야의 박사들 중에 특목고 출신이 많이 포진해 있는 것을 보면 새로운 파워엘리트가 형성되고 있다는 생각이 든다.

어느 사회에서나 평범한 사람과 엘리트는 서로 다른 교육과정을 거친다. 미국의 필립스 아카데미를 포함한 주요 사립학교 출신들이 아이비리그를 통해 정계와 재계의 중요한 위치를 점하고 있다는 사실은 잘 알려져 있다. 그들은 대학의 동창 관계도 중요하지만 고등학교의 동창 관계를 더욱 소중하게 여긴다고 한다. 미국의 경우 명문 사립학교를 다니려면 수천만 원이 넘는 학비를 부담해야 하는데, 그에 비하면 우리나라의 특목고는 진입 장벽이 낮은 편이다. 남들보다 좀더 일찍 열심히 공부해서 좋은 동창을 만들 수 있다면, 중학교 시절에 제대로 준비하여 도전할 만한 일이다.

그런데 정작 특목고에 합격하고 난 이후가 더욱 중요하다. 자기 관리를 잘하는 학생은 좋은 환경에서 열심히 공부하여 자신이 원하는 대학에 진학할 수 있지만, 오로지 특목고 진학만을 목적으로 매진했던 학생들 가운데는 합격 이후 긴장이 풀려 다음 목표를 잡지 못하고 방황하는 모습을 많이 봤다. 초등학교 때부터 간절히 다니고 싶었던 고등학교였던지라, 일단 합격한 이후에는 무엇을 해야 할지 미처 생각할 겨를이 없었던 것이다.

특목고는 자신이 원하는 대학에 들어가기 위해 거쳐야 하는 과정일 뿐 최종 목적지는 아니다. 하버드대의 연구에 의하면, 재학 중에 좌절하거나 방황하는 하버드 대학생들이 많다고 한다. 수많은 미국 학생들이 하버드대에 들어가겠다는 강렬한 목표를 품었지만, 막상 하버드대 입학에 성공한 이후에는 무엇을 할 것인지 종잡지 못한 채 우왕좌왕하다가 목표 상실로 인한 무기력에 빠졌던 것이다.

이는 단지 하버드 대학생만의 문제가 아니다. 내가 서울대를 다닐 때도 몇몇 학생들은 공부에는 전혀 관심이 없고 유흥에 흥청망청 빠져들었다. 어떤 학생들은 아예 등교하지 않아 성적 불량으로 제적되기도 했다.

하버드대든 서울대든 특목고든 그저 자기 꿈을 이루기 위한 과정에 불과할 뿐 어느 것도 목적이 될 수는 없다. 합격은 꿈을 이루는 데 유리한 발판을 확보한 것에 불과하니 항상 삶의 원동력이 되어주는 다음 목표를 정해야 한다. 특목고는 꿈이 아니고 꿈을 이루기 위한 수단임을 명심해야 할 것이다.

서울에서 우수한 성적으로 중학교를 졸업, 대한민국 중학생이라면 누구나 들어가고 싶어 하는 민사고에 다니는 학생의 어머니가 상담을 신청했다. "우리 딸을 휴학시켜야 할 것 같아요. 이대로 가다가는 5등급 밖으로 밀려나겠어요. 휴학을 하면서 다음 학기 선행학습도 좀 해야겠습니다. 최소한 2등급은 받아서 졸업해야 할 테니까요."

그 어머니는 자기 아이가 자랑스러우면서도 걱정이 태산이다. 눈앞에 있다면 간섭이라도 해가며 관리할 텐데, 강원도 산속에 있으니 하루에도 수차례 전화하여 자녀의 상태를 체크하는 수밖에 없다고 했다. 물론 아이가 수업에 늦을까 봐 아침마다 전화를 하는 것은 기본이다.

민사고에도 전교 1등부터 꼴찌까지 있다. 하버드대에도, 서울대 법학대학에도 마찬가지로 1등부터 꼴찌까지 있다. 등급이 좋지 않은 학생들이 전부 휴학하고 자퇴한다면 그 학교에는 누가 남을까? 현재 상위권 특목고들의 서울대 진학률이 기대보다 낮은 것은 내신 제도 때문이다.

대원외고에 다니는 학생의 아버지와 상담을 했다. 현재 성적이 전체 100위권인 1학년 여학생이었다. "지금부터 잘 준비해서 서울대에 보내야죠"라고 말했더니, 아버지는 딸이 연세대에 가는 것이 좋을 듯하다고 대답했다. 그래서 "따님보다 실력이 낮은 학생들도 서울대에 도전하는데 연세대라니 무슨 말씀이십니까?"라고 반문하자, 아버지는 사실 대원외고에 다니는 다른 학생들의 실력이 워낙 출중해서 딸이 지금보다 등수를 올리기가 너무 힘들다고 토로했다. 정말 답답한 대화였다. 서울대를 목표로 했다면 대원외고나 민사고에 다니는 것이 오히려 불리할 수도 있다는 것을 아이가 고등학교에 입학한 다음에야 알게 된 것이다.

현재 특목고 입학에 도전하는 학생들에게는 미안한 말이지만, 특목고에 들어갈 때는 정말 독하게 마음먹어야 한다. 훌륭한 시설, 좋은 면학 분위기 속에서 실력 있는 선생님들과 함께 공부할 수 있다는 장점도 있지만, 내신성적에서는 일반고 학생들보다 불리하기 때문이다. 또한 특목고에서는 대학 입학과 큰 연관이 없는 것들도 많이 배운다는 사실을 미리 알아야 한다. 게다가 특목고에서는 일반적으로 모든 학생들이 우수하다는 전제하에 지도하므로 예습과 복습을 철저히 하지 않으면 순식간에 뒤처지게 된다. 무엇보다 지금껏 한 번도 느껴보지 못했던 '내가 하위권이 될 수도 있다'는 경험을 감수해야 한다.

    일반고에 입학했더라면 전교 1, 2등을 놓치지 않으면서 서울대에 도전할 학생들이 1학기 기말고사를 치른 후에 자신의 목표 대학을 대폭 낮추게 된다. 일단 목표치가 낮아지고 나면 결과는 절대로 그것을 넘어설 수 없다. 민사고, 상산고처럼 기숙사 생활을 하는 학생들은 학교에서 생활하면서 학원에 다니지 못하는 것을 무척 불안해한다. 사실 학원에서 배우는 내용이 별로 많지 않은데도 학원에 다니는 도시 아이들에 대한 열등의식을 가지고 있고, 이런 열등감은 1, 2등급 이하의 학생들 사이에 만연해 있다. 그래서 도중에 자퇴를 하고 일반고로 전학을 가거나, 아예 검정고시를 거쳐 대학에 진학하려고 시도한다. 남들이 하는 말에만 전적으로 의존하지 않고 스스로 자기 성향과 능력을 잘 파악하여 결정했더라면 굳이 지불하지 않아도 되는 비용을 너무 많이 낭비한 것이다. 물론 일단 결정을 했으면 그 안에서 최선을 다하는 것이 가장 현명하다.

서울대에 입학하려면
과학고나 영재고를 가라

    "왜 외고에 지원합니까?"
    "외고가 높은 서울대 합격률을 내고 있잖아요? 저희 아이는 서울대 경영학과를 목표로 하고 있어서 외고에 지원하려고 합니다."
    종종 엄마들과 이런 대화를 나누게 된다. 일반고보다 외고가 서울대에 절대적으로 많은 학생들을 입학시키고 있는 것은 사실이다. 하지만 자세히 들여다보면 거기에는 자명한 오류가 있음을 깨닫게 된다.

특목고 중에서 과학고가 서울대 합격에 강하다는 것은 맞는 말이다. 과학고는 서울대 특기자 전형을 통해 많은 합격생을 배출하고 있다. 영재고는 2014학년도에 40명이 서울대에 진학했는데, 이미 카이스트와 100명의 진학을 합의해 놓은 상태이기 때문에 많은 학생들이 카이스트에 들어간다. 그리고 서울과학고가 92명으로 3위, 경기과학고가 74명으로 4위를 기록하면서 많은 서울대 합격생을 배출했다.

2015학년도 서울대 이공계의 수시모집 일반 전형을 살펴보면 그 이유를 쉽게 알 수 있다. 서울대 이공계 중에서 자연과학대학은 전체 정원 251명 가운데 215명(자연대 정원의 85.6퍼센트)을 수시모집으로 선발하고, 그중 144명(자연대 정원의 57.3퍼센트)을 일반 전형으로 선발한다. 공과대학은 전체 정원 780명 가운데 600명(공과대 정원의 76.9퍼센트)을 수시모집으로 선발하고, 그중 418명(공과대 정원의 53.5퍼센트)을 일반 전형으로 선발한다. 다시 말해 서울대 자연과학대학과 공과대학만을 봤을 때 이공계의 55.4퍼센트를 일반 전형으로 뽑는다는 뜻인데, 서울대는 그 지원 자격을 "고등학교 졸업자 또는 법령에 의하여 고등학교 졸업 이상의 학력이 있다고 인정된 자로서 학업 능력이 우수하고 모집 단위 관련 분야에 재능과 열정을 보인 자"로 규정해 놓았다.

2010학년도 입학 전형부터는 이전까지 들어가 있었던 자연계열 특기자 지원 수준에 대한 예시가 빠졌다. "수학 또는 과학 분야 국제올림피아드 참가자 또는 국내올림피아드 입상자"라고 규정했던 예시를 뺀 것은 지나친 경시대회 열풍의 부작용을 우려한 것으로 보인다. 또한 교육부와 대학교육협의회는 2015학년도 학교생활기록부 전형에서 활용

▶ 기재 시 0점 처리되는 공인어학성적 및 외부 스펙

교과	자격증
외국어, 한자	영어(TOEIC, TOEFL, TEPS), 프랑스어(DELF, DALF), 중국어(HSK), 일본어(JPT, JLPT), 러시아어(TORFL), 스페인어(DELE), 독일어(ZD, TESTDAF, DSH, DSD), 상공회의소한자(대한상공회의소), 한자능력검정(한국어문회), 실용한자(한국외국어평가원), 한자급수자격검정(대한검정회), YBM상무한검(YBM시사), 한자급수인증시험(한국교육문화회), 한자자격검정(한자교육진흥회)
수학	한국수학올림피아드(KMO), 한국수학인증시험(KMC), 온라인 창의수학 경시대회, 도시대항 국제수학토너먼트
과학	한국물리올림피아드(KPHO), 한국화학올림피아드(KCHO), 한국생물올림피아드(KBO), 한국천문올림피아드(KAO), 한국지구과학올림피아드(KESO), 한국뇌과학올림피아드, 전국정보과학올림피아드, 국제물리올림피아드, 국제지구과학올림피아드, 국제수학올림피아드, 국제생물올림피아드, 국제천문올림피아드, 한국중등과학올림피아드
외국어	전국 초·중·고 외국어(영어, 중국어, 일본어, 프랑스어, 독일어, 러시아어, 프랑스어) 경시대회, IET 국제영어대회, IEWC 국제영어글쓰기대회, 글로벌리더십 영어경연대회, SIFEC 전국영어말하기대회, 국제영어논술대회

위에 열거된 항목 외에도 대회 명칭에 수학·과학(물리, 화학, 생물, 지구과학, 천문)·외국어(영어 등) 교과명이 명시된 학교 외 각종 대회(경시대회, 올림피아드 등) 수상 실적을 작성했을 경우 0점 또는 불합격으로 처리된다. '교외 수상 실적'이란 학교 외 기관이 개최한 대회 수상 실적을 의미하며, 학교장의 참가 허락을 받은 교외 수상 실적이라도 예외는 아니다.

되는 자기소개서 공통 양식을 확정했고 외부 스펙을 기재하면 0점으로 처리한다고 발표했다.

그렇다고 대학들이 수학이나 과학에 대한 실력 평가를 하지 않는 게 아니므로 좀더 고민해 봐야 할 문제다. 실제로 수학 및 과학 올림피아드는 초등학교 때부터 준비해야 좋은 성적을 낼 수 있다. 과학고 학생들은 이미 초등학교나 중학교 때 올림피아드에서 입상한 경험이 있고, 고등학교를 다니는 동안에도 꾸준히 올림피아드를 준비한다.

따라서 영재고나 과학고 학생들이 서울대 이공계에 쉽게 들어가는 것은 이미 오래전에 정해진 수순이나 다름없다. 2014년 서울대 합격 고등학교 순위를 살펴보면 서울과학고가 92명으로 3위를 차지했고, 경기과학고는 74명으로 4위, 세종과학고는 57명으로 8위, 영재고가 40명, 한성과학고가 38명으로 11, 12위를 차지했다. 반면 연세대와 고려대 합격자 수는 상대적으로 저조한 편이다. 과학고 졸업생들의 진학 대학을 살펴보면 서울대와 더불어 카이스트나 포항공대를 선호하는 것을 알 수 있다. 과학고나 영재고 교과과정과 잘 맞고 수능 부담이 적은 전형들이 많아서 진학에 유리한 면이 있다. 그러니 서울대, 카이스트, 포항공대, 유학을 제외하고 나면 연세대나 고려대에 지원할 학생들이 적게 남을 수밖에 없다.

하지만 카이스트 자살 문제 등이 사회적인 이슈로 떠올랐기 때문인지 최근 대학 입시에서는 카이스트를 지원하려 했던 학생들이 연세대의 과학인재 전형 등에 대거 몰리는 현상이 나타났다. 이같이 수학과 과학 실력이 월등히 뛰어난 학생들 때문에 일반고 학생들은 이런 특기 위주의 전형에서는 다소 불리할 수밖에 없었다.

여하튼 표면적으로는 수시 비중이 확대되면서 올림피아드나 외부 대회의 수상 실적 반영이 없어지는 추세이지만, 이는 학교생활기록부 전형에 한해 금지되고 특기자 전형 등에서는 일부 허용되는 점을 비춰봤을 때 올림피아드는 자기소개서나 면접에서 자신의 노력을 입증할 수 있는 수단으로 여전히 유효하다. 그뿐만 아니라 실제로 올림피아드 출신 학생들의 수학과 과학 실력이 뛰어난 것은 분명하다. 실력 있는 학생들이 자기 능력을 대학에 어떻게 증명하느냐가 서울대, 카이스트, 포항공대, 연세대, 고려대 등 모든 대학에서 중요한 변수가 될 것이다. 어떤 입시 전형이든 간에 지원자들 중에 가장 실력 있는 학생들을 선발하겠다는 대학 측의 의지가 바뀔 리는 없기 때문이다.

연고대에 입학하려면 외고를 가라

그런데 외고의 실적은 약간 다르게 나타난다. 2014년에 대원외고는 전체 정원 중 서울대 96명, 연세대 129명, 고려대 133명의 합격생을 배출했다. 2013년에는 서울대 83명, 연세대 130명, 고려대 132명의 합격생을 배출했다. 2012년에는 서울대 75명, 연세대 83명, 고려대 93명을, 2011년에는 서울대 71명, 연세대 101명, 고려대 119명을, 2010년에는 서울대 70명, 연세대 139명, 고려대 113명을 합격시켰는데, 세 군데 대학에 합격한 학생들을 제외한 나머지는 국제반이라고 가정할 때 꼴찌도 연고대에 간다는 말이 나온다.

대원외고의 SKY 대학 진학률은 여전히 전국 외고들 중 1위의 자리를 굳건히 지키고 있다. 이어서 명덕외고, 한영외고, 고양외고 순으로 SKY 대학 합격률이 높았다. 외고 간의 격차도 컸다. 2014년 대입에서 고양외고는 서울대 26명, 연세대 79명, 고려대 51명으로 졸업생의 절반 이상이 연고대에 들어가기는 했지만 서울대에 진학하는 학생은 상대적으로 적은 편이다. 여타의 외고들도 서울대 실적이 좋지 않은 것은 마찬가지이다. 연세대에는 특기자 전형 인문·국제계열, 고려대에는 국제인재 전형 등 외국어를 잘하는 학생들을 위한 입시 전형이 다수 시행되고 있기 때문이다.

일반적으로 외고 졸업생 중에는 외국어 능력이 우수한 학생들이 많고 다른 과목의 성적도 대체로 좋은 편이다. 그들은 내신에서 상당한 불이익을 당하고 있지만 중학교를 졸업하고 고등학교에 진학할 때 한 번 걸러진 우등생들이다. 이렇듯 자질이 우수한 학생들을 서울대에 빼앗기지 않기 위해 외고 학생에게 유리한 전형을 만들었다고 생각한다. 또한 외국고 졸업생들 중 우수한 학생들을 선발하겠다는 의지이기도 하다.

내가 대학 입시를 치렀을 때는 지방의 일부 고등학교를 제외한 대부분의 고등학교가 평준화되어 있었기 때문에 대학은 특정 고등학교 출신을 선발해야 할 이유가 없었다. 단지 내신성적과 학력고사 성적만 가지고 입학생을 선발했으므로 학교별, 학과별 순위가 잔인하리만큼 냉정하게 구분됐다. 학력고사가 끝나고 나면 내신성적을 감안한 점수배치표를 기준으로 자신이 들어갈 수 있는 대학을 결정하고, 일명 '눈치작전'을 하면서 최후의 순간까지 경쟁률이 낮은 학교와 학과를 찾아 지원했다.

하지만 지금은 누구나 특목고 졸업생이 일반고 졸업생보다 우수한 실력을 지녔다는 것을 알고 있다. 그래서 고등학교 등급제를 실행하지 않는 한에서 대학은 내신 반영 비율을 낮추고 특목고 학생들에게 유리한 전형 제도를 만들어서라도 특목고 졸업생들을 유치하려는 것이다. 과학고나 영재고 학생들에게 유리한 전형이 서울대의 수시모집 일반전형으로, 여기서는 내신성적이 지역균형선발 전형만큼 중요하지는 않다. 다만 이는 본인이 출중한 특기 능력을 지녔을 경우에 한한다. 단지 특목고라고 해서 특혜를 주는 경우는 많지 않다.

의대, 치대, 한의대를 가려면 자사고를 가라

외고에서는 자연계 반을 운용하기가 쉽지 않다. 따라서 외고를 통해 의대 계열에 입학하려면 학교 공부 이외에 스스로 많은 노력을 해야 한다. 과학고나 영재고의 경우 특기자로 대학에 입학하는 데는 유리하지만, 의대 계열은 특기자의 예외적인 부분으로 분류하기 때문에 과학고나 영재고에서 바로 의대에 진학하는 일은 많지 않은 것이 현실이다. 그리고 일부 과학고에서는 의대에 원서를 써주지 않는 경우도 있으므로 만약 의대 진학을 목표한다면 과학고에 입학하는 것은 신중해야 한다.

상산고, 한일고, 현대청운고 등의 자사고(자율형 사립 고등학교)에는 우수한 학생들이 모여 있어서 교육의 질이 높을 뿐 아니라 자연계와 인문계 반을 함께 운영하여 의학 계열에 많은 합격자를 내고 있다. 자사고 학생들은 올림피아드를 준비하기보다는 수능 우선 전형에 치중할 경우에 많은 점에서 다른 특목고 학생들보다 유리하다. 교과목을 대학 입시에 유리하게 구성할 수 있기 때문이다.

반면 외고나 과학고, 영재고는 설립 목적에 맞도록 외국어와 수학, 과학 등의 비중을 높이다 보면 수능 준비에 소홀하기 쉬워서 특기자로 대학에 입학하려는 경향이 강하다.

의대, 치대, 한의대가 자연계열이고, 자사고나 자율고가 이렇듯 특목

▶ 유형별 고등학교의 서울대 합격자 및 의대·치대·한의대 합격자

순위	학교명	시도	설립구분	남녀	학교유형	학생수	서울대 합격자	의치한 합격자	서울대 + 의치한	학생수 대비 비율(%)
1	상산고	전북	사립	공학	자사고	330	57	185	242	73.3
2	대원외고	서울	사립	공학	외고	424	83	27	110	25.9
3	휘문고	서울	사립	남자	일반고	652	33	69	102	15.6
4	현대청운고	울산	사립	공학	자사고	162	35	65	100	61.7
5	외대부속용인외고	경기	사립	공학	외고	357	48	27	75	21.0
6	한일고	충남	사립	남자	자율학교	154	21	49	70	45.5
7	경신고	대구	사립	남자	일반고	587	16	52	68	11.6

고에 비해 여러 이점들이 있으니 상산고, 휘문고, 현대청운고, 경신고 한일고 등이 합격자 수가 높을 수밖에 없다.

일반고도 불리하지 않다

특목고에는 특목고에 맞는 학생이 가는 것이 좋다. 영어를 잘하는 학생이 외고에 가면 학창 생활도 즐겁고 학교에서도 인정받는다. 과학이나 수학을 잘하는 학생은 과학고에 가는 것이 좋다. 자신이 잘하고 좋아하는 과목을 중점적으로 공부하게 되고, 우수한 학생들과 함께 공부하면 학습 능률도 훨씬 높아지기 때문이다.

그러나 특목고 입시를 준비하지 말고 일반고에 가야 하는 학생도 있다. 실력이 안 되어 특목고에 지원하지 못하는 학생, 특목고에 갈 실력

은 되지만 지나친 경쟁 속에서 고등학교 시절을 보내고 싶지 않은 학생, 역시 개인의 실력은 충분하지만 고등학교에서 전교 2등 이내에 들거나 확실히 1등급을 받아서 서울대에 지원하고 싶은 학생이 바로 그들이다.

　이런 학생들은 중학교 2학년 겨울방학부터 대학 입시를 준비해야 한다. 남들이 특목고 입시를 준비하는 동안 그들의 집중력과 같은 강도로 대학 입시를 준비한다면 그들보다 비교 우위에 설 수 있다. 특목고에 지원할 준비를 하는 학생들은 중학교 3학년 동안 최선을 다해 공부하기 때문에 합격, 불합격은 차치하고 인내력과 교과 실력이 크게 향상되며, 특히 영어 실력이 많이 늘어난다. 실제로 주요 외고에 합격할 정도의 실력을 지닌 학생들은 대부분 이미 수능 영어 영역에서 1등급을 받을 수준이라고 한다.

　그리고 과학고나 영재고에 합격하는 학생들은 수학과 과학에서 심화학습과 선행학습이 충분히 되어 있다. 자신이 특목고에 지원하지 않으니 고등학교에 입학한 뒤 대학 입시를 준비하면 된다고 안이하게 생각한다면, 특목고 입시를 준비하는 학생들보다 많이 뒤처지게 되기 마련이다.

　일반적으로 특목고에 응시하는 학생들은 5 대 1 정도의 경쟁률을 통과해야 한다. 특목고에 떨어진 학생들은 패배감에 빠져들고, 자기 능력을 의심하게 되며, 합격생들이 부러워 질투하기도 한다. 하지만 이미 결과는 정해졌다. 자신에게 유리하도록 빨리 생각의 방향을 전환하자. 대학에 떨어지면 재수생이 되지만, 특목고에 떨어지면 일반고에 가면 된다.

앞에서도 충분히 언급했지만, 특목고 학생들은 결코 대학 입시에 유리하지 않다. 그들이 유리한 점은 학교에서 수시모집에 응시할 수 있도록 준비시켜준다는 것인데, 일반고 학생들도 스스로 수시모집에 지원할 준비를 한다면 오히려 유리할 수 있다. 올림피아드가 아니라면 모의고사 성적이나 내신성적으로 특기자가 되는 방법도 있다. 지방의 일반고에서는 지역균형선발 전형에서 감점을 받지 않도록 1학년 때부터 학교 차원에서 내신성적을 관리하기도 한다고 들었다.

특목고에 못지않은 입시 실적을 보이는 일반고도 많이 있다. 그들의 실적은 특목고 불합격자나 처음부터 일반고를 목표로 한 학생들의 실적이므로, 치열한 선발 과정을 거친 특목고 학생들보다 값진 결과라고 할 수 있다. 그들의 성공 비결은 내신 우위에 따른 자신감과 입시 위주의 교육 덕분이다.

특목고에서는 학교의 특성상 설립 취지에 따른 교육을 의무적으로 받아야 한다. 하지만 일반고는 이런 면에서 자유롭다. 특목고 학생들이 내신 때문에 고민하는 모습은 처량하기까지 하다. 자신이 선택한 결과이기는 하지만, 사실 최상위권 학생들만 모아놓은 곳에서 상위권에 든다는 것은 매우 어려운 일이다.

전통 있는 학교라면 일반고라도 학생들을 명문대에 보내는 노하우가 쌓여 있기 때문에 오히려 유리한 면이 많다. 특별한 특기가 없는 학생이라면 집에서 가까운 명문 일반고를 선택할 것을 강력하게 권한다. 기숙사 생활을 하는 것도 힘겨운 일이고, 멀리 통학하는 것도 하루 이틀이지 그 시간을 모아보면 아깝기 그지없다. 시간 낭비도 만만치 않지만 체력적으로도 여간 힘든 것이 아니다.

나는 특목고가 없던 시절에 고등학교를 다녔다. 내가 졸업하던 해에 대원외고와 대일외고가 생겼다. 평준화 시절에 우리 반에서 서울대에 6명이, 전교에서는 60명 정도가 합격했다. 지금 대원외고의 서울대 합격생과 비슷한 수다. 나는 대일고에 다녔는데, 강북의 부유하지 않은 동네에 있는 학교인 데다가 고등학교 평준화가 시행되던 시절이라 그 지역의 학생들이 추첨으로 들어왔다. 한두 해 위의 선배들은 80명씩 서울대에 합격했기 때문에 우리는 선생님과 선배들에게 열등한 졸업생이라고 놀림을 받았다.

대일고 주위의 반경 1킬로미터 안에 고등학교가 두 곳 더 있었는데 바로 서라벌고와 고려고다. 나는 대일고 9회 졸업생이었는데, 2회 선배와 5회 선배가 전국 수석을 했다. 내가 졸업한 해보다 1년 먼저인 1983년에는 고려고에서 전국 수석이 나왔다. 서라벌고는 서울대에 90명씩 합격시켜서 그 당시 서울예고 다음으로 서울대생을 많이 배출했고, 대일고는 60~80명을, 고려고도 50명 이상을 서울대에 합격시켰다. 서울대에 입학한 학생 수를 기준으로 전국 10위권 이내의 학교가 한동네에 있었던 것이다.

어떻게 부유하지도 않은 동네에서 이런 일이 일어날 수 있었을까? 이유는 단 하나, 많은 학생들이 서울대에 도전했기 때문이다. 실제로 전교 100위권 학생이 서울대에 합격한 일도 있었다. 옆 학교의 서울대 진학률이 높으니까 꽤 공부를 잘한다는 학생들은 자신도 당연히 서울대에 도전해야 한다고 생각했다. 그러다 보니 전국 수석도 근방의 학교에서 많이 나온 것이라고 짐작해 본다.

요즘 특목고는 우수한 학생들을 선발해 놓고도 막상 서울대 입시에서는 그다지 대단한 실적을 보이지 못하고 있다. 민사고를 비롯한 현재의 특목고는 연세대나 고려대를 지망하는 학생들에게는 좋은 학교일지 모르지만, 반드시 서울대에 도전하려는 학생들에게는 오히려 불리한 점이 많다. 교육의 질이 문제가 아니라 내신을 잘 받기 어려운 재학생들이 서울대에 도전하지 않기 때문이다. 서울대의 지역균형선발 전형으로는 특목고 학생들이 거의 합격하기 어렵다. 일반 전형도 내신이 좋지 않을 경우 상대적으로 불리하므로 상황이 크게 다르지는 않다.

지방이나 농어촌에서 함부로 이사하지 마라

퇴계원에 사는 Y군의 어머니가 찾아왔다. 여러 번 상담해 온 터라 반갑게 맞았다.

"우리 아이가 특목고에 가겠다는데 어떻게 하는 것이 좋을까요?"

Y군은 성적이 우수한 학생이었기 때문에 갑자기 서울대의 농어촌학생 특별전형이 생각나서 "혹시 그곳이 농어촌 지역 아닌가요?"라고 물어봤다. 내 예상대로 Y군은 농어촌 지역으로 구분되는 학교에 9년간 재학했고, 부모님의 거주 조건도 서울대의 농어촌학생 특별전형에 부합했다. 그래서 서울에 있는 외고보다는 공주 한일고를 추천했다. 공주 한일고도 농어촌학생 특별전형에 해당하는 학교이기 때문이다. 만일 한일고에 불합격한다고 해도 절대 서울로 전학을 오지 않도록 신신당부했다. 농어촌학생 특별전형을 통해 서울대에 들어가는 것이 다른 어떤 전형보다 Y군에게 유리하다고 생각했기 때문이다.

2015학년도 서울대 입시제도는 수시모집(지역균형선발 전형, 일반 전형, 기회균형선발 특별전형Ⅰ)과 정시모집(일반 전형, 기회균형선발 특별전형Ⅱ)으로 나누어진다. 수시모집 중 지역균형선발 전형과 일반 전형, 정시모집 중 일반 전형을 정원 내 모집이라 하고, 수시모집 중 기회균형선발 특별전형Ⅰ과 정시모집 중 기회균형선발 특별전형Ⅱ를 정원 외 전형이라 한다. 서울대의 전체 정원은 3,093명이고 그중 수시모집으로 2,322명(75퍼센트), 정시모집 '가'군으로 771명(24.9퍼센트)을 뽑는다. 수시모집 인원 중 677명은 이런 전형들 중에서 미국의 소수자(약자) 우대 정책 Affirmative Action과 같은 성격의 전형을 통해 선발된다. 미국은 소수자 우대 정책을 시행함으로써 소수 인종들의 낮은 교육 수준과 그로 인한 빈곤, 그 이후 그런 상황들이 대물림되는 악순환에서 벗어나게 하려 했고, 실제로 어느 정도 효과를 봤다.

2009년 12월 서울대에서 발표한 자료에 따르면, 수시모집을 확대한 이후 최근 합격자가 없었던 총 12개 군 중 6개 군에서 합격자를 배출했는데, 전체 정원의 61.1퍼센트(1,903명)를 모집하는 수시모집 지역균형선발 전형과 특기자 전형에서 1,891명이 입학했다고 한다. 그 밖에도 추가로 더 많은 학생들이 지역균형선발 전형을 통해 서울대에 합격했다. 서울대가 2005년부터 수시모집에서 지역균형선발을 도입하면서 1명 이상 합격시킨 고등학교 수는 291개로 늘어났다. 또한 2008년 기준으로 서울대를 1명 이상 합격시킨 고등학교는 무려 886개나 된다. 사교육의 혜택을 많이 보지 못하는 시골 학생들도 학교 수업에만 충실하면 서울대에 진학할 수 있는 가능성이 높아졌고, 서울대 입학 후 지역균형선발 전형 학생들의 학업 집중도가 높은 것으로 나타나 학습 경쟁력도 전혀 뒤떨어지지 않는다는 사실이 입증됐다.

지역균형선발 전형 시행 이전인 2004학년도의 748개와 비교하면 138개의 고등학교가 첫 서울대 입학생을 배출해 낸 셈이다. 또한 서울대는 지역균형선발 전형을 빈곤자에게까지 확대하여 기회균형선발 특별전형을 실시했다. 그 결과 2014학년도 서울대 입시 현황을 살펴보면 지역균형선발 전형으로 779명을 선발하고 기회균형선발 특별전형으로 190명을 모집했다. 이는 더불어 사는 사회에서 올바른 교육 정책을 펼치고 있는 것으로 보인다. 물론 역차별의 소지도 있지만, 수능으로 학력 미달의 학생들을 가려내고 있으니 그다지 문제될 것이 없다고 생각한다.

지역균형선발 전형에서 모든 고등학교에 배당된 학생의 수는 2명이다(지역균형선발 전형으로 선발하는 학생이 677명인데, 이는 무려 서울대 전체 모집 인원의 21.88퍼센트에 해당할 만큼 많은 숫자이다). 대원외고도 2명, 민사고도 2명, 지방의 어느 고등학교도 2명이다. 그런데 같은 전교 2등 이내의 학생들이라도 특목고의 경우에는 대체로 내신성적에서 지역의 일반고 학생들보다 유리하지 못하다. 특목고 학생들은 모두 실력 수준이 비슷하여 전교 2등 이내의 학생이라도 전 과목에서 1등급이 아닌 경우가 많다. 하지만 일반고에서는 전교 2등 이내에 든다면 전 과목에서 1등급인 학생들이 많다. 따라서 지역균형선발 전형에서는 특목고가 상당히 불리하다고 할 수 있다.

정치가 하고 싶어서 정치학과에 간다?

강남의 중학교에서 전교 1등을 하는 K군이 진로와 학습에 관한 상담을 받으러 왔다. K군은 특별히 잘하는 분야는 없지만 자기 관리를 철저히 하는 성실한 학생이었다. TOEFL, TOEIC, TEPS 등 공인영어성적에 집중하여 좋은 성적표를 받아놓지는 않았지만 자기 나이에 맞는 영어 실력이 있었다.

이런 학생은 외고에 가면 고생할 가능성이 높다. 외고는 거의 전교생이 외국어 특기자 정도의 실력을 가지고 있기 때문이다. 특목고를 목표로 공부하는 것은 바람직한 일이지만 그 이후의 대학 입시까지 생각해야 한다. 특목고를 졸업한 다음에 곧바로 사회에 진출하는 것이 아니기 때문이다. 외국어 실력이 출중하지 않은 학생이 우수한 중학교 내신성적만 믿고서 외고에 진학한다면 외고의 수준에 적응하기까지 상당한 고통이 따를 수 있고, 열등감과 불만족스러운 성적 때문에 오히려 일반고에 진학한 것보다 나쁜 결과를 초래할 수 있다.

나는 K군이 일반고에 진학해서 서울대 사회과학대학을 들어가 경제학과에 도전하는 것을 바탕으로 상담을 진행했다. 그러자 K군과 학부모는 정치학과를 가는 것이 어떻겠느냐고 물어왔다.

"나중에 행정고시를 보거나 혹시 정치를 하게 되면 정치학과가 좋을 것 같아서요. 그리고 아이가 『월간 조선』이나 『신동아』 같은 시사 잡지에 관심이 많아요."

물론 자기 소질을 생각하고 그에 맞는 일을 찾는 것은 바람직한 일이다. 앞에서도 자세히 설명했지만, 진로 컨설팅을 하기 위해서는 엑슬러 지능검사(능력 검사), 학습유형검사, 다중지능(적성 검사) 등 갖가지 검사를 해서 학생의 잠재 능력과 함께 현재 능력 및 공부 습관, 적성 등을 파악하려고 노력한다. 이 검사 결과들을 바탕으로 자신이 좋아하고 잘할 수 있는 적성 분야에 집중하면 즐겁게 공부할 수 있을 뿐 아니라 성과도 높게 나타난다. 그런데 현실에서 우수한 학생들은 여러 분야에서 높은 적성을 나타낸다. 이럴 때는 조금이라도 더 높게 나타나는 적성 분야에 관심을 가질 것이 아니라 실리적인 목표를 찾는 것이 유리하다.

K군도 여러 분야에 우수한 적성을 나타냈다. 나는 관료나 국회의원 중에는 상당히 많은 사람들이 법과대학이나 경제학과, 경영학과 출신이라는 것을 알려줬다. 그리고 법과대학은 법학전문대학원으로 변경됐으므로, 서울대 경제학과를 졸업한 후 법학전문대학원에 들어가는 것이 K군이 원하는 진로에 적합하다고 설명했다. 혹시 나중에 꿈이 바뀌더라도 정치학과보다는 경제학과를 졸업하는 것이 사회에 진출하기가 더 쉽다고도 말해 주었다.

K군은 내 생각을 받아들였다. 당분간 진로를 고민하느라 갈등할 일 없이 공부에만 충실할 수 있게 되었다면서, 일반고를 통해 서울대의 지역균형선발 전형으로 사회과학대에 진학하여 경제학과에 도전하는 것을 목표로 잡았다.

고등학교에 다니면서 막연히 생각했던 대학의 학과는 막상 그곳에 입학하고 나면 자기 추측과 많이 다르다는 사실을 느끼게 된다. 진로 컨설팅은 상담하는 학생의 행복을 위한 것이므로, 학생의 소질을 고려할 뿐 아니라 학생이 선택한 학과를 졸업하고 나서 살아가는 데 조금이라도 유리한 방향을 설정하도록 진행해야 한다. 학교나 언론에서 떠

드는 것처럼 무조건 학생의 적성에 맞는, 그리고 학생이 원하는 학과를 선택하는 것은 현실적으로 위험한 생각일 수 있다.

돈을 많이 벌고 싶다면 의대를 가라

많은 학생들이 서울대나 카이스트 물리학과를 나오면 아인슈타인이 된다고 생각한다. 개인의 능력과 역량이 아주 크다고 생각하는 것이다. 그러나 이 세상은 오로지 천재 한 사람에 의해서만 발전하지는 않는다. 물론 한 사람의 천재적인 능력이 이루어내는 성과를 간과하는 것은 아니다. 다만 나는 우리나라의 교육과 밝은 미래를 책임지는 교육과학기술부 장관이 아니라 학생의 학업과 진로를 상담하는 컨설턴트 입장에서 이야기하는 것이다. 나는 학습 컨설턴트, 진로 컨설턴트로서 철저히 학생의 행복만을 위해 상담해야 한다.

내가 대학에 들어갈 때는 서울대 의과대학의 커트라인이 물리학과나 전자공학과, 제어계측공학과 등에 비해 낮았다. 이미 새로운 아인슈타인이 탄생한 것처럼 물리학과 합격생들의 자부심은 하늘을 찌를 듯이 높았다. 대학 입학을 위한 점수 배치표에도 의과와 전자공학과, 물리학과 등이 같은 선상에 있었다. 공학도를 육성해야 하는 우리나라 현실을 감안하면 매우 올바른 현상이었다.

하지만 한 학기가 지나고 1학년 2학기가 되면 상황은 재미있게 바뀐다. 의대생들에게는 명문 여대로부터 끊임없이 미팅 제의가 들어오는데 물리학과 학생들은 의대생만큼 대접을 못 받는다. 여대생들이 입고 나오는 옷차림도 다르다. 의대생과 만날 때는 곱게 차려입는 반면 자연대나 공대 학생을 만날 때는 청바지 차림이 고작이다. 자신보다 훨씬 낮은 점수를 받고 입학한 중상위권 대학의 의대생에게도 마찬가지다.

공대나 자연대가 아닌 의대에 우수한 인력이 몰리는 현상에 대해 많은 지식인, 언론인, 정책 입안자들은 우리나라의 앞날이 걱정스럽다며 푸념을 늘어놓는다. 하지만 졸업 후에 의사가 버는 소득과 자연대, 공대 졸업자가 버는 소득의 격차가 크다면 누구도 의대를 지망하는 학생들을 함부로 비난해서는 안 된다. 애덤 스미스의 '보이지 않는 손'이라는 시장경제 원리가 말하듯 자기 이익을 위해 스스로 선택한 것이기 때문이다.

중세 유럽에서 대학이 처음 설립될 때 어떤 과목을 위주로 생겼는지 살펴보면 의대나 법대가 얼마나 중요한 학문을 가르치는 곳인지 알 수 있다. 대학을 졸업할 때 쓰는 사각모는 대학에서 필요로 하는 네 가지 학과를 뜻하는데, 그것이 바로 의학, 법학, 철학, 신학이다. 서구 중세는 기독교 중심의 시대였기에 신학과 철학이 중요했지만, 처음 대학이 생길 때부터 의학과 법학도 중요한 학과로 인정받았고 앞으로도 마찬가지일 것이다. 그래서 학생들에게 종종 이렇게 말한다. 소신이 없으면 의대나 법대를 가고, 소신이 뚜렷하면 다른 전공을 찾는 것이 좋다고.

실제로 경희대 한의대학 재학생 중에는 명문대를 졸업한 나이 많은 학생들이 즐비하다. 고등학생이었을 때 누군가에게 진솔한 자문을 구했더라면 애써 들이지 않아도 되는 엄청난 시간과 노력을 허비하게 된 것이다. 그뿐 아니라 한 학생이 자신에게 맞지 않는 진로를 선택하는 것은 그 학과에 1점 차이로 떨어진 다른 학생의 진로까지 막는 결과를 불러온다.

　좀더 직설적으로 말하겠다. 사실 경제적인 부분이 배제된다면 상당히 많은 경우에 공대나 자연대에서 더 재미있게 공부할 수 있고 그것이 직업으로까지 이어지겠지만, 돈을 많이 벌어야 한다면 의대를 가라! 물론 의대생이나 의사들은 내 견해에 히포크라테스 선서를 들이대며 반대할지도 모른다. 그러나 의사라는 직업이 다른 조건은 모두 지금과 동일한데 월급만 고등학교를 졸업한 근로자의 수준과 비슷해진다면, 과연 얼마나 많은 학생들이 생명을 구한다는 보람을 위해 의대에 지원할지 의심스럽다.

　사회에서는 의대로만 우수한 학생들이 몰리는 현실에 대해 개탄하지만 꼭 그렇게만 바라볼 문제는 아닌 것 같다. 의학 계통에 인재가 모이고 의료 기술이 세계적 수준으로 발전하면서 많은 나라에서 한국으로 의료 관광을 오고 있다. 이렇게 벌어들인 외화는 한국의 발전에도 도움을 주고 있으며, 궁극적으로는 한국의 위상을 높이는 역할을 하게 될 것이다.

　어린 시절에는 크고 원대한 꿈을 꾸는 것이 좋다. 그러나 고등학생쯤 되면 현실과 이상 사이에서 진지하게 고민하고, 그것을 토대로 다시 현실적인 꿈을 정해야 한다. 그런데도 현실을 벗어난 이상을 따르고 싶다면 그렇게 해도 괜찮다. 사실 이 세상에는 그런 인재들이 필요하고, 그들이 우리나라를 부강하게 만들어줄 애국자들일 것이다.

　하지만 모든 사람들이 그 무거운 짐을 질 필요는 없다고 생각한다. 대다수의 사람들은 세속적이며 그곳에서 행복을 찾고 있다. 부모는 자식이 후회하지 않는 진로를 선택할 수 있도록 도와줘야 한다. "저는 아이가 원하는 일을 했으면 좋겠어요"라는 무책임하고 게으른 말은 하지 않길 바란다. 학생도 또한 스스로 많은 노력과 시간을 들여야 할지라도 일단 올바른 진로를 정하고, 그런 다음에 자기 목표를 위해 매진해야 한다.

대학보다는 학과가 중요하다?

철학을 공부하고 싶으면 철학을 공부하라. 그리고 경영학을 공부하고 싶으면 경영학을 공부하라. 다만 대학을 선택할 때는 최대한 세상 사람들이 알아주고 인정하는 학교로 정해야 한다. 먼저 학교를 정해놓고 혹시 성적이 안 되면 학과를 바꾸는 편이 안전하다. 대학 내에는 부전공, 복수전공, 전과, 편입학, 대학원 등 자신이 원한다면 전공을 바꿀 수 있는 여러 제도들이 있다. 그뿐 아니라 전공 과목을 듣고 난 나머지 시간에 자신이 관심을 가지고 있는 다른 분야의 강좌를 신청해서 수강할 수도 있다. 대학은 아카데미이지 직업학교가 아니다.

의과대학, 약학대학, 사범대학 등 전문 직업과 관련된 일부 학과들을 제외하고는, 사실상 대학에서 배운 내용을 사회에서 그대로 적용하지 못한다. 대학에서는 자유롭게 사고하는 방법과 자기 전공을 통한 문제 해결 방식 정도만 배우고, 졸업한 후에 사회생활을 하면서 재교육을 받게 되는 것이다. 그래서 세상은 당신이 무엇을 전공했느냐를 묻기 전에 어느 대학을 졸업했느냐를 먼저 묻는다.

게다가 자주 바뀌는 입시제도하에서는 대학마다 학생을 평가하는 기준이 상당히 다르다. 그래서 연세대 경영학과를 염두에 두고 있다가 수능 성적이 잘 나온다고 해서 서울대 경영학과로 자기 목표를 바꾸기는 쉽지 않다. 오히려 서울대 경영대학 경영학과를 준비하다가 서울대 사회과학대학 쪽으로 전환하는 것이 훨씬 수월하다.

물론 대학 한 곳 정도를 더 염두에 두는 편이 안전하다. 이때는 두 대학 사이에 내신 반영 비율, 수능 반영 비율, 논술·구술 시험의 경향을 조사해 보고 비교과 영역의 비중들을 참고하여 유사한 대학들 중에서 고르는 것이 좋다. 또한 대학의 수준에도 차이를 두어 자기 실력이 기대한 만큼 오르지 않더라도 들어갈 수 있는 차선의 대학을 생각해 놓아야 한다. 학력고사나 수능처럼 한 가지 시험에 의해 합격의 당락이 갈리던 시절에는 대학의 순위별로 차순위 학교를 정해도 괜찮았지만, 지금 대학 입시는 대학별 고사의 비중이 크기 때문에 그런 방식으로 차선의 학교를 정하다가는 낭패를 보기 십상이다. 평가 기준이 유사한 대학을 차선으로 정하면 성공 확률이 높아진다.

학과 선택에도 요령이 있다

"저는 아직 무엇을 하고 살아야 할지 모르겠어요. 도대체 무슨 과를 지원해야 전망이 좋을까요?"

학생도 답답하고 부모도 답답하고 상담을 하는 나도 답답하다. 자신이 원하는 것이 있으면 그것을 바탕으로 대학을 이야기하고 전공을 정한다. 그다음에는 학생이 원하는 대학과 전공을 위해 지금부터 해야 할 일들,

즉 세부적인 실천 계획과 로드맵을 그려 나감으로써 입학 가능성을 높일 수 있다. 그런데 자기가 무엇을 원하는지조차 모르는 학생에게는 상담을 통해 자신이 원하는 것부터 찾아주고 그것을 강화해 나가야 한다.

처음에 정한 꿈과 목표는 살아가면서 변하기 마련이다. 하지만 언제나 선명한 목표를 가지고 있어야 한다. 나에게는 몇 가지 상식적인 선택 기준이 있다. 우선 앞에서 언급한 것처럼 특별한 자격증의 조건이 되는 학과를 제외하고는 학과보다 학교를 먼저 선택하는 게 유리하다는 것을 전제한다. 학과를 정할 때 내가 내세우는 원칙들은 다음과 같다.

● 정원이 많은 학과를 선택한다

정원이 많다는 것은 사회에서 수요가 많다는 뜻이다. 정원이 소수인 학과나 신설된 학과를 선택할 때는 세심한 주의를 기울여야 하며, 정확한 정보 없이 막연한 추천에 현혹돼서는 안 된다.

친구의 아들인 P군은 해외 유학을 다녀온 후 내가 이끄는 '민성원의 공부 원리' 방학 캠프에 참가했다. 그 후로 나와는 더욱 가까워져 진로나 공부에 관해서는 아버지보다 오히려 내 조언에 더 귀를 기울이게 되었다. P군의 아버지도 서울대를 졸업한 고위 공무원이라 학업에 관한 조언을 구하는 것은 제쳐두더라도 진로에 관해 자문하는 데는 부족함이 없어 보였는데, P군은 구태여 나에게 진로 상담을 요청했다.

P군은 애니메이션을 전공하고 싶지만 전망이 밝아 보이지 않는다고 생각했다. 만일 P군의 성적이 반에서 중간 정도였다면 굳이 애니메이션을 전공하겠다는 계획을 말리지 않았을 것이다. 하지만 P군은 전교 수석을 할 만큼 공부를 잘했고 특히 영어와 수학 성적이 우수했다. 영

어 스피치 대회에서 금상을 받을 정도로 발표력도 좋았고, 수학 실력은 경시대회에서 입상할 수 있는 수준이었다.

P군은 아버지의 의견이 그저 반대를 위한 반대로밖에 여겨지지 않는다고 말했다. 의사가 자기 아들의 수술을 집도하지 못하는 것처럼 카운슬링도 아주 가까운 사람은 하기 힘든 일이다. 나는 P군과 긴 시간 동안 대화하면서 애니메이션 업계의 현실에 대해 많은 이야기를 했다. 그러자 P군도 현실을 받아들이고 애니메이션이 아닌 다른 길을 모색하게 되었다.

P군은 영어와 수학을 잘하지만 그림을 그릴 때 가장 행복했나 보다. 그래서 그가 선택한 일은 건축설계였다. 애니메이션을 그리는 일에서 건축물을 그리는 일로 살짝 전환한 것이다. 거기다가 나는 건축디자인 회사를 경영하는 것은 어떻겠느냐고 조언했고, 이에 P군과 부모도 동의했다. P군은 서울대 공과대학 건축학과를 졸업한 후 MBA를 마치는 것을 목표로, 현재 미국에서 유학 중이다. 학생과 부모 모두 올바른 자문이었다고 만족스러워했다. 물론 뚜렷한 목표를 정한 P군은 중학교를 조기 졸업하고 미국 명문보딩스쿨에서 전체 수석을 했다.

결론은, 소수에게만 길이 열려 있는 학과를 피하는 편이 좋다는 것이다. 물론 그 분야에 남다른 소질이 있고 확고한 신념을 지닌 학생은 예외이지만 말이다.

- 아직 무슨 일을 하며 살아야 할지 결정하지 않았다면 특성이 불분명한 학과를 선택하고 대학에 다니면서 자신이 나아갈 길을 다시 생각하는 것이 좋다

사범대학이나 약학대학은 졸업 후에 교사나 약사로 가야 할 길이 한정되어 있다. 하지만 경영학과, 경제학과, 사회학과 등을 졸업하면 다양한 진로를 선택할 수 있다는 장점이 있다.

● 자신이 특히 취약한 분야의 학과는 피하는 것이 좋다

외국어에 취약한 학생이 수능 성적이나 내신성적이 좋다고 외국어를 전공한다든지, 수학이라면 치를 떠는 학생이 공과대학을 간다든지 해서는 안 된다는 말이다. 문과대학 중에서도 경영학과나 경제학과는 수학을 많이 다룬다.

학창 시절 친구들 중에 경제학과에서 수학을 다루는 줄 모르고 무턱대고 들어간 사람이 있었다. 고등학교 수준에서는 수학의 도움 없이 경제학을 이해할 수 있었지만, 대학에서 배우는 경제학은 상당히 많은 부분을 수학으로 해결한다는 사실을 미처 몰랐던 것이다.

현대 경제학을 제대로 이해하기 위해서는 수학, 통계학, 경제수학, 경제통계학, 선형대수학, 미적분학, 수리경제학 등 수학과 관련된 많은 과목을 수강해야 한다. 그렇다고 해서 대단히 심하게 어려운 학문은 아니지만, 학생들을 지도하다 보면 수학에 경기를 일으키는 아이들이 종종 있는데 이런 사람은 경제학과를 피하는 것이 좋다.

그 친구는 최소한의 수학 강좌만 수강하고 나머지는 수학을 거의 필요로 하지 않는 경제사, 경제사상사, 동양경제사, 서양경제사, 한국경제론 등 경제와 관련된 역사 강좌를 위주로 공부하면서 고생 끝에 졸업했다. 잘하지도 못하는 데다가 공부하기조차 너무나 싫은 약점 분야를 중점으로 하는 학과는 꼭 피해야 한다는 것을 명심하자.

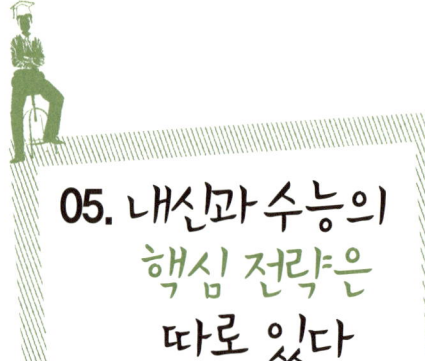

05. 내신과 수능의 핵심 전략은 따로 있다

전략적인
내신 로드맵

▶ 학년별 내신 관리법

중학교 시절이 고등학교 내신에 대비하는 방법을 찾는 시행착오의 기간이었다면, 아이들은 고등학교에 입학하자마자 실전에 뛰어들게 된다. 3월 입학식 이후 곧바로 치르는 전국 모의고사에서 정신이 혼미해지고, 고등학교 생활에 적응한다는 이유로 어영부영 시간을 보내다 보면 금세 4월 중간고사 기간이 시작된다. 대학을 결정짓는 하나의 기둥 역할을 하는 그 시험을 그렇게 맞이해서는 안 될 것이다.

1학년 첫 중간고사는 고등학교 입학 후 처음 보는 시험이기 때문에 학생들은 그 시험을 통해 자아 이미지를 형성하게 된다. 예를 들어 중학교 때 전교 20등이던 학생이 고등학교 시험에서 전교 100등을 했다고 가정하자. 그 학생은 고등학교 공부는 중학교 때와 차원이 다르다고 느끼거나, 똑같이 공부해도 성적이 안 나온다는 사실을 통해 자기 위치를 전교 100등에 놓고 시작하게 된다.

반면 중학교 때보다 성적이 오른 학생이라면 자신감을 갖게 되고, 앞으로 수업을 듣는 자세나 공부를 하는 마음가짐에서 큰 차이를 보일 것이다. 자신감을 기반으로 한 학습은 그 결과에서 우리가 상상하는 것보다 더욱 큰 효율성을 드러낸다. 결론적으로 고등학교 내신은 1학년 때부터 반영되니 무조건 최선의 준비를 통해 최대한 잘 보는 것이 중요하다.

그렇다면 내신 관리는 학년별로 어떤 전략을 세우는 것이 바람직할까?

1학년 1학기 첫 시험에서는 전 과목을 노려야 한다. 내신 우수자를 선발하는 전형들은 대부분 학생의 전 과목 성적을 반영한다. 그것은 서울대 지역균형선발 전형의 평가 범위와 과목 역시 마찬가지이다. 다만 서울대는 정시모집 일반 전형에서 교과 영역을 반영하는 것처럼 일부 과목의 성적을 기계적으로 산출하지는 않는다(정시모집에서는 과목별 석차 등급을 점수화하여 반영한다). 서울대 입학처는 지역균형선발 전형의 평가 범위와 과목은 고등학교 교육과정이나 모집 단위별 특성, 교과(군)별로 필요한 최소이수단위의 충족 여부, 제출 서류에 나타난 지원자의 개인적인 특성 등을 종합적으로 고려한다고 밝혔다. 따라서 1학년들은 내신 우수자 전형에 지원하는 것을 목표로 내신 전 과목을 관리해야 할 것이다.

2학년이 되면 1학년 내신에 따라 내신 관리 전략이 달라진다. 1학년 내신이 전교 5등 이내인 학생은 꾸준히 전 과목 내신을 관리하면서 전교 2등 이내에 진입하는 것을 목표로 삼아야 한다. 서울대 지역균형선발 전형은 계열(문과/이과)과 상관없이 한 학교당 2명을 추천하기 때문에 본인의 계열과 상관없이 전교 2등 이내에 무조건 들어야 한다. 2010학년도까지는 학교당 3명을 교장 선생님이 추천했지만, 2012학년도부터는 학교당 2명을 추천하여 지역균형선발 전형에 지원할 수 있도록 한다. 일반적으로 문과 1명과 이과 1명을 추천하므로 문과에서 1등, 이과에서 1등이 되어야 한다. 고려대도 계열별로 각 1명씩 추천하니 본인이 속한 계열에서 전교 1등을 유지하는 것이 중요하다.

만일 전교 1~5등 범위를 벗어났지만 1학년 내신이 모두 1등급인 학생은 2학년부터 주요 과목에서 1등급을 받는 것으로 목표를 조정하는 편이 좋다. 하지만 2학년 교과과정 자체가 원래 주요 과목 위주로 구성되어 있기 때문에 전 과목 내신 관리와 별반 차이는 없을 것이다.

1학년 내신성적이 전혀 관리되지 않은 학생은 내신을 쉽게 포기하곤 하는데, 내신은 절대로 포기해서는 안 된다. 2학년부터라도 주요 과목 1등급을 목표로 최선을 다해 내신을 관리해야 한다.

일반적으로 대학들이 1~3학년 내신의 반영 비율 기준을 정해놓았는데, 1학년 : 2학년 : 3학년의 비율이 20 : 40 : 40인 학교와 20 : 30 : 50인 학교, 그리고 학년별 기준치가 없는 학교로 크게 나눌 수 있다. 1학년 내신에 비해 2학년, 3학년 내신의 비중이 더 크고, 특히 수시모집에 지원할 때는 3학년 1학기 성적까지만 포함되기 때문에 3학년 1학기

성적이 다른 학년의 성적에 비해 훨씬 중요하다고 할 수 있다. 그러므로 1학년 때 제대로 내신을 관리하지 못했다고 해서 2~3학년 내신까지 포기하지 말길 바란다.

게다가 여러 대학들이 내신성적을 정시모집에서도 일정 부분 반영한다는 사실을 간과해서는 안 된다. 2015학년도 정시모집에서 서울대의 경우 동점자 처리 기준으로 교과 영역을 활용하고 연세대, 고려대의 경우 학교생활기록부 10퍼센트를 평가에 반영한다. 여러 번 말하지만, 내신을 제대로 관리하지 않으면 내신은 정시 원서를 쓰는 마지막 순간까지도 계속 걸림돌로 작용할 것이다.

▶ 수학 공부법

대다수 학생들에게 '수학'은 '공부'의 대표 선수쯤 될 것이다. 수학을 잘한다는 말은 공부를 잘한다는 말이고, 거꾸로 공부를 잘한다는 말은 바로 수학을 잘한다는 말도 된다.

내 경우에도 수학은 나의 성적을 위협하는 지뢰밭이었다. 중간고사나 기말고사에서 수학 시험을 잘 보면 마음을 놓았지만, 다른 과목을 다 잘 봤어도 수학 점수 때문에 전체 평균 점수가 낮아지는 경우가 종종 있었다. 그뿐 아니라 대입 모의고사를 치를 때 수학 시험 시간이 부족해서 쩔쩔맨 적이 한두 번이 아니었다. 그러다가 고등학교 2학년 때 큰 결심을 하고, 그해 여름방학 동안 다른 과목의 공부를 미룬 채 수학 공부에만 매달렸다. 이렇게 수학에 계속 덜미를 잡힌다면 서울대에 진학하기는 어렵다는 판단이 섰기 때문이다. 그 덕분에 수학 공부에 관한 나만의 노하우를 발견했고, 결국 수학이라는 높은 산을 정복하기에 이르렀다.

사실 수학을 어려워하고 수학이 자신의 취약 과목이라고 말하는 학생들이 무척 많다. 하지만 수학만큼 성적을 올리기 쉬운 과목도 없다. 왜냐하면 수학은 항상 정답이 하나이고, 그 정답은 논란의 여지가 전혀 없는, 정말 명쾌한 과목이기 때문이다.

수학을 정복하려면 개념부터 확실하게 잡아라

몇 가지 일을 경험하고 그 일들의 공통 속성을 파악하는 것은 무슨 일에서든 매우 중요하다. 만약 누군가가 그 공통 속성을 파악하는 데 서툴다면, 아무리 많은 경험을 쌓아도 완전히 동일한 일이 아니면 매번 처음 접하는 사람처럼 헤매게 된다. 이 공통 속성을 파악하는 능력을 추상화 능력이라고 하는데, 우리가 흔히 어떤 것의 개념이라고 말하는 대부분이 이런 추상화 능력의 산물이다. 즉 추상화 능력이 뛰어난 사람은 몇 가지 경험으로부터 스스로 개념을 만들어내고 간직하게 되어 무슨 일이든지 빠른 시간 내에 전문가처럼 처리할 수 있다.

수학을 정복할 때도 이처럼 개념부터 확실하게 잡아야 한다. 수학을 잘하고 싶다면 누구나 가장 먼저 서점에 가서 수학책을 살 것이다. 그러고는 수학책을 펼쳐서 이리저리 살펴보다가 응당 문제를 풀어볼 것이다. 몇 문제를 연속해서 풀다 보면 학생마다 다른 반응을 보이는데, 재미를 느끼는 특이한 아이부터 인내심의 바닥을 보이는 평범한 아이까지 천차만별이다.

왜 이런 다양한 반응이 생길까? 결론을 내려보자면, 수학 문제 풀이에 재미를 느끼는 아이들은 대개 추상화 능력이 뛰어나서 개념 형성의 속도가 빠르기 때문이다. 이런 아이들은 매번 문제를 풀 때 그 직전에 형성된 개념을 사용한다. 마치 게임에 중독된 아이들이 게임을 몇 번 해보고 게임에 녹아 있는 개념을 추상화 능력으로 찾아내는 것과 마찬가지다.

그럼 재미를 느끼지 못하는 아이들은 어떤 상황인가? 많은 문제를 풀어보면 가능하겠지만 적은 수의 문제를 통해서는 개념을 형성하지 못한다. 즉 수학과 관련해 추상화 능력이 상대적으로 떨어지는 것이다.

약간의 문제를 풀어보는 것으로도 쉽게 개념을 형성하는 아이에게는 칭찬을 통한 동기부여와 통상적인 선행 지도만으로 부모의 역할은 거의 마무리된다. 하지만 대부분의 아이들은 그렇지 못하다. 이제부터 그런 아이들에 대한 처방을 소개하겠다.

- 스스로 많은 문제를 풀어본다

아주 힘들지만 상대적으로 효과가 높은 방법이다. 문제점이라면 부모가 아이에게 권하기에는 조금 위험할 수 있다는 것이다. 아이가 수학 자체를 싫어하게 될 가능성이 있을뿐더러, 아이와 부모 사이가 멀어지는 결정적인 계기가 될 수 있기 때문이다. 만약 이 방법을 쓰려면 아이가 좋아하는 선생님을 찾는 일이 선행돼야 한다. 그 선생님만이 아이에게 많은 문제를 풀게 할 수 있다.

- 이미 정리되어 있는 개념을 이해하고 외운다

보통 최후의 방법으로 느껴지기도 하는데, 아이에게 강제로 수학책에 소개된 개념을 암기시키는 것이다. 사람들은 대체로 암기에 대한 두려움을 가지고 있는데, 망각에 대한 근본적인 공포심을 느끼기 때문이다. 그래서 전문가들도 이 방법에 대해 부정적이지만 대부분의 극약 처방이 그러하듯이, 아이의 동의를 구한 후 단기간(이를테면 2주 정도) 동안 실행하면 어느 정도 효과를 볼 수 있다. 공부 습관이 제대로 들어 있지 않아 개념 형성의 작업을 방해받고 있는 경우에도 적용할 수 있다.

- 선생님의 문제 풀이 설명을 통해 개념을 형성한다

학원을 다니는 학생들이 주로 접하는 방법으로 부작용이 가장 적은 장점이 있다. 별다른 판단이 서지 않을 때 이 방법을 선택하길 바란다. 물론 저학년일수록 아이가 좋아하는 선생님, 고학년일수록 실력 있는 선생님을 만나는 것이 기본적인 기준이 된다.

수학 시험, 이렇게 준비하라

지금까지 논리의 추상화부터 개념의 형성에 이르는 작업을 얼마나 효율적으로 하고, 어떤 형태로 도움을 받을 것인가에 대해 이야기했다. 이것은 수학을 잘하려면 반드시 거쳐야 하는 과정이다. 그렇다면 수학의 개념을 잡고 나서 시험은 어떻게 준비해야 할까?

- 형성된 개념을 잘 정리하라

여기에도 어느 정도 암기라는 과정이 따르게 된다. 물론 개념을 형성하면서 곧바로 체득하는 높은 수준을 과시하는 아이들도 있지만, 대부분의 아이들은 많은 노력을 필요로 하는 일이다. 도움을 받아서 형성한 개념을 정리하여 머릿속에 간직하는 것이 보통인데, 그 방법도 아이들마다 다양하다. 정리 능력이 취약한 아이라면, 개념을 제대로 암기하고 있는지 확인하고 좀더 강력하게 관리해야 한다.

- **문제 풀이 훈련을 충분히 하라**

우리나라에서 수학을 잘한다는 것은 무엇을 의미하는가? 현재 입시제도를 염두에 둔다면 주어진 시간 안에 모든 문제를 풀어서 정답을 얻는 것을 의미한다. 시간이 제한된다는 것은 '속도'가 중요한 관건이라는 뜻인데, 한 문제를 푸는 데 평균 3분 정도가 할당되어 있다. 이는 문제가 유형화될 수 있는 수준으로 출제된다는 것을 암시한다.

따라서 빠른 연산 훈련과 유형화 학습이 무엇보다 필요하다. 이를 위해서는 최대한 많은 문제를 풀어야 한다. 이 학습법의 효과를 거두려면 굉장히 많은 문제를 풀어야 해서 인내력이 요구되는데, 그렇다고 맹목적으로 문제를 풀어서는 안 된다. 문제를 풀면서 자신이 알고 있는 개념을 적용하는 훈련을 해야 한다. 아직 개념도 제대로 형성되어 있지 않은 상태에서 이 같은 문제 풀이 훈련에 들어서면 수학 자체가 싫어지는 상황에 이를 수 있으니 주의하자. 이 순서는 반드시 지켜져야 한다.

간혹 알면 된다고 버티는 아이들이 있다. 그런 아이들은 훈련이란 자신이 아는 것을 반복하여 실수하지 않는 것임을 간과하고 있다. 훈련의 의미가 무엇인지를 정확히 일러줄 필요가 있는데 비행기 조종사의 비행시간에 비유해 볼 수 있겠다. 비행기 조종사에게 조종 실력만큼이나 중요한 것이 비행시간이다. 비행기 기종마다 면허증이 따로 있는데, 그동안 비행한 시간이 충분하지 않으면 아예 응시 기회조차 주어지지 않는다. 비행기 조종사에게는 비행시간이 훈련의 정도를 알려주는 척도인 것이다.

- 수학 시험을 위해 공부한다면 '수학을 잘하는 것'과 '수학 시험을 잘 치는 것'을 구분하라

흔히 '수학 문제는 한 번 틀리면 계속 틀리고, 한 번 맞히면 계속 맞히게 된다'는 말을 한다. 이는 내용 자체를 몰라서 틀리는 것과는 다른데, 자꾸 틀리는 문제의 경우에는 문제가 요구하는 생각의 흐름이 자신과 일치하지 않기 때문이다. 이처럼 세 번 이상 틀린 문제는 풀이 방식 자체를 외우는 편이 현명하다.

그리고 수학 시험을 치기 전날에 기도를 하는 학생이 의외로 많다는 사실을 알고 놀란 적이 있는데, 이는 씁쓸하게도 어느새 아이들이 아무리 열심히 수학 공부를 해도 성적이 오르지 않는다고, 즉 수학 공부와 성적의 상관성이 떨어진다고 느낀다는 것을 의미한다. 하지만 수학 시험 전날, 기도할 시간에 차라리 자신이 자주 틀리는 문제를 확실히 체크해서 풀어보는 시간을 가지면 분명히 소기의 결실을 맺을 수 있을 것이다.

수학은 암기 과목이다

앞에서도 줄곧 언급했지만, 수학을 공부하는 데 '암기'는 결코 빠트릴 수 없는 과정이다. '수학은 암기가 중요한 과목이고, 역사는 이해가 필요한 과목이다'라고 말하면 사람들은 대체 이게 무슨 소리냐면서 의아해할 것이다. 혹시 두 과목에 대해 반대로 말한 것이 아닐까 하는 의문을 가지게 될 것이다. 이처럼 사람들은 수학을 전적으로 이해해야 하는 과목이라고 생각한다. 그 때문에 암기의 중요성을 간과하기 십상이다. 다만 단편적으로 외우는 것이 아니라 전체 체계에 대한 흐름을 외워야 한다.

고등학교 2학년 여름방학 때 수학 정복을 목표로 공부에 전념하면서 나는 먼저 공식 하나하나를 충분히 이해한 뒤에 외우기 시작했다. 집에서 문제를 풀 때는 이해됐던 것들이라도 막상 시험을 볼 때는 당황해서 못 푸는 일이 많았다. 이해만으로는 시험에 대처하기 어렵다는 사실을 깨달은 나는 우선 수학 공식을 완벽하게 외우고 나서 모범 답안에 나온 풀이 과정대로 풀어봤다. 그런 다음에는 아예 모범 답안의 풀이 과정까지 그대로 연습장에 써가면서 외우기 시작했다. 처음에는 좀 바보 같다는 생각도 들었지만 시간이 흐르면서 수학 문제를 푸는 속도가 점점 빨라지는 것을 느낄 수 있었고, 조금 응용한 문제가 나오더라도 쉽게 풀어 나갈 수 있었.

내 수학 공부의 비법은 수학을 암기 과목이라 생각하고 공식과 문제 풀이 과정을 고집스럽게 외운 데 있다. 수학을 잘하기 위해서는 수학과 연관된 것들을 많이 외워야 한다. 그렇다면 이제 무엇을 외워야 하는지 살펴보자.

- **단원별로 나오는 수학 정의를 외워라**

초등학교 수학까지는 외워야 할 정의가 없다. 정확하게 말하면, 정의가 없는 것이 아니라 암기를 해야 할 만큼 중요한 정의가 많지 않다는 뜻이다. 정의를 외워야 할 시점은 중학교 수학 7—가의 첫 단원인 '집합'부터 고등학교 수학 과정 전체다. 이렇게 정의를 암기하면 나중에 응용문제를 푸는 데 효과적이다. 그리고 대학 입시에서 심층면접이나 수리 논술을 치를 때도 큰 도움이 된다.

- **수학 공식을 암기해라**

대부분의 학생들은 공식을 한 번 읽어보고 만다. 한 번 읽어보고서는 외웠다고 생각하기 때문이다. 수학을 이해 과목이라고 생각하기 때문에 공식을 외우는 데 소홀해지는 것이다. 그저 몇 번 눈으로 보고 머릿속으로 읽은 후 익숙하다고 판단한다. 다시 한 번 강조하지만, 수학은 일단 공식을 외우고 그 유형의 예제를 반복해서 풀어보면서 내 것으로 만드는 과정이 가장 중요하다.

그러면 공식을 암기하는 가장 좋은 방법은 무엇일까? 문제집 3권을 동시에 공부하는 것이다. 단순히 눈에 익히는 것이 아니라 완전히 익히려면 적어도 같은 유형의 문제를 세 번 이상 반복해서 풀어야 한다. 문제집 3권을 공부한다고 해서 한 권씩 처음부터 끝까지 다 풀고 다음 권으로 넘어가라는 말이 아니다. 단원별로 공부해 가면서 세 문제집에 있는 해당 단원의 수학 문제들을 모두 풀어보는 것이다.

● 어려운 문제나 잘 모르는 문제도 암기해라

학생들은 어려운 문제와 마주쳐도 한번 이해하는 것으로 그냥 넘어가버린다. 사실 그 이해라는 것도 가만히 들여다보면 문제를 푸는 방식을 눈으로 따라가면서 읽어보거나 해답을 훑어보면서 한번 따라 써보는 정도에 불과하다. 그러나 이런 방법으로 공부하면 비슷한 문제가 나올 때마다 반복적으로 틀리기 쉽다. 물론 그 이유는 외우지 않았기 때문이다. 단순히 익히는 정도로는 안 된다. 문제의 토씨 하나까지 외우라는 말은 아니지만, 문제의 흐름과 전후 관계, 문제와 관련된 공식과 정의까지 다 외워야 한다. 그다음 이런 문제는 따로 약점 노트에 정리해 두자. 한번 배운 것은 절대로 놓쳐서는 안 된다. 많이 배우는 것보다 제대로 배우는 것이 훨씬 중요하다.

수학은 선행학습이 필요하다

서울대에 진학하려면 기본적으로 수학 선행학습을 해야 한다. 그 이유는 간단하다. 수학은 공부해야 할 내용이 너무나도 많은 과목이기 때문이다. 학교 진도에만 맞추다 보면 수능 전날까지 교과 진도를 나가느라 쩔쩔매야 한다.

'내신잡이 공부'라는 말이 있다. 학교 공부를 잘해서 내신은 좋은데 대학에 합격하지 못하는 학생들을 일컫는 말이다. 학교 공부를 잘해서 전교 등수를 잘 받는 것은 물론 중요하지만, 중학교 내신을 너무 믿으면 안 된다. 고등학교에 올라가면 중학교 수학보다 몇 배나 많은 양을 공부해야 하기 때문에 본질적인 밑거름이 되는 수학 실력이 어느 정도

인지 판단하면서 공부해야 한다.

설혹 내신이 좀 좋지 않더라도 수학 실력이 있으면 얼마든지 역전할 수 있지만, 전교 1등을 해도 수학에 취약하면 사상누각일 뿐이다. 그 막대한 양을 모두 고등학교에 올라가 배워서 수학 관련 시험들을 대비하기에는 시간이 턱없이 부족하기 때문이다.

하지만 무조건적인 선행이 능사는 아니므로 자기 능력에 맞게 진행하면 된다. 수학 공부는 고등학교 1학년 여름방학까지 끝내고, 1학년 겨울방학 혹은 2학년 때부터는 본격적인 입시 준비 체제로 들어가야 한다. 물론 현재 수학 실력이 선행학습을 할 정도가 아니라면 복습을 우선해야겠지만, 늦어도 1학년 겨울방학까지는 수학 진도를 마칠 수 있도록 공부 계획을 세워야 한다. 어떻게 그렇게 할 수 있겠냐고 묻는다면 '어떻게든 그렇게 하도록 해야 한다'고 대답할 수밖에 없다.

고등학교 수학의 기본 교재는 그저 아무 생각 없이 『수학의 정석』을 선택해야 한다. 시험문제를 출제하는 대학교수들도, 서울대에 합격한 선배들도 대부분 『수학의 정석』을 기본서로 공부했다. 최상위권 학생들도 이 책으로 공부하고 있다. 문제집은 다른 책을 보더라도 기본서는 『수학의 정석』과 같은 개념서로 공부할 것을 권한다.

수학 공부 시간을 늘려라

나는 학력고사에서 수학 만점을 받았지만, 내게도 수학은 호락호락한 과목이 아니었다. 천재적인 두뇌라도 가진 듯 어려운 수학 문제도 척척 풀어내는 아이들을 부러워하곤 했는데, 남들은 나를 천재라고 생각했다고 한다. 그것은 내가 얼마나 수학 공부에 전력을 다했는지 모르고 하는 말이다.

'어떻게 하면 수학을 잘할 수 있을까?'라고 거듭 생각한 끝에 내가 내린 결론은 수학 공부 시간을 늘려야 한다는 것이었다. 중학교 3학년쯤 되어서는 반드시 수학을 공부하는 데 많은 시간을 투자해야 하는데, 어느 정도 자신감이 생길 때까지 집중적으로 늘려야 한다. 이 '집중적으로'라는 말에 주의하길 바란다. 파도가 수만 년간 부딪쳐야 바위를 침식할 수 있다고 한다. 하지만 파도가 오랜 세월 동안 부딪쳐온 힘을 한 번에 모은다면 바위는 하루 만에 산산조각 날 것이다. 이것이 집중의 힘이다.

영어도 마찬가지이지만, 수학은 충분한 시간을 두고 집중할 때 단계적으로 실력이 오른다. 3개월간 2시간씩 공부하는 것보다 방학 동안 하루에 6시간씩 공부할 때 수학 실력은 더 향상된다. 수학 실력이 부족하면 다른 과목을 좀 소홀히 하더라도 수학에 자신감이 붙을 때까지 수학 공부에 집중할 필요가 있다. 방학이야말로 수학을 집중적으로 학습할 수 있는 최적의 시간이니 방학을 잘 활용해야 한다. 집중학습을 통해 어느 정도 수학 실력이 향상되고 나면 일정 시간 끼니를 먹듯이 꾸준히 공부해 나가야 한다.

하루라도 수학 공부를 쉬지 말고 문제 풀이 감각을 유지하는 것이 무척 중요하다. 시험 기간이 다가오면 영어는 날마다 공부하지 않아도 평소 실력으로 좋은 성적을 받을 수 있지만, 수학은 시험 전날까지도 꾸준히 공부해야 자기 실력이 유지된다.

그리고 수학은 앞부분을 이해하지 못하면 뒷부분에서 어려움을 겪게 되어 있다. 앞 단원에서 배운 내용이 다음 단원의 기초 지식이 되어 새로운 개념을 형성해 가는 과목이 수학이다. 방정식을 모르면 함수를 이해하기 어렵고, 함수를 모르면 미분을 이해하기 힘든 것이다. 선행학습에 앞서 기본적인 개념과 정의를 확실히 정리하고 유용한 공식들까지 모조리 달달 외우고 나서 고등학교에 입학해야 한다.

수리 논술도 마찬가지다. 자기 힘으로 외우지 않은 것은 쓰기 어렵고 말하기는 더욱더 불가능한 법이다. 수학을 공부할 때 주관식으로 해답 과정을 쓰고, 그것을 말로 설명하는 습관을 들이려고 노력한다면, 수리 논술을 차근차근 준비해 나가는 셈이다. 수학을 미리 공부해 놓는 것은 앞으로의 땀과 시간을 저축하는 것이다.

일단 집중학습과 반복학습을 통해 수학에서 자신감이 생기면 명문대가 아주 가깝게 느껴질 것이다. 수학은 우리를 좌절하게도 만들고 행복하게도 만드는 과목이다. 게다가 수학은 잘하는 사람과 못하는 사람의 편차가 크다. 아예 수학을 포기하는 학생도 있어서 수학은 평균 점수가 상당히 낮다. 따라서 수학을 잘하게 되면 표준점수에서 아주 유리해진다. 국어 영역 만점과 수학 영역 만점은 질적으로 차이가 있다. 수학을 정복하지 못하면 좋은 성적을 기대할 수 없을뿐더러, 특히 상위권 대학에 들어갈 생각은 포기하는 편이 낫다.

▶ 영어 공부법

고등학교 영어는 그때껏 공부해 온 영어 교육과 다른 방향으로 진행된다. 왜냐하면 중학교 때까지 해왔던 공부들이 영어라는 언어에 대한 본질적인 접근인 데 비해, 고등학교 영어는 '입시'라는 문제에서 비껴 갈 수 없기 때문이다. 어린 시절에는 영어에 흥미를 느껴 공부했다면, 이제 입시 영어를 준비해야 한다. 영어 조기교육을 받지 않았더라도 너무 걱정할 필요는 없다. 입시 영어는 좀 다른 방식으로 접근해야 하기 때문에 지금부터 준비해도 늦었다고 볼 수는 없다.

중학교 2학년 정도부터 날마다 영어 문법과 단어에 좀더 신경을 써서 공부하는 것이 좋다. 만일 그 시기를 놓쳤다면 고등학교 입학을 앞둔 겨울방학부터는 문법과 단어를 절대 소홀히 해서는 안 된다. 문법의 중요성에 대한 논의가 분분하지만, 우리가 잊지 말아야 할 것은 '입시 영어'라는 사실이다.

어차피 대학 입시에서 영어 문법 문제가 나온다면 철저히 공부해야 한다. 다만 문법을 공부할 때 너무 도식화시키다 보면 흥미가 사라져 잘 외워지지도 않으니, 모범이 될 만한 좋은 구문을 통째로 외우면서 문법을 익히면 실제 시험에서 헷갈리지 않고 문제를 잘 풀 수 있다. 이때 사용할 수 있는 책이 김기훈의 『천일문』이다. 문법과 독해를 동시에 배울 수 있는데, 그 책의 문장들을 외우면 독해에도 많은 도움이 된다.

나는 영어 시험을 잘 치르는 가장 좋은 방법은 구문을 반복적으로 외우는 것이라고 생각한다. 머릿속에서 아리송하게 맴도는 내용은 막상 시험으로 봐도 좋은 성적을 내기 어렵다. 특히 내신에 대비할 때는 더욱 그렇다. 언어를 익히는 가장 좋은 방법은 외우고 또 외우는 방법밖에 없다. 그러기 위해서는 여러 권의 책을 가지고 공부하기보다는 자기 수준에 맞춰 문법, 단어, 구문, 독해를 함께 공부할 수 있는 교재를 한 권 골라 여러 번 공부하는 것이 좋다. 그런 다음에 다양한 종류의 독해를 해나가야 한다. 지문이 너무 짧은 단문 독해보다는 충분한 내용이 있는 장문 독해를 짧은 시간 안에 해결할 수 있는 실력을 길러야 할 것이다.

또한 영어 교과서를 중심으로 꼼꼼하게 공부하며 준비할 필요가 있다. 평소 예습과 복습을 습관화하는 것이 가장 바람직하겠지만, 시간이 부족하다면 수업 시간에 배운 내용을 훑어보면서 정리하고 암기하는 짧은 복습 과정이라도 반드시 갖도록 하자. 나중에 중간고사와 기말고사를 위한 영어 공부 시간을 상당히 절약할 수 있다. 모든 시험에서 출제자의 의도를 파악하는 것이 중요하겠지만, 특히 내신은 학교 선생님이라는 출제자가 이미 정해져 있으니 영어 선생님이 수업 중에 강조하는 내용들은 필히 필기해서 꼼꼼하게 살펴봐야 한다.

학교 시험은 '학교 수업'이라는 정해진 범위 안에서 학생의 성취도를 측정해야 하기 때문에 세심하게 준비하지 않으면 안 된다. 실수하기 쉬운 함정이 있는 문제가 출제되기도 하기 때문이다. 그래서 수능 모의고사 성적과 학교 내신성적이 크게 차이 나는 학생들이 간혹 생기기도 한다. 영어 내신 시험은 일반적인 독해 능력과 성실하게 공부해 온 내용을 동시에 측정하는 경우가 많다. 즉 성실성을 주로 측정하는 영어 내신 시험에서도 기초 영어 실력이 어느 정도 필요하다. 학교 시험은 평소에 영어 실력을 향상하기 위해 학습하는 것과는 조금 다르게, 그리고 성실하게 준비하고 시험 시간에도 한 번 더 검토해 보는 과정이 반드시 필요하다.

내신성적의 20~30퍼센트를 차지하는 수행평가의 경우, 대부분의 학교들이 시·도교육청 주관의 영어듣기평가와 원어민과의 말하기 시험, 짧은 초급 수준의 에세이 과제, 단어 테스트, 수업 태도 등을 응용하여 평가한다. 영어듣기평가를 제외한다면 평가 기준이 까다롭지 않으니 성실한 학생은 수행평가에서 점수를 깎이지 않고 만점을 받을 수 있다.

▶ 내신 대비를 위한 알짜 TIP

• 시험공부 전에 반드시 정확한 목표와 계획을 세워라

본격적인 공부를 하기 전에 구체적이고 확실한 목표와 계획을 세우면 그 결과가 놀라울 만큼 달라진다. 달성 목표를 설정하는 것이 동기부여가 되어 평소보다 더욱 최선을 다할 수 있고, 각오를 새롭게 다질 수 있다. 또한 공부를 하면서 시간을 더욱 효율적으로 사용할 수 있으며, 과목별 균형을 맞춰 체계적이고 계획적으로 공부하게 되어 학습 효과가 증폭된다.

• 시험 기간이 가까워오면 수업 시간이 곧 힌트다

학교 수업의 중요성은 누구나 잘 알고 있다. 특히 시험 기간이 다가오면 선생님이 하시는 말씀을 하나라도 놓쳐서는 안 된다. 이미 배운 부분을 다시 정리하거나, 여러 번 그 중요성을 강조하는 부분은 무조건 시험에 나온다고 보면 된다.

● 중요 과목은 계획을 세워 체계적으로 정리해라

내신에서 주요 과목은 특히 더 중요하다. 국어, 영어, 수학은 단기간에 학습하기 어려운 과목이므로 최소 4주간은 계획을 세워 시험공부에 들어가는 것이 좋다.

● 벼락치기 공부도 전략적으로 해라

사회와 과학을 비롯한 암기 과목의 경우, 보통 시험 전날 벼락치기로 밤을 새워가며 외우는 학생들이 있다. 물론 이 방법도 암기력이 뛰어난 학생의 경우에는 아주 효과가 크다. 하지만 다급한 마음으로 외우는 내용은 정확도가 떨어질 수밖에 없으니, 벼락치기를 하더라도 최소 일주일 정도의 시간적 여유를 두고 이해를 바탕으로 암기하는 것이 바람직하다. 전 과목에 대해 평소 그날 배운 내용을 암기하고, 해당 문제를 풀고, 채점을 한 후 재풀이까지 마무리해야 내신 시험에서 100점을 맞을 수 있는 확률이 높아진다.

● 아는 문제일수록 신중하게 풀어라

모르는 것보다 더 무서운 건 어설프게 아는 것이다. 어설프게 알고 있으면 실제 문제를 풀 때 쉽게 함정에 빠진다. 답이 보인다고 생각되거나 쉽다고 느껴지는 문제일수록 차분하게 풀어야 실수를 최소한으로 줄일 수 있다.

효과적인 수능 로드맵

▶ 국어 영역

국어 영역은 상위권 학생들이 가장 난감해하는 영역이다. 영어, 수학과는 달리 어떻게 공부를 해야 하는지 명확한 방법을 찾기 힘든 과목이기 때문이다. 컨설팅을 하다 보면 성적이 좋은 학생과 나쁜 학생을 골고루 만나게 된다. 대체적으로 국어 영역 성적이 우수한 학생들은 대부분 언어의 비법을 '감'이라고 말한다.

전문가의 관점에서 언어의 '감'이란 글에서 중요한 정보와 그렇지 않은 정보를 구별하는 실력이다. 그리고 이런 실력은 대다수 학생들의 경우 많은 양의 독서를 통해 얻어질 수 있다. 학생 본인은 자각하지 못할지 모르지만 많은 책을 읽어 나가는 동안 책 속의 중요한 정보들이 서로 연결된다. 만약 책을 읽으면서 이런 핵심 정보의 연결이 이루어지지 않는다면 책을 읽을 수도 없고 책 읽기가 고역스러워진다.

그러나 현실적으로 책을 많이 읽은 학생들은 드물다. 텔레비전, 컴퓨터 게임, 스마트폰, 축구, 야구, 농구 등 과거와 달리 책 이외에 즐길거리가 다채로운 환경에서 많은 학생들은 초등학교 고학년 시기부터 자연스럽게 책과 멀어진다. 책을 읽히려는 부모와 책을 안 읽으려는 아이의 불화가 중학교 시기에는 최고조에 달했다가 고등학교 시기에는 입시라는 발등의 불 때문에 자연히 사라진다. 그 대신 EBS 교재를 비롯해 여러 종류의 시험 대비 교재들이 책상 가득히 쌓인다.

국어 성적이 좋은 학생이든 그렇지 않은 학생이든 똑같은 교재(대표적으로 EBS 교재)로 공부하는데 결과는 다르다. 성적이 높은 학생에게 물어봐도 왜 자기 성적이 좋은지 시원스레 대답하지 못한다. "그냥 답이 보이는데요." 이런 식의 대답이 전부이다. 정말일까? 그 대답은 "그렇다!"이다. 이미 충분한 독서를 통해 정보 판단 능력을 갖추고 핵심 정보를 연결하는 능력을 초등학교, 중학교 시기에 형성한 학생은 단 몇 권의 수능 교재로 문제 풀이만 연습해 봐도 좋은 성적을 수월하게 받을 수 있지만, 그렇지 못한 학생은 수십 권의 문제를 풀어봐도 만족스러운 점수를 얻기가 쉽지 않다. 그래서 "수능 국어는 어떻게 공부해야 할지 모르겠다"는 학생들이 부지기수이다.

그렇다면 책을 많이 읽으면 수능 국어에서 모두 좋은 성적을 받을까? 반드시 그렇지는 않다. 책을 많이 읽었다는 것은 필요조건이지 충분조건이 아니기 때문이다. 또한 책을 많이 읽지 못했어도 수능 국어에서 1등급을 받을 수 있기 때문이다. 물론 독서량이 부족한 학생이 수능 국어 1등급을 받기 위해서는 남다른 노력으로 공부하는 것이 필요한데, 지금부터 하는 이야기는 독서량이 부족한 학생이 수능 국어 1등급을 받을 수 있는 방법이다.

첫째, 학교 내신 국어와 수능 국어는 시험의 성격이 다르기 때문에 공부 방식도 달라야 한다. 국어의 경우 의외로 학교 성적은 좋지만 수능 모의고사 성적이 좋지 않은 학생들이 많다. 이는 수능 국어 성적은 단기간에 향상하는 것이 불가능하기 때문이다. 배운 내용에 대해 범위를 정해 시험 치는 내신 국어 시험과 달리, 배우지 않은 내용에 시험 범위도 없는 수능 국어 시험에 대비하려면 당연히 공부 방식도 달라야 하지 않겠는가? 내신 국어가 상당 부분 암기력에 좌우된다면 수능 국어는 절대적으로 논리적인 독해력에 달려 있다. 따라서 논리적인 독해력을 키우는 공부가 비결이다.

둘째, 논리적인 독해력은 말 그대로 글의 논리를 이해해야 키울 수 있다. 고등학생들이 급한 마음에 EBS 교재나 기출문제들을 덮어놓고 푸는 경우가 있다. 이런 학생들은 대다수 실망스러운 결과에 봉착하게 된다. 수능 국어는 시험 범위가 따로 없지만 중학교 1학년 때부터 본격적으로 배우는 시의 특징과 표현법, 소설의 구성 원리와 서술 방식, 논설문의 특징과 구성 등과 같은 이론적인 배경에서 제시문과 문제가 출제된다. 따라서 수능 국어에 필요한 독해력은 다양한 장르의 글들이 지닌 특징과 기본 개념을 이해하고 이런 글들이 어떤 원리에서 만들어지는지 알고서 독해 연습을 해야 얻어진다.

셋째, 문제보다 제시문을 정리하는 데 주력해야 한다. 고등학교 3학년생들 중에 2~3등급을 벗어나지 못하는 학생들의 수능 국어 스트레스는 엄청나다. 조금만 더 공부하면 1등급으로 올라설 것 같은데 수능 모의고사를 칠 때마다 성적이 배신하는 걸 어쩌랴. 그런데 이런 학생들에게 몇 달 동안 제시문 요약 연습을 시키고 지도하면 1등급을 무난히 얻는다. 무슨 말일까? 사실 문제만 무작정 풀다 보면 나무만 보고 숲을 놓치는 우를 범하게 된다. '급할수록 돌아가라'는 말처럼 문제에 집착하지 말고 그 문제의 바탕이 되는 제시문을 좀더 완벽하게 분석하고 정리하는 것이 오히려 문제를 제대로 파악하는 힘이 된다.

넷째, 요령은 요령일 뿐이다. 국어를 가르치는 교사들 중에는 "문제를 먼저 보라", "시간이 부족하면 제시문의 앞뒤만 살펴보고 대강의 내용을 추리하라", "부정형 문제에서는 완전부정 등의 표현이 답이다" 같은 요령들을 무슨 비법인 양 강조하기도 한다. 물론 이런 말들이 완전히 틀린 것은 아니다. 늘 공부 시간이 부족하다고 하소연하는 고등학교 3학년생들에게 그런 요령들을 귀띔한다. 혹시라도 그런 요령들 덕분에 수능 국어 시간에 쫓기는 학생들이 한 문제라도 더 풀지 않을까 싶어서다. 그러나 강조해서 말하지만 그런 방식은 독해력을 키우기 어려운 임시방편일 뿐이다. 수능 국어 1등급 학생들은 이미 이런 요령들을 초월해 있다. 시험 시간이 모자라는 것이 아니라 남아서 걱정이다. 글의 개념과 독해 원리에 충실한 공부가 중심이 되어 수준 높은 논리적 독해력을 갖춘다면 요령은 그저 옵션일 뿐이다.

다섯째, 새로이 개편된 수능 국어를 살펴보자. '지피지기면 백전백승'이라 하지 않았는가. 2014학년도 수능 국어는 중학교 교과과정의 기본 개념들과 고등학교 국어 교과과정을 충실히 반영하도록 출제된다. 여기에 70퍼센트 이상 EBS 교재와 연계한다. 그러므로 중학교 과정부터 국어 교과서의 기본 개념 공부와 독해 원리 학습이 잘 이루어져야 고등학교에 진학한 후 상위권 진입이 수월해진다.

2017학년도 수능부터 수준별 시험이 폐지되고 영어와 마찬가지로 이전처럼 공통 시험으로 바뀌게 된다. 공통 시험으로 변경되기 전까지는 수능 국어의 경우 이과 학생은 좀더 쉬운 A형을, 문과 학생은 좀더 어려운 B형을 봐야 한다. '문법' 문제가 1문항에서 4문항으로 늘어났고, 무엇보다 '듣기 평가'가 없어지는 대신 '화법'으로 바뀌었다. '비문학'의 경우 '독서'로 그 명칭이 바뀌었다. 즉 수능 국어는 앞으로 '화법, 문법, 작문, 독서, 문학' 영역으로 총 45문항(80분)이 출제된다. 각 영역별 개념을 정리한 후 문제에 적응하는 연습을 많이 해봐야 한다. 또한 기출문제로 학생 본인의 실력을 꾸준히 체크하면서 부족한 점을 보완하자.

교과서를 중심으로 한 개념 원리 학습과 교과서 작품(본문) 공부 없이 무작정 EBS 문제집만 많이 푼다고 고득점이 나오지는 않는다. 흔히들 수능 국어 문제를 푼다고 이야기하지만, 엄밀히 말하자면 옳은 표현이 아니다. 수학처럼 문제를 푸는 것이 아니라 학생이 출제자의 의도를 파악하여 평가하는 것이다. 물론 학생의 주관적인 견해가 아니라, 주어진 제시문을 제대로 읽고 객관적이고 논리적으로 평가해야 정답을 찾을 수 있다.

▶ 수학 영역

학생들의 성적 차이가 가장 크게 나는 과목이 바로 수학이다. 수학을 어렵다고 느끼는 학생은 아무리 노력해도 그 수렁에서 빠져나오기 힘든 과목이기도 하다. 보통 초등 4학년부터 아이들은 수학을 재미있는 과목, 혹은 쳐다보기도 싫은 과목으로 구분하기 시작하는데, 그때 수학을 싫어하는 아이는 중학생, 고등학생이 되어서까지 수학을 멀리할 확률이 높다. 수학은 해마다 새로운 내용을 배우는 것이 아니라 그전에 배운 개념을 응용하여 추가적인 내용을 배우는 학문이기 때문이다.

그렇다면 학생들의 가장 큰 고민거리인 수학을 어떻게 하면 정복할 수 있을까? 우선 수학이 어렵다는 생각부터 버려야 한다. 수학을 하나의 게임처럼 생각하고, 노는 느낌으로 푸는 것이 중요하다. 일종의 게임, 혹은 스포츠라고 가정하고 수학 문제를 마주하면 더욱 '순간적, 자동적, 기계적'으로 반응하게 된다. 수학의 경우 어떤 문제를 봤을 때 그와 관련된 기본 공식을 반사적으로 떠올리는 것이 아주 중요하다.

따라서 수학 문제를 잘 풀기 위해서는 일단 여러 유형의 문제에 대한 공식을 머릿속에 저장한 후 어떤 유형에서 어떤 공식이 쓰일지 기계적으로 반응하는 연습을 해야 한다. 기본 공식을 철저히 외우면 기본적인 문제는 모두 맞힐 수 있다. 많은 수험생들이 어렵다고 느끼는 수능 시험에서도 응용력과 이해력이 필요한 문제는 20퍼센트 내외로 출제되고, 나머지는 기본 공식만 암기해도 풀 수 있는 문제들이다. 수학을 두려워하는 학생이라면 여러 유형의 문제들을 반복적으로 풀면서 머릿속에 공식을 집어넣는 연습부터 해야 한다.

공식 암기를 통해 기본적인 실력을 갖췄다면 이제 오답을 잡는 연습을 해야 한다. 많은 수학 선생님들은 오답 노트를 강조한다. 하지만 많은 학생들이 그토록 중요하다는 오답 노트를 정리하지 않는다. 학생들에게 오답 노트를 마련하지 않는 이유를 물어보면, 오답 노트가 중요한지 몰랐다는 학생과 귀찮아서 못 했다는 학생으로 나뉜다. 한번 풀었던 문제를 다시 푸는 일이 귀찮아서 새로운 문제를 푸는 학생들이 대부분이다. 하지만 수학의 핵심은 오답 문제를 다시 보면서 내가 무엇에 약한지 아는 데 있다.

수학 문제집에서 50문제를 풀었다면, 그것이 내가 몇 문제를 맞히는지 알아보기 위해 풀었다고 생각해서는 안 된다. 50문제 중 내가 못 푸는 문제가 몇 개인지 알아내기 위해 시간을 투자한 것이다. 못 푸는 문제를 찾아냈으면 그것들을 아는 문제로 바꿔주는 작업을 해야 하는

데 학생들은 그 중요한 과정을 그냥 지나치고 있는 것이다.

수학은 영어와 달라서 한번 풀리지 않은 문제는 다시 봐도 잘 안 풀릴 확률이 높다. 내가 왜 이 문제를 풀지 못했는지 확인하고 다시 한 번 풀어보면서 문제 유형을 익히고 공식을 암기한다. 그리고 나만의 표시를 해놓은 후 다음 진도로 넘어간다. 보통 여기까지는 큰 어려움 없이 대부분 해낸다. 중요한 것은 그렇게 표시한 문제를 다시 보느냐에 있다. 다음 진도의 문제들을 풀다가 예전에 표시해 둔 문제가 잊힐 때쯤 다시 한 번 그 단원으로 가서 자신이 표시해 둔 틀린 문제들을 확인한다. 이때 그 문제 옆에 해설이나 힌트가 쓰여 있어서는 안 된다. 모의고사를 치를 때와 마찬가지로 오직 문제만 보이는 상태에서 다시 풀어봐야 한다. 잘 풀린다면 그냥 넘어가고, 여전히 풀리지 않는다면 다른 색깔로 표시해 둔 후 일정 기간이 지난 후 또다시 풀어본다.

이처럼 주기적으로 틀린 문제들을 반복해서 풀다 보면, 어느 순간 더 이상 틀리지 않는 문제도 생기고 계속 틀리는 문제도 생긴다. 오답 노트는 3회 이상 틀린 문제들 위주로 작성하면 된다. 계산에서 실수한 문제까지 오답 노트에 넣게 되면 오답 노트 속 문제의 양이 너무 많아지고 반복적으로 풀어볼 필요성을 못 느끼니 가급적이면 본인이 가장 여러 번 틀린 문제들 위주로 오답 노트를 만들자.

이제 실전을 위한 연습 단계다. 수학 영역은 100분 안에 30문제를 풀어야 한다. 단순하게 계산하면 한 문제당 3.3분 이내에 해결해야 한다는 것이다. 풀이 방법을 알아내더라도 직접 푸는 데 시간이 걸리기 때문에 한 문제당 풀이 방법을 생각해 내는 시간이 1분을 넘어서는 안 된다. 문제를 보고도 어떻게 풀어야 할지 모르겠다면 1분 후 해답을 본다. 해답을 볼 때는 눈으로만 읽으며 이해하도록 하자. 그런 다음 해답을 보지 않은 상태에서 아까 읽은 해답을 떠올리면서 혼자 풀어본다.

　이 모든 연습이 완벽하더라도 계산에서 실수하면 모든 것이 물거품이 된다. 수학에서 아주 사소한 실수라고 여기는 계산 오류가 사실은 가장 치명적인 실수인 것이다. 수학은 절대로 눈으로 풀어서는 안 된다. 수학은 손으로 풀어야 한다. 계산할 때는 오른손으로 풀고 왼손은 그 풀이를 따라가면서 숫자가 정확하게 쓰였는지, 계산이 맞는지 틀리는지 확인하자.

▶ 영어 영역

　수능형 문제집인 모의고사 문제집을 고등학교 1학년 때부터 꾸준히 푸는 것이 중요하다. 만약 특정 부분이 부족하다고 판단되면 유형편(듣기, 문법, 독해, 장문 독해)으로 시작하는 것이 좋겠다. 유형별로 차근차근 학습하면서 문제를 분석하는데, 내 것으로 소화하면 이 문제 저 문제가 섞여 있는 수능 모의고사가 더 이상 어렵게 느껴지지 않을 것이다. 특히 수능을 위해서는 독해(속독/직독직해)에 능통해야 한다.

　영어는 최대한 자투리 시간을 이용하여 학습하도록 한다. 중학교 3학년 시절부터 이미 그같이 해왔다면 그 습관 그대로 이어나가길 바란다. 아침 자습 시간, 수업 중간에 쉬는 시간, 점심시간, 잠자기 전 1시간만 영어에 투자한다면 영어 영역을 준비하는 데 남들처럼 고등학교 3학년이 되어 머리를 쥐어짜지 않아도 된다. 그뿐 아니라 내신에도 큰 도움이 된다. 물론 내신은 복잡한 어법이 더욱 중요하지만 말이다. 잠자기 전 영어 공부는 단어 암기로 마무리 짓는 것이 좋은데, 자는 동안 암기한 단어가 기억저장공간에 고스란히 남게 된다.

고등학교 2학년이 되면 영어 슬럼프에 빠지는 학생들이 생기기 시작한다. 하지만 모든 방법을 총동원하여 정신을 바짝 차려야 한다. 사실상 성적 순위는 2학년 때 가장 많이 변동한다. 1학년 겨울방학을 마치면서 영어의 기초를 탄탄히 다져놓아 2학년부터는 영어를 내 마음대로 휘둘러댈 수 있어야 마음도 편하고 다른 암기 과목, 특히 탐구 과목에 더 신경 쓸 수 있다.

3학년이 되면 수능 1등급을 향해 달려야 한다. 아슬아슬한 2등급이 아니라 확실한 1등급을 위해서는 어법 한 문제, 듣기 한 문제도 놓쳐서는 안 된다. 영어 듣기 문제에서 만점을 받고 싶다면 듣기용 테이프나 MP3를 귀에 꽂고 다녀야 한다. 자주 등장하는 어법 문제만을 실어놓은 참고서들 중 마음에 드는 책을 하나 골라 나만의 어법 사전으로 만드는 작업도 빼먹지 말자.

영어는 언어라서 한 번 푼 문제를 틀렸다고 밤을 새워가며 연구해야 하는 탐구 과목이 아니다. 문제를 풀다가 틀리면 간단히 포인트만 체크하고 넘겨라. 그리고 꾸준히 어휘 암기를 반복해라. 우리말도 평소에 잘 쓰지 않는 어휘는 잊어버리듯 영어 단어도 가까이하지 않으면 곧 잊어버린다.

▶ 탐구(사회탐구/과학탐구) 영역

사회탐구 과목을 공부할 때는 내용의 흐름을 파악하는 것이 핵심이다. 무엇보다 먼저 내용의 흐름을 탈 줄 알아야 한다. 교과서나 참고서의 차례는 각 단원의 핵심 내용들을 정리한 것이니 차례를 중심으로 단원의 내용을 빠르게 훑어보는 것도 많은 도움이 될 것이다.

그렇게 전체 내용과 흐름을 파악했다면 세부적인 내용을 암기하는 과정이 반드시 필요한데, 교과서의 내용이나 수업 중에 다뤄지는 정치, 경제, 사회 용어들을 미리 정리해 둔다면 훨씬 효율적으로 공부할 수 있을 것이다.

또한 각 과목별로 단권화하는 습관을 기르자. 여러 문제집과 참고서를 통해 새롭게 공부하는 모든 내용들이 교과서나 나만의 문제집 한 권에 모두 정리되어 있어야 고등학교 3학년이 되어 마지막으로 정리하면서 문제를 풀 때 편리하게 활용할 수 있다.

특히 유의할 점은 2017학년도 수능부터 한국사가 필수 과목으로 지정된다는 것이다. 학생들의 부담을 줄이기 위해 등급만으로 성적을 표기하는 절대평가로 이루어진다.

과학탐구의 경우 개념 정리가 취약한 상태에서 문제 풀이의 양만 늘리려는 학생들이 있는데, 그것이 매우 위험한 행동일 뿐 아니라 시간 낭비다. 과학은 수학과 마찬가지로 개념이 우선이다. 만일 개념이 허술한 학생이라면 개념을 제대로 익히기 위한 기초 공부에 시간을 투자하길 바란다. 개념을 잡으면서 기본 문제를 잘 풀 수 있는 수준이 되면 어려운 문제로 넘어가서 문제 유형을 익히는 단계의 공부를 하면 된다.

▶ 사회탐구 과목을 선택하는 요령

2014학년도 수능부터 탐구 영역의 선택과목 수가 2과목으로 축소됐다. 사회탐구는 10과목(생활과 윤리, 윤리와 사상, 한국사, 동아시아사, 세계사, 한국지리, 세계지리, 법과 정치, 경제, 사회문화) 중 최대 2개, 과학탐구는 8과목(물리Ⅰ, 물리Ⅱ, 화학Ⅰ, 화학Ⅱ, 생명과학Ⅰ, 생명과학Ⅱ, 지구과학Ⅰ, 지구과학Ⅱ) 중 최대 2개를 선택할 수 있다. 그리고 한 과목당 20문제가 출제되며 과목당 배점은 각각 50점이다. 공부에 대한 부담은 줄어들겠지만 과목이 축소되면 문제가 심화되어 출제될 수 있으므로 심화학습을 할 필요가 있다. 실제로 EBS 문제집의 난이도도 높은 편이고 최근 치러진 모의고사도 그런 경향을 반영하고 있다.

그렇다면 사회탐구 중에서 어떤 과목을 선택하는 것이 좋을까? 자신이 잘할 수 있고 흥미를 느끼는 과목을 선택하면 되겠지만 여기에도 전략이 필요하다.

상위권 학생들은 한국사와 경제

먼저 최상위권 학생들의 경우를 살펴보자. 명문대를 준비하는 최상위권 학생들은 한국사와 경제를 많이 선택하고 있다. 그 이유는 간단하다. 서울대가 한국사를 필수과목으로 지정하고 있기 때문에 서울대를 목표로 하는 학생들은 한국사를 선택할 수밖에 없다. 게다가 한국사능력검정시험을 비교과로 준비하는 학생들이 많으므로 한국사 선택은 앞으로도 당분간 지속될 전망이다. 그러나 2017학년도 대입부터는 한국사가 필수 과목이기 때문에 한국사를 제외한 다른 과목을 선택해야 한다.

이제 또 하나의 선택이 남는데 그 과목은 바로 경제다. 최상위권의 경우 문과 학생들도 수학에 강한 데다 경제는 비교과를 많이 만들어낼 수 있는 과목이어서 선호도가 높다. 대표적인 대회로는 경제한마당대회(경제경시대회)가 있다. 몇 년 전까지만 해도 보통 고등학교 1학년 여름방학 때부터 경제경시대회를 준비하는 학생들이 많았다. 하지만 지금은 그 연령이 많이 낮아져서 필자의 수업에서는 초등 6학년 학생들도 눈에 띌 정도다. 경제경시대회 준비로 얻을 수 있는 효과는 다음과 같다.

- 최상위권 학생의 지적 호기심 충족
- 경제 현상에 대한 이해력 증가
- 입학사정관전형 확대 대비
- TESAT이나 $AP_{micro, macro}$ 등 관련 시험으로 확장 가능
- 논술이나 국어 영역의 경제 지문 이해력 증가
- 수능 경제 및 고등학교 1학년 내신과 심화경제 내신에 대응
- 시사 관련 문제에 대한 대비로 면접 점수 향상

이런 이점을 잘 알고 있는 최상위권 학생들은 고등학교 진학 전에 이미 경제 수업을 듣는다. 고등학생들은 내신, 수능, 비교과 세 마리 토끼를 잡을 수 있는 경제 과목에 좀더 관심을 가지고 도전해 보길 바란다.

하위권 학생들은 자신에게 맞는 과목

하위권 학생들은 고등학교 3학년이 되어서야 탐구 과목을 공부하기 시작하는 경우가 많다. 내신으로 선택하는 과목을 수능에서도 똑같이 선택하는데, 내신 선택과목을 결정하기 전에 좀더 신중을 기한다면 수능에서도 내신에서도 더욱 좋은 결과를 기대할 수 있다. 나에게 좀더 잘 맞는 과목이 어떤 것인가를 따져보는 것이 중요한데, 이미 고등학교에 진학한 후 전국 단위 모의고사를 5번 이상 쳐본 학생이라면 국어와 수학 영역의 점수를 눈여겨보자.

국어 영역 점수가 높다는 것은 독해 능력이 좋다는 뜻이다. 이런 학생들은 사회탐구 과목 중에서 윤리, 사회문화, 정치 등을 선택하는 것이 유리하다.

단서를 주고 진위를 묻는 문제들이 대부분인데, 암기할 분량은 적은 대신 내용에 대한 정확한 이해와 판단이 주를 이루므로 답이 딱딱 떨어지지 않는다. 국어 영역에 약한 학생들이 이런 과목을 선택하게 되면 무척 힘든 공부가 될 수밖에 없다.

그러므로 국어 점수가 잘 나오지 않는 학생들은 한국근현대사나 세계사처럼 외울 분량은 많아도 열심히 공부했을 때 점수가 확실하게 보장되는 과목을 선택하는 것이 현명하다.

그리고 수학 영역 점수가 좋은 학생들은 경제나 지리를 선택하면 유리하다. 경제, 경제지리, 세계지리, 한국지리 등을 선택할 수 있으니 참고하길 바란다. 각종 지도와 수치를 포함한 도표를 해석하고 외우는 능력이 연산 및 기하학과 상관관계가 있기 때문이다.

좀더 정확한 데이터로 판단하고 싶다면 언어이해 지능과 지각추론 지능을 알 수 있는 웩슬러 지능검사를 받아보는 것도 좋은 방법이다. 언어이해 지능이 높은 학생들은 사회문화, 윤리, 정치, 법과사회 등을 선택하는 것이 유리하다. 이에 비해 지각추론 지능이 높은 학생들은 한국지리 등 지리 과목을 선택하면 좋은데 이 지능이 높지 않다고 판단된다면 지리 과목을 피하는 것이 좋겠다.

중요 과목의 학년별 로드맵

▶ 영어 로드맵

고등학교에 입학하기 전 영어 문법과 어휘, 서너 줄에 이르는 긴 호흡의 문장에 대비하지 못했다면 중학교 영어와 고등학교 영어의 난이도 차이에 크게 놀라고 처음부터 뒤처지기 쉽다. 따라서 고등학교에 입학하기 전 중학교 3학년 겨울방학을 어떻게 보내느냐는 고등학교 영어 수업에 얼마나 매끄럽게 적응할 수 있느냐에 결정적인 영향을 미친다.

고등학교 영어는 크게 학교 내신성적을 대비한 영어와 수능을 대비한 영어, 그리고 기타 TEPS, TOEIC, TOEFL 등 공인영어성적을 위한 영어로 나누어 준비할 수 있다. 전반적인 영어 실력을 키우면 모든 시험에 충실한 대비가 되겠지만, 각각의 시험들은 그 목적에 따라 유형과 난이도, 평가 기준이 다르므로 공부의 주안점을 조금씩 바꿔가며 학습해야 효과적이다.

수능을 대비하기 위해서는 전반적인 듣기, 어휘, 어법, 독해에 대한 실력을 향상시키는 동시에 리딩 스킬을 익히고 영어 영역의 문제 유형에 익숙해져야 한다. 영어 듣기의 경우, 대부분의 고등학교가 시·도교육청 주관 영어듣기평가 성적을 내신에 반영할 뿐 아니라, 수능 영어 영역은 2015학년도부터 다시 통합됐고 45문항 중 듣기는 17문항으로 여전히 전체의 3분의 1을 차지하고 있으므로 반드시 듣기 실력을 키워놓아야 한다. 다행히 영어 듣기 공부가 어휘, 어법, 독해 공부와 별개의 것이 아니기 때문에 어느 한쪽을 공부하면 다른 실력도 함께 향상된다.

영어 듣기는 꾸준히, 그리고 반복적으로 하는 것이 효과적이다. EBS 영어 듣기 교재나 기타 듣기 문제집을 통해 하루 5문제 정도를 10번 이상 반복해서 들어보길 권한다. 한두 번 듣고도 문제의 정답을 고를 수 없다면 본문을 읽어봐야 한다. 어휘와 표현을 암기하고 독해 지문을 읽듯이 내용을 파악해라. 그리고 나면 교재를 덮고도 훨씬 잘 들린다. 모든 문장이 정확히 들릴 때까지 되풀이해서 듣는데, 10번 이상 들으면 거의 대부분 알아들을 수 있고 그 이상 반복하면 연음 부분과 억양의 특징까지 분간할 수 있게 된다. 영어 듣기를 하면서 같은 속도로 동시에 함께 읽거나shadow reading, shadowing 의미 단위chunk로 끊어 들으면서 받아쓰는 것도 듣기 실력을 기르는 데 효과적이다.

어휘는 고등학교 1, 2학년 때 확실하게 다져놓는 것이 중요한데, 자신에게 맞는 단어장을 선택하여 문장을 통해 단어의 용례까지 익혀야 한다. 구체적인 사물을 나타내는 명사가 아닌 이상 영어 단어와 우리말은 일대일로 대응되지 않는다. 수능에서도 단어의 단순한 의미를 넘어서서 단어가 사용되는 상황의 차이나 단어의 어법적인 특성이 구문에 어떻게 드러나는지를 묻는 문제들이 난이도 있게 다뤄진다.

　어휘 교재는 어원을 통해 영어 단어에 접근하고 여러 접두어와 접미어를 통해 다양하게 활용되는 파생어를 소개하는 책이 좋은데, 『능률 Voca 어원편』을 추천한다. 단어들이 갖는 이미지를 머릿속에 새기고 어휘의 가지를 쳐나가면서 어휘량을 빠른 속도로 늘릴 수 있고, 독해 지문 속에서 낯선 단어를 만났을 때 그 의미를 논리적으로 추측해 보는 데 도움이 되기 때문이다. 그리고 출판사(능률교육) 홈페이지에서 무료로 교재 MP3를 다운받을 수 있다. 평소에 이를 듣고 다니면 듣기 파트까지 동시에 공부할 수 있으니 꿩 먹고 알 먹는 격이다. 기본 어휘가 충분히 갖춰졌다면 3학년 때부터는 기출문제나 EBS 교재 등의 독해 문제를 풀 때 지문 속에 등장하는 단어를 정리하며 어휘를 보강해 나가면 된다.

　단순 암기를 싫어하는 학생들에게는 연상을 활용한 『경선식 초스피드 암기 비법』을 추천한다. 기존 딱딱한 형식의 어휘 교재들과 달리 모든 단어를 연상 형식으로 재미있게 암기할 수 있도록 구성했기 때문에 단어 외우는 것을 싫어하는 학생들에게 도움이 될 수 있다. 수능 영어 영역에 실제로 나온 문장에서 단어들을 직접 추출한 『Word Master』도 수능 및 모의고사 성적을 향상시키는 데 유용할 것이다.

　문법은 영어 지문을 빠르고 정확하게 이해하기 위해서뿐 아니라 수능에서 어법 문제로 다뤄지므로 신경을 써야 한다. 『성문기본영어』 정도의 수준을 '정확히' 알고 있다면 수능 문제를 해결하는 데는 어려움이 없을 것이다. 다만 동명사면 동명사, 분사면 분사식으로 하나하나의 문법 지식을 개별적으로 아는 것에 그치지 말고, 독해 지문 속에서 종합적으로 적용되어 자연스럽게 나타나는 다양한 어법 요소들을 빠른 속도로 인지하고 처리할 수 있어야 한다.

이 같은 통합적인 문법 지식을 쌓으려면 문법책을 여러 번 반복해서 공부해야 한다. 한 번 공부를 끝낸 문법책이라도 자꾸 반복하다 보면 그때마다 점점 더 개별적으로 흩어져 있던 문법 지식들이 서로 얽혀드는 경험을 하게 될 것이다. 『성문기본영어』를 충분히 익힌 후 『성문종합영어』로 옮겨 가는데, 『성문종합영어』는 문법뿐 아니라 어휘와 독해 실력도 함께 기를 수 있는 교재다.

2학년 때까지는 문법을 확실히 익혀야 하며, 3학년이 되어서는 기출문제 중심으로 공부하면서 반복적으로 응용되는 어법에 익숙해져야 한다. 또한 어법 문제를 풀다가 막히는 부분은 반드시 기본 문법서를 통해 다시 한 번 정확하게 알고 넘어가야 하며, 이를 자신만의 어법 노트에 정리해 두는 것이 좋다.

독해의 핵심은 '끊어 읽기'와, 이를 통한 '직독직해'다. 영어 영역의 지문이 점점 길어지고 어휘 수준도 나날이 높아지고 있다. 한 문장이 서너 줄에 이르는데 문장을 의미 단위로 끊어 읽으면서 앞에서부터 차례대로 직독직해하기 위해서는 영어 구문에 대한 지식이 필수적이다.

고등학교 1~2학년 때는 영어 영역의 문제 유형보다 영어 구문을 익히는 것이 선행돼야 한다. 구문을 정리해 놓은 교재와 인터넷 강의는 시중에서 쉽게 찾을 수 있으므로 도움을 받으면 된다. 처음에는 시간이 걸려도 독해 지문에 끊어 읽기 표시(/)를 하면서 앞에서부터 차례대로 문장의 의미를 머릿속에 집어넣는 연습을 하자. 우리말과 어순이 다른 영어를 우리말처럼 해석하려면 두세 번의 처리 과정이 더 필요하다. 그래서 지문을 해석하긴 했지만 무슨 내용인지 기억을 못 하거나 주제를 파악하기 어려운 경우가 생긴다. 그럴 때는 빠른 속도로 지문을 읽고 요지를 기억해서 우리말 한 문장으로 요약하는 연습을 해보는 것도 지문의 내용을 얼마나 잘 이해하고 있는지를 점검하는 데 유용하다.

2학년 중반부터는 수능 문제를 유형별로 나누어 각각의 유형에 맞는 효과적인 접근법을 익혀 나가야 한다. 한 문제당 1분 30~40초 정도밖에 주어지지 않는 상황에서 지문을 읽고 정답을 찾아내기 위해서는 영어 영역의 문제 유형에 익숙해지는 것이 우선이다. 또한 여러 리딩 스킬을 익혀야 독해 속도와 정확성을 높일 수 있다. 이런 리딩 스킬은 문단의 구성 방식을 통해 문단의 주제와 요지를 효율적으로 정확하게 파악하는 데 유용한 한편, 문제 해결의 결정적인 단서를 빠르게 찾아내는 데도 도움이 된다.

따라서 많은 문제들을 풀어보면서 리딩 스킬을 적용하는 연습을 해보자. 최근 수능은 실생활과 연관된 제재가 다양하게 사용되고 범교과적인 영역에서 출제되는 경향을 보인다. 그래서 영어 영역에도 낯선 과학이나 철학과 관련된 지문처럼 추상적인 개념이 전개되는 지문이 실리곤 하는데, 이런 문제들을 해결하려면 이전보다 더 깊은 사고력이 필요하다. 유형 파악과 리딩 스킬을 바탕으로 많은 문제들을 풀어보고, 때론 역발상으로 출제자의 의도를 생각하며 문제의 정답을 유추해 보는 것도 필요하겠다. 검증된 최근 5년간 수능 기출문제는 반드시 여러 번 읽고 분석해서 출제 경향을 인지해야 하고, 기출 모의고사 문제, EBS 교재, 사설 문제집의 순서로 영어 문제들을 접하는 것이 좋다. 3학년 때는 매주 1회 정도 시간을 정해 모의고사 문제를 풀어보면서 시간을 적절하게 배분하는 연습을 해야 한다.

마지막으로 다양한 수시 전형에 지원하거나 입학사정관제에 대비하여 공인영어성적을 얻으려는 경우에는 고등학교 2학년 때까지 자신이 목표한 성적에 도달할 수 있도록 준비해야 한다. 대부분의 성적 유효기간이 2년이고, 3학년 때는 공인성적을 위해 할애할 시간적, 정신적인 여유가 충분히 없기 때문이다.

비록 학교생활기록부 전형에 공인성적을 기록할 수 없게 됐지만 어학특기자 전형에서는 여전히 중요한 제출 자료이다. 특히 TEPS의 경우에는 문제 유형이 영어 영역과 가장 유사하고 응시료도 다른 시험에 비해 상대적으로 저렴하므로 수능을 대비하며 함께 공부하기에 가장 적절한 시험이다. 문법과 독해 부분은 수능에도 많은 도움이 된다. 모의고사에서 1~2등급의 성적이 꾸준히 나오는 학생이라면 수능 공부와 병행하여 TEPS 문제집을 영어 교재로 이용할 수 있다. 이제 학년별로 어떻게 영어를 공부해야 하는지 좀더 자세히 알아보자.

고등학교 1학년

고등학교 입학 전에 영어 공부를 마무리하지 못했다면, 늦은 감이 없지는 않지만 2~3학년에 비해 아직은 극복할 수 있는 시간이 있으므로 영어 공부에 더 많이 집중해야 한다. 기본적인 영어 실력을 향상시키면서 내신 영어에도 골고루 신경을 쓰는 것이 좋다.

영어 실력을 향상시키려면 무엇보다 어휘 실력이 바탕이 되어야 한다. 가능한 한 많은 단어를 보면 좋을 것이라고 생각하는 오류를 흔히 들 범하는데, 영어를 잘하는 학생들도 단어를 암기한 후에 그 단어를 실제로 지문에서 접하거나 활용할 일이 없어서 애써 외운 것을 잊어버리곤 한다. TEPS 어휘집도 좋고 수능 어휘집도 좋으니 한 권 정해서 생소한 단어에도 익숙해질 수 있도록 반복적으로 암기해야 한다.

또 이 시기에 중요한 것은 독해 실력을 키우는 일이다. 정확한 독해를 위해서는 문법이 바탕이 되어야 하므로 기본 문법책을 정해 반복적으로 공부하고 독해 문제들을 많이 풀어 다양한 문제 유형에 익숙해져야 한다. 영어 듣기에 약하다면 하루에 2시간 이상 집중적인 듣기를 통해 실력을 향상시키자. 영어는 아는 만큼 들리므로 기본적인 어휘와 숙어를 꾸준히 공부하고, 날마다 잠들기 전에 테이프나 MP3로 영어 지문을 듣는 것도 좋다. 무의식적인 듣기가 영어 듣기 실력을 향상시켜 준다는 것을 잊지 말자. 이렇게 영어 공부의 토대를 쌓으면서 1학년 때 수능 모의고사에서 최소 2~3등급의 성적은 나올 수 있도록 실력을 길러야 한다.

기본적인 영어 실력을 갖췄더라도 내신성적을 잘 받는 것은 또 다른 문제다. 내신에는 달리 왕도가 없다. 영어 교과서 안에 정답이 있으니 교과서에 집중하는 것이 우선이다. 내신 영어를 대비하기 위해서는 보통 4주 전부터 교과서를 최소 3번 이상 반복해야 한다. 처음 읽을 때는 교과서의 전체적인 내용을 파악하고, 두 번째 읽을 때는 문법적인 내용들을 확인하고 이해한다. 마지막으로 읽을 때는 교과서의 본문을 꼭 암기하여 내신 1등급을 유지해야 한다. 내신에서 교과서 수준보다 높은 문제를 내는 고등학교라면, 학교가 지정한 문제집이나 선생님이 나눠

준 프린트물을 공부하면서 시험에 대비하면 된다.

  내신은 범위가 정해진 시험이니 시험 범위에 포함된 문법이나 어휘, 독해 등을 더 확실하게 공부해 두는 좋은 기회가 될 수 있다. 이는 내신뿐 아니라 수능에도 도움이 되므로 적극 활용하도록 한다. 절대 내신과 수능을 따로 생각하는 어리석음을 범하지 말길 바란다. 특히 영어는 한꺼번에 연결해서 공부할 수 있는 과목이기 때문이다.

  그동안 영어 공부를 충실히 해온 학생이나 비교과 전형을 준비하는 학생이라면 공인인증시험에도 신경을 써보자. 각종 공인영어시험들이 있는데, 그중에서 가장 많이 활용되는 것은 TEPS, TOEIC, TOEFL, IELTS이다. 최근에는 FLEX, MUNOS(모의유엔), IET, IEWC 등에 도전하는 학생들도 많은데, 본인이 가장 좋은 성적을 낼 수 있는 시험을 미리 파악하여 응시하는 것이 좋다. 하지만 대학에 따라 TOEIC 성적을 받지 않는 경우도 있으므로 미리 확인해야 한다.

  많은 학생들이 준비하는 TEPS에 대해 이야기하자면, 미리 시험을 쳐본 뒤 시험 유형을 파악하고 취약한 파트를 집중적으로 공부하면 성적을 빠르게 향상시킬 수 있다. 다른 시험들과 달리 TEPS는 문법과 어휘 파트가 따로 나뉘어 있고 문제를 빠른 속도로 정확하게 푸는 것이 중요하다. 최상위권 학생이라면 1학년 때 850점, 중상위권 학생이라면 700점 이상을 목표로 하는 것이 좋다.

고등학교 2학년

  2학년이 되면 영어 공부를 위해 해야 할 일은 더 많아진다. 1학년 때 충분한 학습을 통해 수능 영어 영역에서 2~3등급에 무난히 진입했다면, 이제 목표는 안정적인 1~2등급에 안착하는 것이다. 수능에는 처음 보는 지문들이 나오기 때문에 낯선 지문을 빠르고 정확하게 해석하는 것이 필요하다. 어법을 공부하면서 문장의 구조를 파악하고 구문 단위로 빠르게 해석해 나가는 구문 독해를 연습해야 한다. 이때 시간을 계속 재면서 자신의 문제 풀이 속도를 확인하고 조금씩 단축해야겠다. 구문을 익히고 독해 연습을 할 때 추천할 만한 책은 김기훈의 『천일문』이다. 문장의 구조가 잘 보이지 않는 경우 여러 번 읽어서 암기하면 가장 큰 도움이 된다.

비교과가 포함되는 전형을 생각하는 학생이라면, 3학년 때는 공인인증시험 같은 비교과에 치중할 시간이 없으니 2학년 겨울방학, 늦어도 3학년 3월까지는 목표 점수를 완성해야 한다. 현실적으로 중간고사와 기말고사 기간을 제외하면 공인영어시험을 제대로 볼 수 있는 달은 2학년 5월, 8월, 9월, 11월 초와 3학년 1월부터 3월까지가 전부다.

학기 중에는 각종 수행평가와 내신을 대비하느라 공인인증시험에 집중할 수 없다는 점을 감안하면 방학 때 집중적으로 학습해야 하는데, 이 기간을 최대한 활용하여 점수를 확보하자. 2학년 여름방학 동안 집중적으로 공부하고 방학과 학기 중 시험을 통해 자기 상태를 확인한 후, 겨울방학 동안 자신에게 부족한 부분을 파고들어 늦어도 3학년 3월에는 TEPS 930점을 목표로 자기 점수를 완성하는 것이다.

고등학교 3학년

　1~2학년을 보내면서 차근차근 공부해 왔다면 이젠 영어 영역 점수를 1등급으로 완성해야 할 때다. 현실적으로 3학년이 되면 공인인증시험을 위해 투자할 시간은 없다. 자신이 목표한 점수에 가깝게 도달한 학생들은 한두 번만 더 공인인증시험에 응시하되, 3학년 3월까지도 목표 점수에 미치지 못했다면 비교과는 과감히 포기하자. 내신을 위한 영어 공부 외에는 모든 노력을 영어 영역 1등급에 쏟아야 한다.
　시중의 수능 모의고사 문제집들을 모두 훑어보는 것이 좋은데, 자신이 풀지 않은 문제집들이 아직도 많이 남아 있다면 반성해야 한다. 모의고사 문제집들을 구입하여 날마다 시간을 체크해 가면서 일정량을 풀어본다. 이렇게 지속적으로 수능의 문제 유형을 익히고 처음 보는 지문도 풀어내는 능력을 키워야 한다. 수능에서는 사소한 어법 문제 하나도 놓쳐서는 안 되므로 문법에 다소 부족한 부분이 있다면 집중적으로 공부해서 극복한다.
　영어 열풍이 불면서 초등학교와 중학교 때 이미 수능 수준의 영어 실력을 완성한 후 고등학교에 진학하는 학생들이 점점 늘어나고 있다. 단적인 예가 고등학교 1학년 이전에 공인영어시험 성적이 수준급인 학생들이 많다는 것이다. TOEFL의 경우 국제중 입학생들은 100점대이고 민사고나 외고 입학생들은 105점 이상이 60퍼센트, 110점 이상도 40퍼센트에 달한다.
　이 정도의 성적을 받는 아이들이 수능 영어 영역에서 만점을 받는 것은 당연하다. 이 이야기는 특목고를 입학하는 일부 학생들에게만 해당한다고 생각해서는 안 된다. 한 해에 특목고 준비생들이 10만 명은 된다. 그들은 수능보다 어려운 영어 공부를 하는데, 그들 가운데 절반 정도는 영어도 매우 잘한다는 사실을 잊지 말자. 수능 1등급 커트라인이 상위 4퍼센트이고 그 인원이 2만 5,000명 정도라는 점을 감안하면, 그 두 배 이상의 학생들이 중학교 3학년 이전에 영어 영역에 대한 대비를 마치고 고등학교에 진학한다는 결론이 나온다. 고등학교 1학년 때 영어 영역에서 높은 등급을 받았다고 안심하면 안 되는 이유가 여기에 있다. 당장 3학년 영어 영역 시험지로 자기 실력을 테스트한 후 실제적인 로드맵을 짜야 한다.

그런데 필자는 모든 학생들이 1~2등급을 목표로 영어 영역을 공부할 필요는 없다는 강의를 한 적이 있다. 시중의 교재들은 대부분 1등급, 혹은 만점을 목표로 만들어져 있어서 실제로 대다수를 차지하는 3등급 이하의 학생들에게는 큰 도움을 주지 못하는 실정이다. 1~2등급 학생들은 알아야 할 것뿐 아니라 그 범위와 수준을 넘어서는 것도 공부해야 하지만, 3등급 이하의 학생들은 알아야 할 것만 공부하면 된다. 또한 오래도록 영어를 공부해 온 1~2등급 학생들은 늘 안정적인 점수를 확보하므로 그 벽이 두텁지만, 3등급 이하의 학생들은 영어 실력의 차이 자체가 대단하지 않다. 그래서 현재 5등급 이하라면 단기간의 노력으로 영어 실력을 크게 향상시킬 수 있다.

외국인이 일상적으로 사용하는 영어 수준에서 측정하는 영어 영역은 국어나 수학 영역처럼 고도의 사고력을 요구하지는 않기 때문에 지능과 관계없이 성적을 올릴 수 있는 장점이 있다. 지능이 높은 학생은 성적이 아주 빨리 상승할 수 있고, 지능이 다소 낮은 학생들도 다른 과

▶ 수능 영어 영역의 등급별 평균 점수대와 특징

등급	평균 점수대	특징
1등급	95점 이상	실수로 1개 정도 틀림
2등급	90점대 초반	실수로 2~3개 정도 틀림
3등급	80점대	듣기에서 3문항 내외로 틀림 읽기에서 4~5문항 내외로 틀림 고등학생으로서 영어의 기본기를 갖춘 상태 수능 어휘력 부족, 어법 지식을 문제에 적용하는 응용력 부족 독해 속도가 약간 느림
4등급	70점대	듣기에서 4문항 내외로 틀림 읽기에서 6~7문항 내외로 틀림 여전히 어법 문제, 추론 문제, 장문 독해에 취약함
5등급	60점대	듣기에서 5문항 내외로 틀림 나머지 9문항 내외는 모두 읽기에서 틀리는 경우가 많음 어법 문제, 빈칸 추론 문제, 순서 맞추기, 어휘 추론 문제, 장문 독해에 취약함
6등급	40~50점대	듣기에서 6문항 이상 틀림 읽기에서 문항의 절반 정도를 맞힘 고등학생으로서 영어의 기본기가 전혀 없으며, 어휘력이 많이 부족함

목에 비해 빠르게 성적을 올릴 수 있다. 고등학교에 진학하여 전반적으로 성적이 부진한 경우, 영어는 우선적인 전략 과목으로 정하기에 가장 적합하다.

위에 있는 표는 민성원연구소가 개발한 '수능 영어 영역 5등급을 3등급으로 올리는 프로그램'에서 기준으로 삼는 등급별 특징이다. 이 표를 참고하여 자기 수준에 맞는 프로그램으로 공부한다면 빠른 속도로 영어 성적을 올릴 수 있을 것이다. 이때 중요한 것은 '나는 할 수 있다'

는 자신감, 자기 수준에 적합한 교재, 효율적인 전략이다.

▶ 수학 로드맵

중학교 3학년

'중학교 3학년 때 수학을 못하면 고등학교 수학도 못한다'는 말이 있다. 즉 수학의 경우 중학교 3학년 과정은 고등학교 과정과 내용적으로 크게 다르지 않다는 이야기이다. 특히 고등학교 1학년 수학은 중학교 수학 9-상, 하와 매우 유사한 내용을 담고 있다. 그래서 중학교 3학년이 되면 입시에서 학생들의 대략적인 레벨을 예측할 수 있는데, 한국수학올림피아드(KMO)를 본격적으로 준비하는 학생부터 학교에서 나가는 수학 진도도 따라잡기 어려워하는 학생까지 광범위하다. 그렇기 때문에 먼저 학생의 수학 실력을 냉철하게 판단해 보는 것이 중요하다.

만약 수학 실력이 어느 정도의 수준에 이른다면 그 수준에 맞춰 반복학습을 해야 한다. 이때 반복은 훈련과는 다른 개념이다. 이해되는 것을 반복한다면 '훈련'이지만, 필자가 지금 말하는 것은 이해되지 않더라도 계속 반복하라는 것이다. 중학교 3학년 과정을 학습하면서 잘 이해되지 않는다고 더 쉬운 방법을 찾아보는 것은 그리 현명하지 않다. 단지 수학 교재가 학생의 수준을 훨씬 뛰어넘는지만 확인하면 된다. 정답률이 50퍼센트 정도 된다면 학생의 수준에 비춰 별문제가 없는 교재다.

중학교 3학년 수학에서 다루는 내용은 실제로 어려우며 충분한 훈련을 요구하기 때문에 누구나 잘하기는 쉽지 않다. 하지만 18세에 이미 높은 수준의 수학 논문을 집필한 존 폰 노이만은 "수학은 이해하는 것이 아니다. 다만 익숙해지는 것일 뿐이다"라고 말했다. 이 얼마나 위안이 되는 말인가? 그리고 심리학 교수 수잔 골딩 미도는 "수학 공부를 할 때 손을 사용하면 1.5배 이상 효과가 좋아진다"고 말했다. 수학에 익숙해지면서 효과적으로 공부하는 방법은 연습장에 직접 써가면서 반복학습을 하는 것이다. 손을 사용하면서 생각을 하면 훨씬 집중력이 높아지는 것을 느낄 수 있을 것이다.

풀이집을 활용하라

풀이집을 이해하는 것은 수학 공부에서 아주 중요하다. 어려운 문제를 만나면 일단 스스로 풀려고 매달려보되, 그 시간은 25분을 넘기지 않도록 한다. 그래도 도저히 풀리지 않으면 풀이집을 펼쳐 보는 것이 좋은데, 한번 이해한 후에는 풀이집을 덮고 자기 힘으로 다시 한 번 풀어봐야 한다.

25분 이상 매달린다는 것은 두 가지의 상반된 의미를 지닌다. 먼저 과제 집착력이 아주 우수한 경우다. 수학경시대회를 준비하거나 학교 성적이 최상위권인 학생들이 이에 해당된다. 이와 달리 장시간 문제에 매달리느라 공부의 흐름 자체를 놓치는 경우도 있다. 2시간가량 수학을 공부하면서 한 문제를 푸는 데 30분 이상씩 들여 네 문제쯤에 이르다 보면 무엇보다 재미를 느끼기 힘들고 기본적인 내용을 숙달할 시간을 가지지 못한다. 대부분의 학생들은 수학경시대회나 전교 5등과는 거리가 있다. 25분은 그런 학생들이 집중할 수 있는 최대 시간이다.

풀이집에 대해서는 논란이 많은데, 중학교 3학년 수학 정도는 풀이집을 통해 이해하는 것이 수학 공부의 큰 축을 이룬다. 다만 풀이를 보면서 문제를 풀지 말고, 풀이를 한번 보고 나서 문제를 풀어봐야 한다. 풀이집을 보고 이해했다손 치더라도 풀이집을 덮는 순간 그 풀이는 거의 기억나지 않는다. 고등학교 수학에서는 더욱더 많이 나타나는 현상이다. 풀이집을 보고 나서 문제를 푸는 것에 대해 너무 부정적일 필요는 없다.

선행 교재의 선택과 공부 요령

중학교 3학년에게 선행학습이란 고등학교 과정을 미리 공부한다는 것을 의미한다. 그런데 선행의 효과를 거두기 위한 최대 조건은 '멈추면 안 된다'다. 일단 한번 선행학습을 하기 시작했으면 고등학교 수학 하를 마무리할 때까지 멈춰서는 안 된다.

수학 선행을 위한 교재를 선택하는 것도 중요한데, 많이 팔리는 책이 무엇인지부터 파악해야 한다. 수학책은 다른 과목에 비해 오류가 많은 편에 속한다. 출간된 지 오래됐고 인지도가 높을수록 비교적 오류가 적은 편이다. 그리고 선행학습을 할 때는 대략 3개월마다 반복을 할 수 있어야 하므로 전체를 한 번 공부하는 데 3개월 이상이 걸린다면 좀 어려운 책이라고 할 수 있다.

이젠 자신이 선택한 선행 교재를 어떻게 공부하면 좋은지에 대해 소개하겠다. 학생들의 학습 스타일은 매우 다양한데, 어떤 스타일로 공부하든 효율적으로 선행학습을 할 수 있는 방법은 있다.

꼼꼼한 학생들은 자신이 모르는 내용이 나타나면 답답함을 느끼는 정도가 심한 편이다. 약간 천천히 본다는 생각을 가지고 한 권의 교재를 공부하는 데 4~5개월 정도로 잡는 것이 좋겠다. 빨리 진도를 나가라고 재촉하면 공부의 효율성이 급격히 떨어지는 유형이므로 열심히 하라고 격려하는 편이 훨씬 낫다. 사실 교재를 처음부터 끝까지 공부하는 데 5개월이나 걸리는 것은 위험한데, 그쯤 되면 처음 배운 것은 거의 잊어버리기 때문이다. 따라서 교재의 3분의 2 정도를 봤을 때 처음부터 다시 공부하는 전략을 쓰는 것도 좋다. 아직 기억에 남아 있을 때 반복하면서도 자신의 공부 스타일은 고수할 수 있어 학습의 효율성이 높아진다.

그 외의 일반적인 학생들에게는 모르는 내용도 반복하면 알게 된다는 사실을 주지시킬 필요가 있다. 물론 학생에게는 힘든 일이지만, 선행의 내용을 자세히 공부하면 반복의 주기가 길어져서 무늬만 복습이 되는 경우가 많다. 복습의 효과는 자신이 배운 내용이 머릿속에 남아 있을 때 되풀이해서 공부해야 증폭되는데, 처음 배운 것은 3개월쯤 지나면 기억에서 대부분 사라진다. 따라서 교재를 반복하는 주기는 3개월 정도가 적당하다. 반복을 하지 않으면 선행은 백해무익하다. 그리고 각 단원들의 내용이 모두 다음 단원이나 이후 단원에서 직접적으로 사용되는 것은 아니다. 이후 단원에서 중요하게 사용되는 개념을 중심으로 공부하는 것도 효율적인 수학 학습법이다.

선행 학원의 도움을 받을 때는 다음 내용을 꼭 점검해 보길 바란다. 먼저 선행 학원에 고등학생들도 다니는지 확인한다. 중학교 3학년은 고등학교 과정을 선행하므로 가급적이면 고등학생도 함께 다니는 학원이 좋다. 또 고등학교 과정을 선행하는 공부가 어려워서 도중에 포기하는 학생들이 많기 때문에 선행반이 갑자기 사라지는 일은 없었는지 꼭 알아보자. 앞에서도 이야기했지만, 선행학습을 하기 시작하면 절대 중단하는 일이 없어야 한다. 그 학원에 다녔던 한 학년 높은 학생들의 부모에게 물어보는 것이 가장 확실하겠다.

고등학교 1~2학년

고등학생이 되어서도 수학 공부를 치사하게 하는 친구들이 많다. 무슨 말이냐고? 적당히 공부하고서는 성적이 오르기를 기대하는 학생들이 많다는 뜻이다. 고등학교 수학은 사생결단의 각오로 임해도 그 결과는 겸허히 받아들여야 하는 과목이다. 일단 그 같은 각오를 다졌다면 이제 어떻게 공부해야 할까?

고등학교 수학은 유형 공부라 해도 무방할 만큼 문제의 유형을 미리 인식하고 있는 것이 아주 중요하다. 실제 시험장에서 수학 영역에 출제된 문제를 보고서야 무엇을 묻는 문제인지를 생각한다는 것 자체가 난센스다. 유형화 학습이 굉장히 중요한데 고등학생용 수학책이라면 어느 것을 봐도 웬만큼 문제 유형이 잘 정리되어 있다. 다만 학생들이 소화해야 할 양이 많을 뿐이다. 천 리 길도 한 걸음부터라고 차곡차곡 공부할 수밖에 없다. 다음의 두 가지 습관은 학생들에게 많은 도움이 되어줄 것이다.

첫째, 문제 유형의 이름을 만들어라. 문제를 많이 풀다 보면 누구나 어떤 특징을 발견하게 된다. 그 특징으로 이름을 만들면 된다. 이름을 붙이게 되면 다른 문제집이나 실제 시험에서 자신이 이름을 붙여본 유형의 문제를 맞닥뜨렸을 때 보다 선명하게 기억할 수 있다. 그리고 그만큼 더 빨리 문제를 풀 수 있다는 사실에 놀랄 것이다. 이것은 수학 공부를 할 때 집중력을 높일 수 있는 방법이기도 하다.

둘째, 어디선가 봤던 문제라는 느낌이 들면 끝까지 그 문제를 찾아서 메모해라. 수학은 이전에 배운 내용을 사용하는 경우가 많으므로 '한번 풀어봤던 문제와 유사하다'는 것을 느낄 때가 곧잘 있다. 이럴 때는 이전 문제 옆에는 지금 풀고 있는 문제가 실린 페이지와 번호를, 지금 풀고 있는 문제 옆에는 이전 문제가 실린 페이지와 번호를 적어놓는 것이 좋다. 그리고 반복해서 다시 공부할 때는 함께 적혀 있는 문제까지 한꺼번에 풀어보도록 한다. 이 방법은 고등학교 수학을 체득하는 데 아주 효과적인데, 이렇게 반복학습을 하면 어떤 개념이 어떤 식으로 사용되는지를 정확하게 인지할 수 있고 수학 시험을 잘 치기 위해서도 반드시 필요하다.

수학 상(고등학교 1학년 1학기)

연산 훈련이 가장 중요한데 그중에서도 빠른 인수분해 능력은 고등학교 수학의 첫 관문이다. 모든 단원의 어려운 문제에는 죄다 난해한 인수분해가 녹아 있다. 수학 상의 각 단원들은 계속해서 약간의 새로운 개념과 인수분해를 결합한 형태의 내용으로 구성되어 있다. 인수분해는 결코 건너뛰면 안 되는 단원으로 고등학교 수학에서 가장 자주 요구하는 핵심 능력이다. 인수분해를 공부할 때는 풀이 과정을 눈으로 따라가기만 해서는 절대 안 된다. 반드시 연습장에 손으로 써가며 훈련하자.

수학 하 (고등학교 1학년 2학기)

수학 하는 한마디로 도형 또는 그래프를 그리는 훈련을 하는 과정이다. 방정식의 개념을 함수 그래프의 개념과 연동시키는 것이 수학 하의 핵심이자 고등학교 수학의 내용적인 핵심이기도 하다. 이 과정을 체득하기 위해서는 관련 문제를 풀 때마다 항상 줄 없는 연습장에 그래프를 그려봐야 한다. 아무리 대수적인 계산 능력이 뛰어나도 그래프를 그려보는 것보다는 문제 해결 속도가 느릴 뿐 아니라 그 문제를 받아들이는 느낌도 크게 차이가 난다. 반드시 그래프를 이용해 문제를 풀어야 문제의 본질적인 내용이 체득되어 다른 문제를 풀 때 언제든지 사용할 수 있다.

수학 상, 하 이후의 과정

수학 상, 하 이후의 과정에서는 이미 공부한 수학 상, 하를 바탕으로 새로운 내용이 가미되므로 과정별 특별한 학습 계획은 그 의미가 적다. 다만 한 가지 주의할 점은 한 종류의 기본서를 정하여 반복의 횟수를 늘려야 한다는 것이다. 학생들이 자칫 여러 권의 수학책을 대충 보는 실수를 하기 쉬운데, 이는 공부를 해도 성적이 나오지 않으면 으레 생각하게 되는 방법이다. 성적이 만족스럽지 못하면 내가 다양한 문제 유형들을 충분히 접해 보지 못해서 그런 게 아닌지 불안해지기 때문이다. 하지만 반드시 한 권을 여러 번 풀어야 한다. 물론 시험 직전에 문제를 많이 풀어보는 훈련을 하기 위해 문제집을 여러 권 풀어보는 것은 상관없을 뿐 아니라 그렇게 해야 한다. 즉 수학 공부와 수학 시험공부는 구분이 되는 개념으로, 수학 공부를 할 때는 한 권의 기본서로 세

번 이상 반복하고, 수학 시험공부를 할 때는 여러 권의 문제집을 풀어 봐야 한다. 수학 시험공부는 시험일로부터 4주 전에 1주일 정도 집중하는 것이 좋은데, 이때는 시험 직전에 다시 살펴봐야 할 문제를 미리 정리해 두도록 한다.

문과와 이과는 수학 공부 시간이 다르다?

우리나라 교육과정의 특성상 고등학교 2학년이 되면 문과와 이과가 구분되므로, 학생들은 1학년 2학기에 자기 진로를 선택해야 한다. 이 선택에 따라 수학 공부의 범위가 확연히 달라지게 된다. 여기서 이과는 수학을 많이 공부하고 문과는 적게 공부한다는 오해가 생긴다. 학생들은 대개 수학에 대한 자기 선호도에 따라 문과와 이과를 결정하기 때문이다. 하지만 문과든 이과든 수학 공부를 하는 데는 아무런 차이가 없다. 대학 입시에서 이과생은 이과생대로, 문과생은 문과생대로 수학이 가장 중요한 과목이다. 다시 말해 시험 범위와 공부량은 무관하다. 상위권 대학을 목표로 한다면 문과생이든 이과생이든 전체 공부량의 50퍼센트 이상은 수학 공부에 배정해야 한다.

고등학교 3학년

3학년이 되면 수능 시험 범위와 관련한 수학의 내용적인 학습은 거의 끝나게 된다. 그런데 오랜 시간 수학에 매달려 그토록 힘들게 공부했는데 수학 영역 성적은 여전히 불만족스럽다. 게다가 3학년 6월 수능 모의고사부터는 수학 영역이 어려워지기 시작해서 괜찮은 성적을 유지했던 학생조차 난생처음 받아보는 점수대를 경험하기 일쑤다. 사실 이런 상황을 단번에 타개하기 위한 방법은 별달리 없다. 하지만 이제부터는 효율적인 훈련을 통해 극복할 수밖에 없다. 이 시점에서 오답 노트는 학생의 공부 습관에 따라 도움이 될 수도 있고 안 될 수도 있다. 지금 당장은 몰라도 나중에는 잘 알게 되기도 하고, 애서 정리해 놓은 오답 노트를 다시 보지 못하게 되기도 한다.

그렇다면 누구에게나 효과적인 수학 공부법은 무엇일까? 그것은 바로 전 범위의 모의고사를 통해 훈련하는 것이다. 고등학교 수학 과정을 전부 마치면 곧바로 이 훈련을 시작하는데 다음과 같은 요령을 따르는 것이 좋다. 일주일에 1~2회 정도 모의고사를 쳐보되, 실제 시간보다 10분가량 짧게 타이머를 설정해 둔다. 이때 10문제 이상 틀린다면 전 범위 모의고사 훈련은 적합하지 않다. 그럴 때는 단원별 모의고사 문제집으로 두 번쯤 반복하고 다시 전 범위 모의고사 훈련으로 돌아온다.

전 범위 모의고사를 스스로 쳐보기 전에는 여태까지의 모의고사 수학 영역에서 틀린 문제를 전부 다시 풀어보도록 한다. 모의고사를 칠 때마다 시험 전에 살펴봐야 할 문제가 계속 증가하는 셈인데, 이렇게 하다 보면 이전에 틀린 문제가 다시 출제된다는 것을 필연적으로 발견할 수 있을 것이다. 물론 이전에 틀렸던 문제라도 이번에는 맞힐 수 있는데, 고등학교 수학을 공부하면서 이런 경험을 해보기는 정말 어렵지만, 꼭 필요한 경험이기도 하다.

이렇게 전 범위 모의고사 훈련을 하면 실제로 대략 20~40회 분량의 문제를 풀게 된다. 50회쯤 훈련하면 자신이 아는 것은 다 맞힐 수 있는데, 실제 수능을 치르기 전에 이만큼 공부하려면 시간이 빠듯하므로 3학년이 되면 1학기 초부터 바로 훈련에 돌입해야 한다. 누가 실전에 대비하여 훈련을 많이 했는지가 성패를 결정한다.

강남 최상위권은 어떻게 공부하는가?

수학은 고등 수학(상/하), 수학 A형(수학Ⅰ+수학Ⅱ+적분과 통계+기하와 벡터), 수학 B형(수학Ⅰ+미적분과 통계 기본)으로 세분화되어 있다. 그러나 현재 중학교 3학년부터 적용될 교육과정은 수학 1, 수학 2, 확률과 통계, 미적분 1, 미적분 2, 기하와 벡터, 고급수학 1, 고급수학 2로 개편된다. 그중에서 인문계와 자연계 공통으로 수학 1, 수학 2, 확률과 통계, 미적분 1이 동일하게 교과과정에 포함된다. 학습자의 부담을 줄이기 위해 학습량을 줄인 것이다. 삭제된 단원은 약수와 배수, 실수, 행렬과 그래프, 일차변환과 행렬, 연속확률변수에서 적분을 이용한 평균 분산 연산 등이다. 하지만 '명제' 부분에서는 '증명'이, '기하와 벡터'에서는 '벡터' 부분이 상당히 강화됐다. 그리고 줄어든 단원에서 수능 분별력을 위해 난이도가 상승하고 단원별 통합 문제가 출제될 수 있다.

최근 1~2년간 학교 수학 내신의 난이도가 계속 상승하는 추세여서 최상위권을 유지하려는 학생이나 최상위권으로 도약하려는 고등학교 1학년생들이라면 학교 내신에서 우위를 점하기 위해 수학(상/하)에 대한 고난도 내신 학습에 집중해야 한다. 그뿐만 아니라 중장기적으로 2~3학년에 올라가서 내신과 수능 및 모의고사에서 자기 등급을 유지하거나 상승시키기 위해서는 상위 과정, 즉 수학Ⅰ, 수학Ⅱ 등의 선행학습도 꾸준히 진행해 나가는 편이 유리하다.

내신 집중학습과 선행학습이라는 두 마리 토끼를 한 번에 다 잡을 수는 없고 적절하게 배분하는 것이 중요하다. 그 때문에 시기별, 단계별로 초점을 달리해야 한다. 가령 학기 중에는 내신 학습에 초점을 맞춰 집중적인 고난도 심화학습으로 높은 내신을 확보하고, 내신 기간이 끝난 시점이나 방학 중에는 상위 과정의 선행 진도를 발 빠르게 진행한다. 현행 대학 입시의 전반적인 과정에서 내신 학습과 선행학습의 선택과 집중, 그 리듬을 잘 살려 학생의 상황에 맞는 학습 계획을 세우는 것이 매우 중요하다.

수학 과목의 특성상 꾸준한 학습 시간을 갖는 것이 가장 바람직하다. 하루에 많은 시간을 몰아서 공부하는 것보다 매일 학습할 양을 정해서 공부하는 것이 상위권 성적을 유지하는 데 도움이 된다. 꾸준한 수학 학습은 주로 과제를 중심으로 이루어져야 한다. 학교의 수행 과제, 기타 여러 종류의 과제들이 학생들에게 부과되면 그 과제를 우선적으로 완료한 후 그다음 학습에 들어가자. 수학은 과제를 완료하는 과정에서 실력이 쌓인다고 생각하면 거의 틀림없다.

수리 논술

상위권 대학의 수리 논술은 매년 출제 경향이 바뀐다. 게다가 교육부는 사교육비를 감소하기 위해 대학 입시에서 논술을 폐지한다고도 하지만, 수리 논술을 포함해 논술은 어떤 방식으로든 계속된다고 보아도 무방하다. 전체적인 추세는 있지만 자신이 지망하는 대학의 수리 논술을 구체적으로 준비하려면 적합한 학원을 찾는 것이 좋다.

서울대의 경우 2010학년도 수시모집 심층면접에서는 '최대 시야각'과 '타원의 회전체를 원기둥으로 자른 입체의 겉넓이와 부피'에 관한 문제가 출제됐다. 평면도형과 공간도형, 삼각함수, 미적분 등에 걸친 종합적인 문제로서 교과과정에서 배우는 내용을 심화시켰다. 난이도가 매우 높았을 뿐 아니라 높은 수준의 창의력과 문제해결력을 필요로 했다.

정시에서는 '평면에서 다각나선과 로그나선'을 집중적으로 다룬 문제가 출제됐다. 삼각함수, 무한수열의 극한, 미적분에 걸친 종합적인 문제들이었는데, 다양한 난이도의 문제가 고루 포함됐으며 교과과정에 충실하면 충분히 풀 수 있는 문제들이었다. 다만 마지막 문제를 풀기 위해서는 상당한 집중력과 창의력을 필요로 했다.

연세대는 수시 수리 논술에서 '좌표공간의 평면도형을 세 좌표평면에 정사영시킨 넓이'에 관한 문제를 출제했다. 교과과정을 학습하면서 한 번쯤 접해 본 소재를 일반화하고 심화시킨 문제들이었지만, 역시 마지막 문제는 상당한 창의성을 요구했다.

참고로 최근 수리 논술 경향을 좀더 자세히 살펴보면, 과학과 통합된 문제들도 출제되긴 하지만 커다란 흐름에서는 수학 문제가 전면적으로 출제되고 있다. 서울대, 연세대, 고려대, 한양대, 이화여대, 서강대, 성균관대 등에서 수리 논술이 순수한 수학 문제들로 출제되고 있으며, 특히 한양대와 이화여대는 수리 논술만 출제되는 상황이다.

또한 상위권 대학들은 내신이나 수능에서 다소 소홀하게 다루어진 수리논증적인 문제를 수리 논술에 출제하여 엄밀한 논증을 요구한다. 엄밀하고 철저하고 정교한 논리로 상당히 복잡한 과제를 해결하는 능력을 측정하고 있는데, 그 문제들이 다양한 상황에서 등식과 부등식을 세밀하게 다루는 방법을 필요로 한다.

그리고 상위권 대학으로 갈수록 단계적 구조를 이루면서 상당히 길고 복잡한 과정의 미적분 문제들에 치우쳐 출제하는 경향을 보인다. 서울대, 연세대, 고려대 등에서는 극한, 미분, 적분 등의 문제를 주로 출제해 왔다. 이 단원들에서 문제 출제가 집중되는 것은 변별력의 효율성 때문이겠지만 내신이나 수능에서 긴 호흡의 미적분 문제들을 제대로 다루지 못하는 탓일 것이다. 그러나 생판 듣지도 보지도 못했던 문제들은 아니다. 고등학교 1~2학년 수업이나 3학년 수능 준비 과정에서 공부했던 문제들을 이론 면에서 심화하고 내용 면에서 확장하여 출제하기 때문이다.

이 같은 수리 논술에 대비하기 위해서는 수학 교과과정의 각 단원을 공부할 때 '심화학습과 그 이상의 학습'을 필요로 한다. 객관식이나 단답형 문제의 연습에 집중하는 내신이나 수능 준비와 별도로 심층 수학과 수리 논술을 꾸준히 학습해야 한다. 이 공부는 결국은 수학을 정복하는 학습이므로 수능 성적에도 근본적이고 결정적인 영향을 미쳐 시너지 효과를 기대할 수 있다.

쓰기 학습도 강화해야 하는데 수학 교과과정 전반의 이론적 내용에 대한 정리, 교과서의 모든 정리에 대한 증명, 서술형 주관식 풀이가 이에 해당한다. 이때 왼쪽 줄맞춤을 하고, 한 줄 한 줄 가지런히 풀며, 깨끗하고 단정하게 정서해야 한다. 쓰기 학습은 논리적인 사고력을 배양하는 가장 좋은 방법으로, 수리 논술에 직접적인 도움을 줄 뿐 아니라 미리 풀어놓은 것을 바탕으로 설명하는 구술 수학에도 크게 도움이 된다.

그러나 2015학년도 대입부터는 논술을 가급적 시행하지 말되, 시행한다면 고등학교 교육과정 수준으로 문제를 출제하도록 하고 있다. 면접도 교과 중심의 문제풀이식 구술형 면접으로 진행된다. 수능과 학교생활기록부 등 대다수 학생들이 준비하는 전형 요소를 권장하기 때문에 논술과 면접에 대한 부담은 다소 덜게 됐으므로 수능 점수와 내신 성적, 그리고 학교생활태도에 더욱 중점을 둬야 할 것이다.

▶ 국어 로드맵

수능 국어가 아니라 내신 국어라고 하면 중학교에서 이미 경험해 봤기 때문에 고등학생들이 별 어려움을 겪지 않을 것이라 여긴다. 중학교와 마찬가지로 고등학교에서도 범위를 정해서 배운 내용을 시험 치는 공통점이 있어서다. 물론 고등학교 국어 내신을 잘 관리하는 데는 학교 수업과 이를 정리한 필기 내용이 가장 중요하다. 내신을 대비해 국어를 공부하다 보면 간혹 부교재에서 학교 수업 내용과 다른 해석을 하거나, 학교에서 받은 프린트물과 문제는 같은데 답이 다른 경우가 있기도 하다. 이럴 때는 무조건 학교에서 배운 내용대로 시험을 봐야 한다. 그래서 교과서 노트 필기는 내신 시험에 대비할 때 다른 무엇보다 중요한 요소이다.

그런데 중학교와 달리 고등학교 국어 시험에 수능 부교재를 시험 범위로 포함시키는 학교가 많다. 어떤 외고는 학교에서 교과서를 가르치지 않으면서 시험 범위에 포함시키기도 한다. 당황스러울 수 있는 상황이지만, 학교는 학생들을 수능 시험에 대비시키려는 취지로 그렇게 한다. 그렇지만 내신은 어쨌든 수능과는 달리 시험 범위가 정해진다. 수능 부교재가 시험 범위에 포함되더라도 수업 시간에 선생님과 함께 공부한 부분이거나, 대체로 부교재의 문제를 그대로 출제하기 때문에 해당 부분을 잘 공부하면 된다. 수업 시간에 배우지 않은 교과서 내용을 출제하더라도 참고서를 바탕으로 착실하게 준비하면 된다.

그러나 이런 대비를 통해 만족스러운 성과를 거두려면 기본적으로 수능식 공부가 바탕이 돼야 한다. 수능 모의고사에서 1등급 성적이 나오는 학생은 내신성적도 따라 오르기 마련이다. 국어 과목에서 내신성적이 오른다고 수능 성적이 꼭 오르는 것은 아닌 것과는 확연한 차이가 있다. 내신 시험이 없는 평달에는 수능식 개념 원리와 독해를 공부하고, 모의고사 기출문제를 풀면서 자기 실력을 지속적으로 확인한다. 그러고 나서 내신 준비 기간에 교과서도 꼼꼼히 공부하면 내신에서도 만족할 만한 성과가 나올 것이다. 내신 공부에서 유념해야 할 점은 암기식 학습으로 끝내지 말고 교과서 지문을 충분히 이해하는 학습을 해야 한다는 것이다. 간혹 교과서에서 수능 모의고사나 수능 시험이 출제되기도 하는데 상위권 학생들도 이 지문의 문제를 틀리는 경우가 있다. 내신 시험에서는 맞혔던 것을 수능에서 틀린다는 것은 지문의 이해도가 떨어지기 때문이다.

그런데도 수능 국어는 나중에 공부해도 충분히 1등급을 받을 거라고 생각하는 학부모나 학생들이 의외로 많다. 이유는 수학과 영어 공부를 하기도 빠듯해서다. 그렇지만 진짜 이유는 수능 국어에 대해 잘 몰라서 방심하고 있기 때문이다. 대부분 학력고사로 대학에 들어갔던 학부모들은 국어를 거의 암기 과목으로 인식한다. 내신 국어 시험도 선생님에게 배운 내용을 다루니 그렇게 받아들이는 것도 자연스럽다.

그러나 수능 국어는 내신 국어와 달리 구체적인 시험 범위가 없다. 안 배운 내용이 출제된다. EBS와 70퍼센트를 연계한다고 하지만, EBS 교재의 지문을 유사 주제를 가진 다른 지문으로 바꾸거나 지문 자체의 내용을 수정해서 출제하고, EBS 교재의 문제는 완전히 다른 문제로 바꿔버린다. 더구나 EBS 교재와 연계하지 않는 30퍼센트의 지문과 문제는 웬만한 실력을 가진 학생들에게도 생소하다. 한마디로 암기로는 결코 해결할 수 없다. 그래서 "수능 국어를 어떻게 공부해야 할지 모르겠다"고 고등학교 3학년이 돼서야 아우성이다.

수능 국어는 시험 범위가 따로 없지만 출제 원칙과 출제의 사고 영역이 있다. 이것을 모르면 수능 국어의 공부 방향과 방법을 제대로 잡지 못해서 시간 낭비, 돈 낭비를 하게 된다. 출제 원칙은 간단하다. 중학교 교과서의 기본 개념부터 시작해서 고등학교 교과과정 이내에서 출제한다는 것이다. 교과과정이라니까 고등학교 교과서에 실린 특정 작품이나 지문으로 생각하는 사람들이 있지만, 교과과정이란 교과서에서 가치 있게 다루는 문학작품 · 실용문 · 논설문 · 설명문뿐 아니라 어휘 · 어법 · 쓰기 · 화법 등을 총체적으로 말한다.

또한 출제의 사고 영역에 대해 간단히 말하자면 사실적 사고 영역(정보 확인, 정보들 사이의 관계 파악), 추리 · 상상적 사고 영역(내용과 형식의 교과적 관계, 표면에 드러나지 않은 의미의 해석, 화자(필자)의 관점 · 태도 · 정서 · 의식 파악, 유사한 상황에의 적용, 일반화, 특수화), 추론적 사고 영역(논증 방식,

전제와 결론의 관계, 주장과 근거의 연결, 논리적 오류 파악, 관점 적용의 타당성)으로 나누어 교과서 이외의 지문까지 포함시켜 그 같은 유형의 문제들을 출제한다. 이런 커다란 출제 방침을 모른 채 공부한다면 수능 국어에서 묻는 문제에 제대로 답하기 어렵다. 출제자의 문제 출제 의도나 유형을 아는 학생이 효율적으로 준비하고 고득점을 올리는 것이 당연하지 않겠는가.

본격적인 수능 준비는 중학교 1학년부터 시작된다. 올해 새로이 개정된 국어 교과서는 이미 수능 출제 원칙을 반영하고 있다. 초등학교 교과서는 단지 우리말로 풀어서 집필되어 있으나, 중학교 교과서부터는 수능에서 다루는 학술적인 용어와 개념을 사용할 뿐 아니라 다양한 글과 작품들의 갈래적인 특성을 공부함으로써 독해 원리를 터득하고 학년이 올라갈수록 독해력을 키우도록 설계되어 있다. 따라서 중학교 교과서를 수능식으로 제대로만 배웠다면 수능에 필요한 상당한 실력을 갖추고 고등학교에 진학할 수 있다.

여기서 고등학교 교과서는 좀더 난이도 있는 글과 작품들에 대해 논리적으로 독해하고 평가하도록 설계되어 있다. 수능 국어는 배운 내용(글, 작품)을 암기해서 치르는 시험이 아니다. 대학 공부를 우수하게 수행할 수 있는 능력을 갖췄는지 평가하는 미래 지향적인 시험이다. 수능의 다른 과목과 달리 수능 국어는 읽고 말하고 쓰기에서 정보의 판단, 논리적인 추리와 상상, 합리적인 추론과 판단 능력을 키우는 과목이다. 따라서 수능 국어 공부를 자꾸 미룬다면 궁극적으로 다른 과목의 성적 향상에도 한계가 올 수밖에 없다. 가령 수능 영어의 주제어 찾기나 빈칸 추론하기 등을 해결할 수 있는 핵심 열쇠는 수능 국어에서 배우는 정보 판단과 논리 추리에 있다. 수능 영어 문제이지만, 사실 이런 유형의 문제 해결력은 수능 국어에서 더욱 체계적이고 단계적으로 훈련된다.

고등학교 1학년 상위권

국어의 서술 개념과 독해 원리를 잘 아는 상위권 학생들은 가능하다면 2학년 수능 모의고사의 지문과 문제를 공부하여 독해력을 지속적으로 키워간다. 자신이 다니는 학교 교과서의 문학작품 외에도 다른 출판사의 국어 교과서에 수록된 중요 문학작품들도 정리해 둔다. 문학사적인 의미와 문학적인 가치를 인정받는 작품들이 수능에 출제되는데, 교과서에 수록된 작품들은 그중에서도 가장 중요하고 가장 기본적인 것들이다. 물론 16종이 넘는 교과서를 다 공부하지는 못한다. 자기 학교 교과서 외에 2종 정도의 다른 교과서 작품들을 더 심도 있게 공부해 놓는다면 상위권을 유지하는 데 문제없을 것이다.

이렇게 평소 수능식 학습이 잘되어 있는 상위권 학생이라면 평달에는 수능식 국어 공부를 하고, 시험 기간에는 얼마만큼의 시간을 내신 국어 공부에 할애할지 계획을 세워서 공부한다. 수능 준비와 내신 공부의 균형을 잘 맞춰 학습한다면 두 마리 토끼를 모두 잡을 수 있을 것이다.

고등학교 1학년 중하위권

수능 모의고사 3등급 미만의 중하위권 학생들은 국어 학습에 필요한 기본 개념어들을 먼저 잡아야 한다. 개념어에 대한 이해가 부족한 학생들은 교사의 설명을 들어도 이해도가 떨어진다. 이런 수준에 머물러 있는 학생들은 대부분 국어를 암기식으로 공부하는 특징을 보인다. 무조건 외우려들지 말고 개념을 바탕으로 이해하려는 노력이 필요하다. 교과서 자습서에서 설명하는 용어들을 꼼꼼히 정리하는 학습이 꼭 이루어져야 할 것이다.

또한 1학년 수능 모의고사를 10년 치 정도 구해서 매일 1회씩 풀고 정리한다. 그러나 답을 찍는 식의 문제 풀이는 아무 의미가 없다. 독해의 원리를 이해하고 이에 따라 지문을 정리하는 공부가 필요하다. 내신 공부도 학교 교과서 지문들에 대한 내용 이해를 선행해야 한다. 수능식 공부와 마찬가지로 무조건적인 암기로는 내신성적도 올라가지 않는다. 교과서 지문 분석과 이해를 마친 후 관련 문제를 풀어보자.

고등학교 2학년 상위권

2학년 상위권 수준의 학생들은 수능 기출문제나 3학년 수능 모의고사를 풀면서 지문과 오답을 정리하는 공부를 하면 좋다. 문과 학생이라면 중상위권 이상의 대학들이 출제한 논술 문제를 주 1회 정도 풀어보면서 고급한 독해력을 갖추자. 또한 대표적인 고전 문학작품들을 본격적으로 정리하여 수능 준비에 여유를 가지자.

고등학교 2학년 중하위권

2학년인데도 수능 국어 성적이 3등급 미만이라면 공부하지 않았거나 공부했더라도 잘못된 방식으로 공부했기 때문이다. 내신 대비를 하듯이 수능 국어 공부를 하고 있다면 수능 성적은 절대 오르지 않는다. 시험 범위도 없고 배우지 않은 지문이 출제되는 수능은 내신 공부와는 다른 방식의 공부가 필요하다. 이제부터라도 앞에서 언급한 1학년 공부법을 참고해서 공부해야 한다. 비문학 지문이나 문학 지문을 이해하기 위한 공부가 원칙이다. 특히 문과 학생들이라면 수능 국어 1~2등급 수준의 독해력을 반드시 갖춰야 한다. 수시 전형에서 논술 시험의 시작이 지문의 독해에 있기 때문이다.

고등학교 3학년 상위권

1~2학년 과정의 수능 국어를 충실히 공부한 학생들은 이제 수능 국어에 많은 시간을 들일 필요가 없다. EBS 교재와 주 2회 수능 모의고사 문제를 푸는 정도로 공부해도 일반적인 이과생들에게는 충분하다. 의대를 지원하는 이과생과 상위권 문과생이라면 상위 1퍼센트 성적을 위해 자신에게 부족한 부분을 보완하는 맞춤식 공부를 하는 것도 좋다.

고등학교 3학년 중하위권

6월 수능 모의고사까지 방심한 중하위권 학생들이라면 특단의 조치를 취해야 한다. 6월 모의평가에서 6등급 이하인 이과생들은 수능 국어를 버리고 수학과 과학 과목에 치중하는 것이 낫다. 그러나 수능 국어 성적이 3~5등급이고 그 성적을 더 올려야 할 입장이라면 문제 풀이에 집착하지 말고 개념과 독해 원리를 중심으로 공부해야 한다. 급할수록 기초 공부가 중요해진다.

반대로 수능 국어 3등급이 안 되는 문과생들은 수학 공부 시간을 과감하게 줄이고 수능 국어를 공부할 시간부터 확보해야 한다. 그리고 문학보다는 비문학 공부부터 하는 것이 효율적이다. 수능에서 비문학 공부는 비문학 문제뿐 아니라 화법, 쓰기, 어법 문제와도 관계되기 때문이다. 게다가 비문학은 문학에 비해 이론적으로 공부해야 할 지식들이 많지는 않다. 단기간 공부로 효과를 낼 수 있을뿐더러 논술에 출제되는 지문들도 대부분 비문학이다.

▶ 사회탐구 로드맵

사회탐구는 한국사, 한국지리, 세계지리, 동아시아사, 세계사, 법과 정치, 경제, 사회문화, 생활과 윤리, 윤리와 사상 모두 10과목으로 이루어져 있다. 수능에서는 그중 2과목을 선택해 응시할 수 있다. 2017학년도 대입부터는 한국사가 필수 과목이 바뀌기 때문에 사회탐구 과목에서 제외된다. 한국사가 빠진 과목들에서 2과목을 선택해야 한다.

고등학교 1학년

간혹 한국사가 2학년 과목으로 들어가기도 하지만, 대부분의 고등학교에서는 사회와 한국사가 1학년 내신 필수과목으로 들어간다. 문과 학생들의 경우에는 대학 입시에서도 대체로 사회와 한국사가 모두 반영되므로 시험 준비에 신경 써야 한다.

보통은 2학년 때 수능 선택과목을 결정하지만, 1학년 상위권 학생들은 2학년 내신으로 선택할 수 있는 과목들이 뭐가 있는지 미리 확인하고 결정해 두는 것이 좋다. 이때 자신의 지능과 선호도를 종합적으로 고려하여 선택해야 성적을 올리는 데 도움이 되는데, 내신뿐 아니라 수능과 비교과, 논술까지 고려한다면 금상첨화다. 선택과목에 따라 비교과 준비도 달라지기 때문이다.

한국사를 선택한다면 한국사능력검정시험을, 경제를 선택한다면 경제경시대회·TESAT·경제논술·경제캠프 등을, 법과 정치를 선택한다면 법경시대회를, 한국지리·세계지리를 선택한다면 지리올림피아드를 함께 준비할 수 있다.

고등학교 2학년

2학년은 내신 과목이 정해지는 시기로, 자신이 선택한 내신 과목들 중에서 수능 사회탐구 과목을 결정하고 내신과 수능을 한꺼번에 대비하기 시작한다. 내신 범위에 맞춰 기본 문제집과 수능 기출문제를 함께 풀어보고 점수를 관리하는데, 이것을 3학년이 되어서 한번에 하려고

하면 1등급을 받기가 버거워진다. 특히 『자이스토리』 같은 수능 기출문제를 푸는 것은 매우 유용한 방법이다. 사회탐구의 경우에는 교과 진도를 나가면서 바로 그에 해당하는 기출문제를 풀면 배우고 익히기가 동시에 이루어질 수 있다.

수능은 문제은행식이기 때문에 내가 배운 지식을 어떤 식으로 묻는지 그 유형을 파악하면 문제해결능력을 키울 수 있을 뿐 아니라 교과서에서 어느 부분이 중요하고 중요하지 않은지를 파악하기 용이하다. 또한 문제 유형을 감지하고 공부하므로 지식에 대한 응용력을 키울 수 있는데, 수능은 학교 시험과 달리 교과서 내용을 직접적으로 묻기보다는 현실에서 적용할 수 있는지를 묻는 경향이 강하다. 수능 기출문제들을 많이 풀다 보면 출제자의 질문 의도를 파악하는 연습이 절로 되는데, 출제자에 따라 질문의 방향이 유사하다는 것도 알 수 있게 된다.

3학년 때는 자신이 취약한 부분을 점검하는 데 시간을 투자해야 하므로 수능에서 선택할 전략 과목은 미리 공부해 두는 것이 바람직하다. 관련 공인인증시험도 2학년 때까지는 좋은 성과를 거둬야 한다.

고등학교 3학년

3학년이 되어도 2학년 때와 비슷하게 공부하면 된다. 내신과 수능이 겹치는 과목에 집중 투자하는데, 수능 사회탐구 과목으로 선택한 2과목은 모두 복습을 시작한다. 기출 모의고사와 일반 모의고사 문제집을 풀면서 교과서까지 꼼꼼하게 다시 확인한다.

▶ 과학탐구 로드맵

과학탐구는 물리Ⅰ, 화학Ⅰ, 생명과학Ⅰ, 지구과학Ⅰ, 물리Ⅱ, 화학Ⅱ, 생명과학Ⅱ, 지구과학Ⅱ 모두 8과목으로 이루어져 있다. 수능에서는 그중 2과목을 선택해 응시할 수 있다.

고등학교 1학년

대부분의 고등학교에서 과학은 내신 필수과목으로 선택된다. 1학년 과학은 물리, 화학, 생명과학, 지구과학이 단원별로 들어간 공통과학이다. 중학교 3학년 때 이미 이과에 진학하겠다고 결정한 학생들은 고등학교 1학년 과정인 공통과학 정도는 진도를 끝내놓은 경우가 많다. 그렇게 하지 못한 학생이라면 공통과학을 공부하면서 학기 중에 물리Ⅰ, 화학Ⅰ, 생명과학Ⅰ, 지구과학Ⅰ 진도를 조금씩 나가는 것이 좋다. 과학은 학년이 올라갈 때마다 새로운 내용이 아니라 심화된 내용을 배우는 과목이다. 따라서 평소에 공통과학과 이후 교과과정을 함께 공부하면 심화학습을 하는 셈이 된다. 문제가 어렵게 나와도 훨씬 유리한 위치에서 시험을 칠 수 있으며, 이런 식으로 진도를 빨리 끝내놓으면 이과 논술을 준비하기도 더욱 여유로워진다.

고등학교 2학년

물리Ⅰ, 화학Ⅰ, 생명과학Ⅰ, 지구과학Ⅰ으로 내신 시험을 보는데, 이에 따라 수능 모의고사도 과학탐구 영역이 세분화되어 출제된다. 내신 진도에 맞춰 완벽하게 공부하면서 그에 해당하는 수능 기출문제를 같이 풀어보길 바란다. 2학년 이전에 수능 과학탐구 선택과목을 결정해 놓으면 훨씬 효율적인 학습이 가능해질 것이다. 2학년 겨울방학 전에는 이과 논술을 준비하기 시작해야 한다.

고등학교 3학년

내신에서 물리Ⅱ, 화학Ⅱ, 생명과학Ⅱ, 지구과학Ⅱ를 공부하게 되는데, Ⅱ 과목을 지정하는 대학이 서울대로 국한되면서 수능에서 Ⅱ 과목을 선택하는 학생 수가 더욱 줄어들 것 같다. 그러나 수능 과학탐구 과목으로 선택하지 않더라도 내신과 논술을 위해 열심히 공부할 필요가 있다.

Ⅱ 과목을 수능 과학탐구 과목으로 선택한 경우라면 선택과목과 연계된 내신은 더욱 적극적으로 공부하되, 수능에서 응시하지 않는 내신 과목은 중간고사와 기말고사 기간에만 공부하는 것이 현명하다. 수능 선택과목에 대한 기출문제집과 모의고사 문제집을 여러 번 풀어보면서 수능에서 실수하지 않도록 만전을 기한다. 상위권 학생들은 논술 공부를 계속 병행해야 하고, 자신이 희망하는 대학의 논술 기출문제를 풀어보면서 실력을 점검한다.

복잡한 대학입시제도를 잘 몰라서 자녀 교육에 실패했다면 누구를 탓할 것도 없다. 공부는 아이가 하지만, 아이를 위한 전략은 엄마가 짜야 한다. 엄마의 전략이 고등학교 3학년 아이의 실력에 날개를 달아준다.

2부. 고3아이의 실력에 날개를 달아주는 마무리 전략

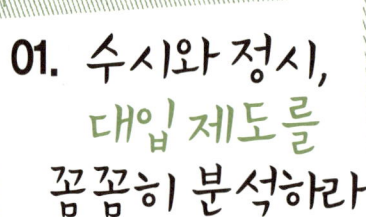

01. 수시와 정시, 대입 제도를 꼼꼼히 분석하라

**수시를 알면
대학이 보인다**

　　서울대와 연고대의 입시제도를 본격적으로 분석해 보자. 조금 복잡하고 머리가 아플지도 모르지만, 정확한 전략을 수립하기 위해서는 입시제도를 제대로 알아야 하기 때문에 꼭 필요한 과정이다. 인내심을 갖고 자세히 읽어주길 바란다.

　　대학 입시는 크게 정원 내 입학과 정원 외 입학으로 나뉘고, 정원 내 입학은 다시 정시모집과 수시모집으로 구분된다. 처음에는 정시가 대세였고 수시는 정시를 보조하는 제도로 이용되다가, 이후 2014학년도까지 수시가 정시를 대체하는 경향을 보였다. 하지만 교육부가 발표한 대입 개편안에 의하면 2015학년도 수시에서는 논술고사·적성고사·

구술형 면접고사 실시를 지양하고, 수시의 수능 최저학력기준을 낮추고, 수능 성적이 높은 학생을 먼저 뽑는 우선선발이 없어진다. 이에 따라 대학들이 우수한 학생을 선발하기 위해 학교생활기록부보다 좀더 객관적인 수능 성적을 중요시할 것으로 예상됐고 정시 비율은 확대됐다.

서울대는 2015학년도 입시에서 정시 선발 비율을 확대하고, 정시 전형 요소 가운데 수능 비중을 늘린다고 발표했다. 서울대가 정시로 뽑는 신입생 비율을 2014학년도의 17.4퍼센트에서 24.9퍼센트로 확대함에 따라, 2014학년도의 82.6퍼센트에 달할 정도로 꾸준히 늘려온 수시 선발 비율이 75퍼센트로 줄어든다. 이런 현상은 서울대뿐만 아니라 다른 대학들도 별다르지 않다. 대학교육협의회의 발표에 따르면, 2015학년도의 경우 국내 대학 총 모집인원 379,107명 중 수시에서 243,333명(64.2퍼센트), 정시에서 135,774명(35.8퍼센트)을 선발한다.

2015학년도부터는 수시에 지원하는 학생과 학부모들의 혼란을 최소화하기 위해 원서 접수 시기를 '수시 1차/ 2차'로 분리하지 않고 통합하며(9월 6일~9월 18일 중 4일 이상, 재외국민과 외국인 특별전형은 7월 1일~7월 11일), 최종 합격자 발표는 역시 12월 중순에 이루어진다. 수시에 불합격한 사람은 정시에 다시 원서를 제출할 수 있지만, 수시에 합격하면 정시에 원서를 제출할 수 없다. 예를 들어 서울대에 갈 실력이 되는 학생이라도 일단 연세대의 수시모집에 합격하면 서울대에는 지원할 수 없게 된다.

또한 2014학년도까지 수시 전형의 개수가 급격히 늘어왔지만 다양한 수시 전형들이 혼란을 초래하면서 2015학년도부터는 수시 전형의 종류를 4개로 줄이기로 했다. 수험생들이 알기 쉽도록 핵심적인 전형 요소 중심으로 간소하게 대입 전형을 표준화한 것이다. 예를 들면 전형 유형이 학교생활기록부 위주 유형, 논술 위주 유형, 실기 위주 유형으로 나뉘는 것이다. 자신에게 맞는 수시 전형을 잘 찾아서 일찍부터 준비한다면 의외로 좋은 결과를 얻을 수 있을 것이다. 하지만 학교생활기록부 전형과 학교생활기록부 종합전형이 확대되면서 내신이 더욱 중요해지고 정시가 확대되므로 그에 따라 내신과 수능도 철저히 준비해야 한다.

정시를 위해 수능도 함께 준비하라

수시모집에 합격했더라도 수능 최저학력기준이 있을지도 모르므로 반드시 수능을 함께 준비해야 한다. 최저학력기준이 없는 수시 전형에 지원해도 서류 평가에서 불합격하거나 최종 선발에서 제외될 것을 대비하여 절대로 수능을 내팽개쳐서는 안 된다. "나는 수시만 준비할 거야", 혹은 "나는 정시만 준비할 거야"라고 생각하고 어느 하나에 집중하는 것이 아니라, 필수적으로 수시와 정시에 모두 대비해야 한다. 전형의 종류와 선택과목이 유사한 대학을 압축하여 2~3곳 고르고 대학별 고사까지 함께 준비하자.

내신성적이 모의고사 성적보다 좋은 학생은 내신 중심의 수시에 치중하면서 수능 최저학력기준을 충족하는 데 최선을 다해야 한다. 또 대학별 고사가 서로 비슷한 대학들을 선택하여 준비하는 것이 좋다. 전형이 유사해야 그만큼 시간과 노력이 적게 든다.

모의고사 성적이 내신성적보다 좋은 학생은 정시 위주로 공부하고 수시를 염두에 두는 것이 옳은 전략이다. 수시에 지원할 때는 내신의 비중이 크지 않고 수능 최저학력기준이 높은 대학에 도전하는 것이 유리하다. 뒤늦게 철들어서 고등학교 2학년 때부터 열심히 공부하는 학생들에게는 수능 위주의 전형이 구세주와 같다고 할 수 있다.

정시에서는 수능이 가장 중요한 비중을 차지한다. 수능만으로 입학생을 선발하는 대학도 많고, 수시에서도 수능 우선 전형을 통해 수능 점수가 우수하면 논술 없이 수능으로만 선발하려는 추세이다. 특히 정시에서는 연세대와 고려대를 비롯하여 대부분의 대학들이 논술을 폐지하고 있다.

지금 학생들이 치르는 2015학년도 수능은 2009학년도 교육과정이 적용되는 시험이다. 이전 2008학년도에는 수능 성적표에 9등급제가 도입되어 원점수가 사라지고 표준점수와 1~9등급만 제공했다. 그런데 수리 (가)형의 난이도 조절에 실패하여 한 문제만 틀려도 2등급으로 떨어지는 기현상이 생겼다. 이에 대한 변별력 논란과 불만을 잠재우기 위해 2009학년도부터는 수능 성적표에 표준점수, 과목별 백분위점수, 등급을 모두 표시하기로 하고 그것의 적용은 대학에 일임했다.

그리고 2015학년도 수능은 기존 수리 영역과 마찬가지로 국어와 수학 영역 모두 난이도에 따라 A형과 B형으로 나누어 수준별 시험을 치른다. 다만 수험생의 부담을 가중하지 않기 위해 어려운 B형은 최대 2과목까지만 응시할 수 있고, 국어 B와 수학 B를 동시에 선택하지 못하게 했다. 그러나 영어 영역은 2015학년도 수능부터 A형과 B형이 다시 하나로 통합됐다. 또한 영어 영역의 전체 문항이 45문항으로 변동 없으나, 2014학년도와 비교하면 듣기는 22문항에서 17문항으로 줄어들고, 읽기는 23문항에서 28문항으로 늘어난다. 국어와 수학도 2017년도 수능부터는 수준별 시험이 폐지되고 수학은 문과 (가)형과 이과 (나)형으로만 나뉜다.

모든 제도에는 자신에게 유리한 점도 있고 불리한 점도 있기 마련이다. 수능 등급제는 과도한 경쟁을 방지하는 데 도움이 되는데, 단지 한두 과목의 난이도 조절을 실패했다고 1년 만에 사라진 것이 무척 아쉽다. 대입에 실패한 사람들이 그해 치른 대학입시제도에 불만이 많은 것은 당연한 이치다. 아무리 좋은 제도를 만들어도 합격한 사람은 불만이 없을 것이고 불합격한 사람은 불만이 있을 것이다.

근본적인 문제는 내가 들어가고 싶은 대학의 문이 비좁다는 데 있다. 어떤 시험을 보더라도 경쟁이 불가피한 학생들은 열심히 노력해야 한다. 다만 입시제도를 잘 분석하여 나에게 가장 합리적인 선택을 하고 효율적인 전략을 짜면 합격률은 한층 높아질 것이다.

먼저 수능을 철저히 파악하라

그렇다면 이제 수능에 대해 알아보자. 대학수학능력시험은 대학 교육에 필요한 수학 능력을 측정하는 시험이다. 누구나 똑같은 시험을 보는 것이 아니고, 시험 영역과 과목을 전부 또는 일부 선택할 수 있기 때문에 어떻게 선택하느냐에 따라 결과가 달라진다.

수능의 목적은 대학 수학 적격자의 선발 기능을 제고하고, 고등학교 교육 정상화에 기여하며, 입학생 선발에 공정성과 객관성이 높은 자료를 제공하는 것이다. 따라서 수능은 심화의 정도가 높지 않고 비슷한 유형의 문제가 출제되는 특성이 있으며, 고등학교 수준을 넘어서는 문제는 잘 출제되지 않는다. 수능은 그동안 준비가 모자랐던 학생들에게는 최후의 기회다.

최근 정시모집에서는 수능만 잘 봐도 합격할 수 있는 기회를 부여하는 추세로 움직이고 있으니, 수능에서 우수한 성적을 받을 수 있도록 최선을 다해야 한다. 국어, 영어 영역에는 범교과적 소재를 다룬 지문이 나올 수 있으며 수학, 사회/과학/직업탐구, 제2외국어/한문 영역에는 개별 교과의 특성을 바탕으로 한 사고력 중심의 문제가 나온다. 학력고사가 암기형 문제였다면 수능은 사고력 문제라서 시간을 들여 외울 내용들이 현저히 줄어들었고, 시험 과목도 적어져서 두뇌가 우수한 학생들은 학력고사 때보다 더 단기간에 점수를 올릴 가능성이 커졌다. 또한 수능에는 비슷한 유형의 문제가 출제되므로 많이 풀어본 학생이 유리하다. 즉 재학생보다 재수생에게 유리한 시험문제이므로 수능 위주의 전형이 강화되면 재수생이 늘어나게 된다.

수능을 제대로 이해하기 위해서는 표준점수와 백분위점수를 잘 파악하고 전략을 세워야 한다. 등급제일 때는 100점을 맞고 1등급이 되든, 90점을 맞고 1등급이 되든 같은 1등급의 성적을 받았기 때문에 모든 영역에서 골고루 잘해야 좋은 성적을 얻을 수 있었다. 다시 말해 총점은 높아도 한 과목이 2등급이면, 총점은 낮지만 골고루 1등급인 학생보다 열위의 평가를 받았다.

하지만 성적표에 표준점수와 백분위점수를 함께 표기하면 대학은 원하는 점수 방식을 가지고 학생을 선발할 수 있다. 등급을 사용하든, 표준점수를 사용하든, 백분위점수를 사용하든 대학에 일임하고, 수능 성적표에는 세 가지 점수를 모두 표시한다는 것이다. 고등학생 학부모들 중에는 아직도 아이가 받아오는 모의고사 성적표의 표준점수와 백분위점수를 보며 어떻게 해석해야 할지 난감해하시는 분들이 많으니, 표준점수와 백분위점수에 대해 간단히 정리해 보겠다.

표준점수는 평균으로부터 내 위치가 얼마나 먼가를 측정하는 장치라고 생각하면 된다. 내가 만점을 받았을 때 평균점수가 낮으면 표준점수는 높아진다. 만점과 평균점수 사이의 거리가 멀기 때문이다. 따라서 단순히 4퍼센트 이내의 1등급으로 만족하는 것이 아니라 최대한 높은 점수를 받으려는 무한 경쟁을 하게 된다. 표준점수로 학생을 선발할 때는 상위권에서 동점자가 생기지 않도록 하기 위해 대체로 문제의 수준이 높아진다. 표준점수를 잘 받기 위해서는 다른 학생들이 기피하는 과목을 공략하거나 자신이 특별히 잘하는 과목을 미리 선정해서 공부하는 것이 효과적이다.

백분위점수는 같은 시험을 치른 학생을 100명이라고 가정했을 때 내가 하위에서 몇 번째에 위치하느냐를 나타내는 수치이다. 즉 수험생 전체를 100명이라고 봤을 때 몇 등을 했는가를 나타내며, '100 – 백분위'를 한 값이 자기 등수라고 생각하면 된다. 영어나 국어 영역처럼 모두가 같은 과목을 치르는 경우에는 정확한 평가가 이루어지지만, 탐구영역의 경우에는 우수한 학생들이 주로 선택하는 과목을 치르면 불리한 성적이 나올 수도 있다. 서울대는 한국사가 필수과목이다. 중상위권 학생이 한국사를 선택했다면 원점수는 높게 나올지라도 백분위점수는 서울대에 도전하는 학생들과 경쟁해야 하므로 낮게 평가될 수 있다.

이 말은 우수한 학생들이 집중적으로 몰려 있는 집단의 경우 그 집단 내에서의 백분위가 다른 집단에 속했을 때보다 낮을 수 있다는 것이다.

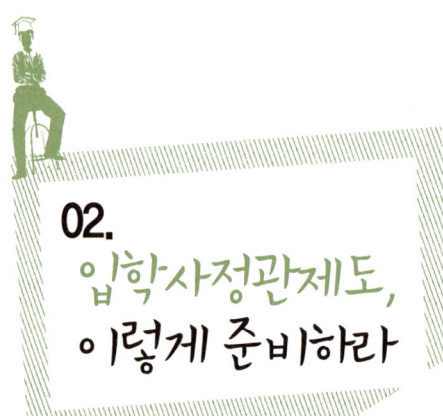

02. 입학사정관제도, 이렇게 준비하라

입학사정관제도는 현재 대입에서 수시 전형의 학교생활기록부 종합 전형에 해당한다. 학교생활기록부 종합전형은 입학사정관 등이 참여하여 학교생활기록부 비교과를 중심으로 교과, 자기소개서, 추천서, 면접 등을 통해 학생을 종합적으로 평가하는 전형이다.

입학사정관제도란 무엇인가

입학사정관제도란 대학에서 모집 단위별 특성에 맞는 잠재력과 소질을 가진 학생을 선발하려는 취지하에 만든 새로운 입시제도다. 이런 입학사정관제도는 선진국 대학에서 학생을 선발할 때 널리 사용되고 있는데, 이제 우리나라에서도 학생을 성적만으로 뽑는 것이 아니라 더욱 다변화된 방법으로 선발하려는 추세가 강해질 전망이다. 입학사정관은 각 전형의 특색에 맞는 학생을 종합적으로 평가하여 선발한다. 종합적으로 평가한다는 말은 단순히 전형 요소별 점수를 합산하여 서열화하는 것이 아니라 모든 평가 영역을 종합적으로 고려함을 의미한다. 다시 말해 학업 능력, 환경 및 잠재력, 발전 가능성, 모집 단위와의 적합성, 교과 및 교과 외 활동 등 학생과 관련한 모든 내용이 평가 요소가 될 수 있다.

2009년 5월, 대학교육협의회에서 '입학사정관제 가이드라인'을 발표했다. 이에 따르면 입학사정관제도는 총 4단계로 "사전 공지→서류 심사→심층면접 및 토론→최종 선발"의 단계를 거쳐 학생을 선발하는 방식이다.

1단계에서는 전형 취지와 선발하고자 하는 대학의 인재상을 설정하고, 이에 따른 지원 자격과 기준 등을 자세하게 안내한다. 2단계에서는 지원자가 1단계에서 밝힌 지원 자격을 충족하고 있는지, 제출 서류를 제대로 갖췄는지를 평가한다. 3단계 심층면접은 입학사정관제도의 핵심이라 할 수 있는데, 면접관이 지원자의 인성은 물론 잠재력과 창의성 및 해당 대학에서의 수학 능력이 있는지를 평가하게 된다. 마지막 단계에서는 선발 여부를 최종적으로 확정한다.

그리고 2012년 11월에는 입학사정관전형의 자기소개서, 교사추천서 등에서 표절, 대필 및 허위 서류 작성 등이 발생할 가능성이 높아지고 있다는 지적에 따라, 대학교육협의회가 지원 서류에 대한 검증 신뢰도를 높이기 위해 「입학사정관제 지원 서류 유사도 검증 가이드라인」을 마련하여 발표했다. 2013학년도 정시부터 입학사정관전형에 공통적으로 적용되어, 대필과 표절 등이 의심스러운 서류는 유선 확인, 현장 실사, 본인 확인, 교사 확인, 심층 면접을 통해 엄정히 검증하게 되었다.

이처럼 입학사정관제가 확정되고 점차 확대됨에 따라 학교와 학원에서도 이에 대비할 때가 되었다. 더욱이 대학이 원하는 자료를 고등학교가 마련하지 못해 지원 학생이 불리해질 수 있으니 학교 측의 준비는 한시가 급한 상황이다. 현재 고교선택제로 인해 각 고등학교의 대학 합격률은 더욱 중요한 요소로 부각됐고, 학교가 어떻게 대응하는가에 따라 학생들의 선택 여부가 결정될 것이 자명하기 때문이다.

그러나 학교와 학원이 지금까지의 입시 틀 안에서 구축해 놓은 시스템을 신속히 변경하기란 쉽지 않아 보인다. 입학사정관제도가 뿌리 깊은 미국에서 대입컨설팅업체가 그토록 성행하는 것도 다 이런 이유 때문일 것이다. 민성원연구소에서는 주로 학부모와 학생들을 위한 개별 컨설팅을 하고 있는데, 최근에는 여러 고등학교와 입시 학원에서 의뢰해 오는 입학사정관전형 컨설팅이 꾸준히 증가하는 추세다. 대부분의 대학들이 입학사정관전형을 대거 도입하기로 결정함에 따라 미처 준비하지 못한 학교와 학원이 우리와 같은 전문 기관을 찾게 된 것 같다. 여기에서는 입학사정관제도를 어떻게 대비해야 할지 막막해하는 학부모와 학생, 학교에게 도움이 될 만한 제도 분석과 전략을 알려주고자 한다.

입학사정관은 어떤 사람인가

앞서 말했듯 입학사정관제는 대학이 대입전형 전문가인 입학사정관을 육성, 채용, 활용함으로써 대학이나 모집 단위별 특성에 따라 더욱 자유로운 방법으로 학생을 선발하는 제도다. 이런 입학사정관제도가 확대되면서 대학의 인재를 선발하는 입학사정관에 대한 관심도 함께 높아졌다. 입학사정관Admissions Officer은 대학이나 모집 단위별 특성에 맞는 학생을 선발하는 것을 목적으로 다음과 같은 역할을 하는 전문가다.

- 고등학교 및 대학의 교육과정을 분석하여 관련 정보와 자료를 축적, 관리한다.
- 효과적인 전형 방법을 연구, 개발한다.
- 다양한 전형 자료를 심사, 평가하여 개별 지원자의 입학 여부를 결정한다.
- 입학생 및 재학생의 학업과 학교 적응을 지원한다.

그렇다면 대입 전형에서 입학사정관은 어떤 역할을 할까? 물론 대학마다 대입 전형을 통해 선발하고자 하는 인재상이 다를 뿐 아니라 대학의 환경과 여건이 다르고 지원자의 특성도 다르므로 입학사정관의 역할과 활용 정도 역시 다를 수밖에 없다. 대학의 입시 전략과 전형 방법에 따라 입학사정관이 합격 여부를 최종적으로 결정할 수도 있고, 전형의 일부 과정에만 참여할 수도 있으며, 전혀 개입하지 않을 수도 있다.

현재는 입학사정관이 입학 과정에만 참여하는 수준이지만 앞으로는 보다 폭넓은 역할을 수행하게 될 것으로 전망한다. 대학에 따라서는 전형 방법의 개발이나 시행보다는 이미 입학한 학생들을 대상으로 입학 후 교내 생활에 대한 관리 활동을 하거나, 고등학교와 연계한 프로그램을 개발하여 대학과 고등학교 간의 긴밀한 협조 관계를 유지하며 대학에서 필요한 인재를 사전에 확보하는 역할을 할 수도 있다.

입학사정관제도에 관한 오해와 진실

잠재력만 있으면 합격할 수 있다?

대학은 자신의 학교에 들어와서 학업을 잘 수행할 수 있는 학생들을 뽑고자 한다. 이때 학생의 잠재력을 평가하게 된다. 하지만 이 말은 성적 이외에 잠재력도 반영한다는 뜻이지, 성적이 무시된다는 뜻은 아니다. 그리고 성적은 학교생활을 어떻게 했느냐를 보여주는 가장 중요한 지표이므로 요긴한 평가 자료가 된다. 즉 대학과 전형 방법에 따라 차이는 있지만, 입학사정관전형에서 잠재력과 소질을 평가한다는 것은 성적을 고려 대상에서 제외한다는 것이 아니라 성적과 함께 종합적으로 평가한다는 의미다.

그뿐 아니라 입학사정관을 통한 심사도 교장이 추천한 학생들 중에서 이루어지게 되므로 각 고등학교에서는 성적을 중심으로 학생을 추천할 가능성이 높다는 사실도 잊지 말아야 한다.

전형 요소는 서류와 면접으로만 이루어진다?

각종 언론 보도만 보면 입학사정관전형이 서류 평가나 면접만으로 진행된다고 오해할 수 있다. 대학에 따라 서류와 면접으로만 선발하는 경우도 있지만, 대부분의 대학은 그 외에 학교생활기록부 성적이나 어학 성적, 논술 성적을 반영하기도 한다.

입학사정관제도의 한 형태인 서울대 특기자 전형(수시모집 일반 전형)에서조차 내신성적이 매우 중요한 요소로 작용한다. 연세대나 고려대도 공공연하게 '종합적 평가'라는 표현을 사용하는데, 이는 서류 면접 이외에 학교생활기록부를 적극적으로 반영하겠다는 뜻으로 이해하면 된다. 2015학년도 기준으로 고려대 학교장추천 전형은 내신성적으로 추천을 받은 학생을 대상으로 1단계에서 서류 100퍼센트, 2단계에서 성적 70퍼센트, 면접 30퍼센트를 반영하며, 연세대 학교활동우수자 전형은 1단계에서 서류 100퍼센트, 2단계에서 서류 70퍼센트와 면접 30퍼센트로 평가한다.

이런 경우 교과 성적이 낮으면 1단계 통과 자체가 어렵고, 주요 대학의 경우 입학사정관전형에 수능 최저학력기준을 적용하고 있으니 입학사정관전형에서도 성적은 분명 제일 먼저 고려해야 할 요소다.

'입학사정관전형'이라 이름 붙인 전형에서만 입학사정관제로 선발한다?

입학사정관의 활용은 대학의 자율적인 판단에 의한 것으로 모든 전형에 입학사정관이 개입하거나, 지원자들의 전형 자료를 주관적으로 평가하여 합격의 당락을 최종적으로 결정짓는 것은 아니다. 입학사정관전형은 보통 입학사정관이 참여하는 경우와 입학사정관전형을 별도로 시행하는 경우로 나뉘고, 대부분의 대학에서는 특별전형에 입학사정관이 참여하는 형태로 실시하고 있다. 전형 방법도 100퍼센트 서류나 면접이 아니라 기존 특별전형의 단계 중 서류 평가나 면접에만 입학사정관이 참여한다.

입학사정관이 100퍼센트 평가한다?

입학사정관제가 완전히 정착되지 않은 현 시점에서 가장 일반적인 형태는 서류 평가나 면접 단계에서 입학사정관이 참여하고 필요에 따라 현장 실사를 나가는 경우다. 향후 몇 년간 입학사정관제가 정착되기까지는 전공 특성과 관련된 심층면접은 전공 교수가 함께 참여하거나 교수가 입학사정관의 역할을 겸임하는 형태가 지속될 것으로 보인다. 전형 유형 및 모집 단위에 따라 성장 환경이나 소양 외에 전공에 대한 전문적인 심층 면접이 이루어질 수 있으므로 그에 대한 준비가 필수적이다.

입학사정관전형은 특별한 학생들을 선발하는 전형이다

입학사정관제의 도입 목적은 잠재력과 소질을 평가하여 학생을 선발하는 전형으로, 내신이나 수능 성적에서 드러나지 않는 수험생의 능력을 평가하는 것이다. 이때 입학사정관이 평가하는 잠재력과 소질이란 정확히 전형 유형 및 모집 단위 특성과 관련이 있는 잠재력과 소질을 말한다. 따라서 자신이 지원하고자 하는 전형 유형이나 모집 단위의 특성, 진로와 일맥상통하면서 일관성이 있는 잠재력과 소질을 갖춰야 한다.

성적이 중요하지만, 성적만 중요하다는 뜻은 아니다

현재까지 발표된 2015학년도 입학사정관전형(학교생활기록부 종합전형)을 살펴보면, 이화여대 미래인재 전형과 같이 서류와 면접 중심의 전형이 있는가 하면, 한양대 글로벌인재 전형과 같이 영어 에세이와 영어 면접이 중심이 되는 전형도 있다. 즉 각 대학의 전형 유형이나 전형 방법에 따라 다소 차이가 있지만, 입학사정관전형에서는 성적과 더불어 서류, 면접 등을 통해 평가된 잠재력과 소질이 모두 종합적으로 고려된다. 따라서 어느 수준까지 성적 기준의 커트라인이 생기면, 그 외에 대학과 전공의 특성, 지원자의 진로에 맞는 실적이 중요한 평가 요소가 된다.

입학사정관제도의 평가 기준

입학사정관제의 일반적인 평가 기준은 다음과 같은데, 학생이 제출한 모든 서류에 근거해서 한 지원자에 대해 최소 1~2명의 입학사정관이 평가한다. 평가의 공정성과 신뢰가 핵심인 만큼 명확하고 합리적인 기준이 무엇보다도 중요하다. 대학들은 대부분 입학사정관위원회를 통해 기준표를 만들고, 단계별로 다수의 사정관이 참여하여 협의를 통한 평가가 이루어진다.

고등학교 과정의 학업성취도

고등학교 학업성취도에 대한 평가는 단순히 수치로 그 학생을 평가하는 것은 아니다. 지원자에게 주어진 여건의 범위 내에서 그 성적이 어떤 가치를 가지고 있는지 평가한다는 점이 기존 평가 기준과 다르다. 지원자가 속한 고등학교 학생들에 대한 상대적인 학력 수준과 지역적 조건 등을 고려한다는 뜻이다.

개인적인 자질

지금까지의 활동들을 토대로 리더십, 독립성, 책임감, 독창력, 진취성 등을 평가한다. 결과보다는 과정을 중심으로 평가하는 것이 핵심이다.

대학에의 기여 가능성

대학 입학 후 지원자가 어느 정도 대학에 기여할 수 있는가를 평가한다. 광범위하고 다양한 지적 관심도와 성취도뿐 아니라 지원자의 개인적 배경과 풍부한 경험을 중요하게 평가하여 대학 캠퍼스에 기여할 수 있는 능력과 열의가 나타나는 지원자인지를 가늠한다.

수능 등 국내외 표준시험성적

AP_{Advance Placement} 나 IBHL_{International Baccalaureate Higher Level} 과정을 선택할 기회가 없었거나 이 시험들을 치르지 않은 지원자에 대한 불이익은 없지만, 학교 교육과정과 연관성이 있고 대학 입학 수준에 부응하는 능력을 보인 경우 좋은 평가가 가능하다.

학교 밖 교과 학습 프로그램

학교 밖에서 제공되는 학습 프로그램에 대한 참여 시간 및 깊이, 그

▶ 서류 평가 예시

항목		내용
학업 능력	학업 관련 수상	학업과 관련된 수상
	어학 능력	영어, 제2외국어, 한문 등
	국외 표준시험점수	SAT, AP, UP, IBHL 등
	교과 성적	반영 교과별 평균 성적, 이수한 과목의 수준, 학기별·학년별 성적 등
	학업 관련 활동	동아리 활동, 개인적인 연구 활동 중 학업과 관련된 활동 등
	기타	추천서, 학교 소개 자료 등 제출 서류를 통해 확인된 교육과정 편성, 이수 과목의 내용 등
비교과 활동	주요 봉사활동	봉사활동 내용
	학업 외 수상	인성적인 부분에 대한 수상 내용
	리더십	리더십을 발휘한 내용
	특별활동	교내외의 동아리 활동
	출결사항	사고(무단) 결과, 지각, 조퇴, 결석 등
기타	특이사항	특별한 가정환경, 외국 수학 등 일반적이지 않은 지원자의 교육 환경 또는 활동 내용 등
	지원동기/학업계획서	자기소개서, 학업계획서
	독서목록	자기소개서 내용
	학교 소개 자료의 내용	학교 소개 자료

* 대학교육협의회 입학사정관제 사례 발표 워크숍(2009. 3) 자료 참고

기간 동안의 학문적 향상, 프로그램의 학문적 수준 등을 고려하여 평가한다. 특히 대학이나 학회 단위에서 공익적 성격으로 개최한 프로그램이 좋은 점수를 받을 가능성이 높다. 각 대학에서 고등학생을 대상으로

▶ 면접 평가 예시 : D대 자기추천 전형 면접 평가 항목

평가 요소		내용	면접 과정
인성적 자질 (인성)	목표의식 도전정신 책임감 성실성	미래에 대한 목표 의식이 뚜렷하여 이를 위해 끊임없이 도전해 온 도전적 인재 주어진 일에 책임감을 가지고 꾸준하게 일을 추진하는 성실한 인재	1차 면접 (집단 면접)
학문적 역량 (전공)	전공 적합성 문제 해결 창의성 논리적 사고	자신이 나아가고자 하는 분야에 대한 전문적인 식견을 가지고 있으며, 창의적 발상과 논리적 사고를 통해 문제를 해결할 수 있는 전문가적 재능을 보유한 인재	2차 면접 (토론 면접)
사회적 역량 (리더십)	팀워크 의사소통 봉사정신 글로벌 마인드	자신과는 성격과 재능이 다른 여러 사람들과 협력하면서 자신의 의견을 정확하게 전달하고, 타인의 의견을 합리적으로 수용할 수 있는 인재 이를 바탕으로 사회와 세계의 변화와 진보에 기여하고자 하는 인재	3차 면접 (발표 면접)
종합적 판단	열정 일관성 전공 적합성 역경 극복	목표에 대한 뜨거운 열정을 지니고 있으며, 일관되게 이를 실천해 옴으로써 해당 전공에 적합하다고 판단된 인재(어려운 환경 속에서도 이를 극복해 온 학생을 참작하여 평가)	최종 면접 (개별 면접)

* 대학교육협의회 입학사정관제 사례 발표 워크숍(2009. 3) 자료 참고

개최하는 전공 관련 캠프나 대회 등에 참여하는 것도 하나의 방법이다. 대학에서 주최하는 학회에 꾸준히 참석해서 참관 후기를 리포트로 작성해 자기 블로그에 올려놓는 것도 좋다. 왜냐하면 학회에 참여한 교수들이 결국 내가 들어갈 대학의 교수들일 확률이 높기 때문이다.

기타 활동 사항

동아리 활동, 학교 및 지역사회에서의 활동 사항 등을 평가한다. 자

항목	연구 내용
학교 개관	학생 수, 학급 수, 교사 수(교과목별 교사 수), 학교별 신입생 선발 방식 교육청 단위 경시대회 수상 현황(최근 3년) 생활보호대상자 및 소년소녀가장 수 장학금 현황(지급 학생 수, 지급 금액)
고교별 교육과정 현황	각 고교별 교육과정 편성표를 통해 심화선택 개설 과목 수 파악(편성표 예시) 각 교과목 석차 등급별 분포 학교 특색사업/계발활동(동아리) 예) 외국 학교와의 교류 현황, 수준별 학습 상황, 논술 강의, 개설 및 운영 현황 등
고교 수능 성적	연도별 모의고사(교육과정평가원) 수능 성적(각 영역별 등급에 해당하는 인원/분포)
고교의 각 대학별 진학률	4년제 대학 진학률 주요 대학별 진학률(국내, 국외)
교과 내신성적 분포	연도별·전형별 지원자, 합격자 성적 분포(최고, 최저 평균)
대학 지원자 및 합격자 수 & 수능 성적	연도별·전형별 지원자와 합격자 수 연도별·전형별 지원자의 수능 성적
고교별 합격자의 GPA	연도별·전형별 합격자의 평점

* 대학교육협의회 입학사정관제 사례 발표 워크숍(2009. 3) 자료 참고

신의 활동에 관해 블로그나 트위터에 기록해 둔다면 향후에 증거를 제시하기도 용이할 뿐 아니라 실제적으로 높은 평가를 받을 수 있다. 블로그나 트위터를 잘 이용하기 위해서는 성실성과 창의성, 그리고 많은 리더십을 필요로 하기 때문이다. 현재 대학이 원하는 인재가 바로 이런 학생이다.

면접 평가

면접위원들은 서류를 통해 해당 학생에 대한 모든 정보를 파악하고 있으므로 면접 과정에서는 서류의 '사실'을 확인하고 좀더 심층적인 질문을 하게 된다. 또한 서류의 사실 여부뿐 아니라 전공 관련 질문이나 인성, 대인 관계 능력 등 대학/전형 유형별로 면접 형태 및 내용이 다양하게 나타날 수 있다.

학교 소개 자료 평가

지원한 학생 정보를 가장 잘 파악할 수 있는 환경적 요소는 학교로, 학교는 지원자의 교육 환경을 이해하는 데 가장 중요한 참고 자료다. 고등학교의 커리큘럼과 심화과목 제공 수준, 지역의 사회 및 경제적 여건 등을 바탕으로 하는데, 좀더 다양한 시각에서 평가하기 위해 세부적으로 현재의 학업 성적을 성취하기 위한 노력, 제공된 기회에 대한 활용 정도, 동일한 조건의 지원자와의 비교 등을 고려한다. 현재는 도입 단계이지만 점차 정착되면 위 자료 항목(185쪽)에서와 같이 고등학교별 특성이 중요한 자료가 될 것이다.

입학사정관제, 어떻게 준비할까

입학사정관제도란 성적만 우수한 학생보다는 자신의 꿈과 목표에 대한 확신과 열정이 있는 학생을 선발하기 위한 과정이다. 따라서 무엇보다 '나는 무엇이 되고 싶은가'에 대해 명확한 계획이 잡혀 있어야 한다. 진로에 대한 확신을 토대로 그에 걸맞은 포트폴리오를 작성하는 것이 중요하다. 포트폴리오를 구성하게 될 활동들은 본인이 결정한 진로 및 전공과 관련이 있어야 하며, 장기적인 관점으로 준비해야 한다. 예를 들어 기업의 CEO가 꿈인 학생이 경영학과를 목표로 입학사정관제를 준비한다고 하자. 이 학생은 경영 및 비즈니스와 관련된 필독서를 꾸준히 읽으면서 독서감상문 노트를 기록해 나가고, 국제 무대에서 활동하기 위해 어학 자격증을 취득할 수 있다.

또한 교내 동아리 선택 시에도 경제 관련 동아리나 영자신문반 등이 도움이 될 것이다. 교외 활동으로는 리더십 캠프나 경제논술대회, 경제 관련 토론대회 등을 위주로 경험을 만들어가는 것이 좋다. 봉사 활동 시간이 아무리 많더라도 쓰레기 줍기나 화장실 청소와 같은 봉사만 잔뜩 있다면 좋은 평가를 받기 힘들다. 즉 봉사 활동을 무조건 많이 한다고 좋은 것이 아니라 그 질이 중요하다는 이야기다. 평가 요소는 자기소개서, 봉사 활동, 교내외 활동, 경시대회, 면접 등이 있다. 이와 관련한 구체적인 포트폴리오 준비 방법은 '수시 원서 쓰는 법'에서 소개하겠다.

입학사정관제가 학생의 잠재력과 특기, 적성 위주로 선발한다고 해서 학교생활기록부 성적이 중요하지 않은 것은 아니다. 학교생활기록부 성적은 학생 평가의 가장 기본적인 자료로, 지원 학생이 학교생활을 얼마나 충실히 수행했는가를 가늠하는 잣대로 활용된다. 또한 수능도 최종 합격의 순간까지 준비해야 할 필수 요건 중 하나다. 서울대, 서강대, 중앙대, 경희대 등 주요 대학들은 여전히 수능 최저학력기준을 적용하고 있기 때문이다. 대학에 따라 모의고사 성적을 참고 자료로 활용

▶ 입학사정관전형의 평가 요소별 평가 내용 및 평가 자료

평가 영역	평가 요소	평가 지표 및 내용	평가 자료
교과 관련 활동	교과 성적	교과 내신 등급 또는 수능 성적	학교생활기록부, 수능 성적
	학년별 성적 추이	학년별 학업성취도의 등락 추이 및 정도	학교생활기록부
	학업 관련 탐구 활동	활동의 내용 및 기간 참여의 적극성	학교생활기록부, 자기소개서, 창의적 체험활동 시스템
	교과 관련 교내 수상 실적	수상 내용 수상의 난이도 등(상의 권위 및 참여자 수)	학교생활기록부
	방과 후 학교 활동	동기와 목적, 소감 학습 분야	학교생활기록부, 창의적 체험활동 시스템
창의적 체험활동	독서 활동	독서량 내용 이해도 등	학교생활기록부, 자기소개서, 창의적 체험활동 시스템
	자격증 및 인증	자격증 및 인증 획득 목적, 분야, 활용 계획 등	학교생활기록부, 창의적 체험활동 시스템
	진로 탐색, 체험활동	진로, 체험활동의 영역 참여의 적극성	학교생활기록부, 자기소개서, 창의적 체험활동 시스템
	동아리 활동	동아리 활동에서의 역할 참여도 및 성실성	학교생활기록부, 창의적 체험활동 시스템
	봉사 활동	봉사 활동의 내용 등	학교생활기록부, 창의적 체험활동 시스템
	방과 후 학교 활동	동기와 목적, 소감 참여 분야 및 참여 정도	학교생활기록부, 창의적 체험활동 시스템
학교생활 충실도 및 인·적성	공동체 의식	사회 활동에 대한 참여 공동 목표를 위한 협동	자기소개서, 면접, 학교생활기록부, 교사 추천서
	리더십	리더십을 발휘한 경험 및 내용	자기소개서, 면접, 학교생활기록부, 교사 추천서

평가 영역	평가 요소	평가 지표 및 내용	평가 자료
학교생활 충실도 및 인·적성	학업 의지	해당 모집 단위에 대한 관심도	자기소개서, 면접, 학교생활기록부, 교사 추천서
	특별활동	자치/적응/행사 활동의 내용 참여도 및 성실성	학교생활기록부, 교사 추천서
	출결 상황	결석 일수 결석 사유	학교생활기록부, 면접, 교사 추천서
	교사의 평가	소질과 적성 학교생활 충실도 평가 내용	교사 추천서, 창의적 체험활동 시스템 (교사 총괄 의견)
	교우 관계	교류 활동 및 내용	자기소개서, 교사 추천서
학습 환경	가정환경과 자기 극복 의지	사회, 경제적 여건 고려	자기소개서
	학교 여건	학교의 특성 및 프로그램	학교 프로파일
	지역의 교육 여건	지역사회의 교육 여건	관련 자료

* 대학교육협의회 입학사정관제 운영 공통기준(2010. 4) 참고

하기도 하므로 모의고사(6월, 9월) 역시 소홀히 해서는 안 된다.

학생뿐 아니라 학교에서도 입학사정관전형에 대비해야 할 것이다. 지원 학생의 개인적인 준비와 더불어 각 고등학교에서도 학교 차원의 지원 체제를 구축해야 이 새로운 전형을 통한 합격생을 다수 배출할 수 있다. 입학사정관전형에서 대학은 기본 전형 자료 이외에 자기소개서, 추천서, 봉사 활동 자료, 과외활동 상황, 학교 소개 자료 등을 활용할 것이다. 이때 학교는 학생들이 이런 자료들을 쉽게 준비할 수 있도록 적극적으로 지원하고 관리해야 한다. 예를 들어 경시대회 일정을 안내하거나, 비교과와 관련된 방과 후 수업을 진행하거나, 학교에서 단체로 학생들을 리더십 캠프 등에 참여시키는 것이다.

담임교사는 학생의 장래와 직결되는 학교생활기록부를 지금보다 더욱 철저하고 충실하게 기록해야 한다. 수상 실적, 봉사 활동 기록, 체험학습, 독서 활동 등 모든 내용을 아주 세밀하고 빠짐없이 기록할 필요가 있다. 이 모든 것들이 학생에게는 입시와 관련해 매우 중요한 요소로 작용할 수 있음을 명심해야 한다.

최근 면접·구술 시험의 출제 경향 및 전망은?

면접·구술 시험이 입시에서 합격의 당락에 중요한 영향력을 미치는 변수로 작용하고 있다. 서울대의 2015학년도 수시 전형인 지역균형선발 전형, 일반 전형 모두 면접 고사를 실시한다.

입학사정관제도에서 면접은 매우 중요한 요소로 꾸준히 자리 잡을 것으로 보인다. 한국 학생들은 대부분 발표를 하거나 자기 의견을 제시하며 토론하는 데 익숙하지 않기 때문에 미리 스피치 훈련을 통해 자신의 지식과 의견을 조리 있고 정확하게 개진하는 능력을 키운다면 매우 유리한 결과를 얻을 수 있을 것이다.

최근에는 전공 적성 평가에 좀더 무게를 두는 경향이며, 중상위권 대학에서 실시하는 심층면접의 경우 교과서를 바탕으로 하되 난이도가 높은 응용문제 위주로 출제되고 있다. 교과서의 개념과 원리를 정확히 이해하고, 이것을 적용·응용한 사례를 중심으로 한 심화학습이 필요하다. 또한 일부 대학에서는 영어 지문을 제시한 후 수험생의 독해력 및 이해력, 적용력을 평가하는 경향이 있으므로 이에 대한 대비도 필요하다. 일반적으로 제시되는 유형은 시사적인 문제를 통해 수험생의 의견이나 태도를 평가하는 형태로 주장에 대한 근거를 제시할 수 있어야 한다.

▶ 면접·구술의 주요 평가 요소

면접과 구술에서 주로 평가되는 요소는 수험생의 자질과 적성, 소양 및 능력 등이다.

첫째, 수험생의 가치관이나 개성, 사고방식, 인격 등에 대해 질문하여 전공학도로서의 자질을 평가한다. 태도, 행동, 발화 내용뿐 아니라 면접 과정 전체를 총체적으로 평가한다.

둘째, 해당 전공과 관련된 인성적 특성을 살핌으로써 수험생의 전공 적합성을 평가하기 위해 수험생에게 과제에 대해 시연하게 하거나, 토론 같은 집단적 활동에 참여하게 하여 수험생을 관찰, 평가하는 방법을 취한다.

셋째, 계열이나 전공 분야의 기초 지식과 교양을 질문하여 수험생의 지적 수준과 학습 능력을 평가한다. 이 평가는 시사적인 문제를 통해 수험생의 내면에 쌓여 있는 지식을 이끌어내고자 하는 것으로, 얼마나 알고 있느냐가 중요한 것이 아니라 이를 어떻게 이해하고 적용할 수 있느냐에 초점을 둔다.

넷째, 전공 분야의 이론적, 실천적 문제를 물어 수험생의 사고력, 그

중에서도 심층적 분석 및 추론 능력 같은 판단력을 평가한다. 전공 지식보다는 원리적인 지식이나 체계적인 지식을 묻는다.

▶ 면접·구술의 실시 방법

면접·구술 시험은 언어활동을 통해 이루어지는데, 이 시험은 평가자가 수험생의 '말'을 듣기 위한 것이 아니라 '생각'과 '태도'를 알아보기 위해 실시하는 평가 방식이다. 따라서 수험생의 이해력에 초점을 둔다.

면접·구술에서 평가자는 준비된 질문을 할 수도 있지만 즉흥적인 질문도 할 수 있으므로, 수험생은 질문을 접했을 때 다음에 나오게 될 문제까지 유추하여 함께 생각하고 준비해야 한다. 수험생은 평가자의 두 번째 질문에 대한 답변이 첫 번째 답변을 보충하고 강화하는 방향으로 면접 상황을 이끌어가야 한다. 수험생들은 대부분 첫 번째 답변을 마치고 나서 면접관이 두 번째 질문을 하면 긴장해서 답변을 잘 못한다. 하지만 추가 질문을 한다는 것은 면접관이 수험생에게 호감을 가지고 있다는 것을 의미하므로 마음을 편하게 하고 성실하고 솔직하게 답변하는 것이 중요하다.

일반적으로 면접시험은 면대면(face to face)의 직접적인 상황을 전제로 하기 때문에 수험생에 대한 주관적인 인상이 크게 작용할 수 있다. 하지만 평가자는 수험생의 관상이 아니라 발언 내용과 형식, 태도, 표정 등에서 자질과 적성, 소양과 능력 등을 종합적으로 평가하므로 그에 대해서는 걱정할 필요가 없다. 이제 면접이 이루어지는 형식별로 개별 면접과 집단 면접에 대해 소개하겠다.

먼저 개별 면접은 한 사람이나 여러 사람의 평가자가 수험생 1명과 면접하는 것으로, 여기에는 대화식 개별 면접, 발표식 개별 면접, 시연식 개별 면접 등이 있다.

첫째, 대화식 개별 면접은 평가자가 수험생과 대화 상황을 만들고, 평가하고자 하는 내용을 대화적으로 구성해 가면서 진행하는 것이다. 이때 평가자가 수험생의 답변에 대해 추가 질문을 던지기 때문에 형식은 대화이지만 진행 여하에 따라 논쟁 혹은 탐구적 상황이 연출되기도 한다.

둘째, 발표식 개별 면접은 평가자가 사전에 수험생에게 면접 평가 문항을 제시한다. 그리고 일정한 시간 동안 준비하게 한 후 발표시키는 방식으로 수험생의 현재 능력을 평가한다.

마지막으로 시연식 개별 면접은 발표식 개별 면접과 유사하지만, 발표의 형태가 프레젠테이션 방식이라는 점에서 차이가 있다. 이해력, 구성력, 표현력, 설득력과 함께 기획력까지 평가한다.

집단 면접은 한 사람이나 여러 사람의 평가자가 2명 이상의 수험자와 동시에 면접하는 것을 말하며 비교 면접과 토론 면접 등이 있다. 집단 면접은 수험생들 간의 비교 평가가 가능하므로 수험생의 자질이나 능력 중심의 평가로 나타날 때가 많다.

첫째, 비교 면접은 동일 질문에 대해 여러 수험생들이 자기 견해를 밝혀 상호 비교할 수 있는 면접으로 자기 체험을 바탕으로 진솔하게 대답하도록 한다.

둘째, 5~8명 정도의 수험생이 한 조로 특정한 주제에 대해 토론하는 토론 면접은 수험생들의 발언 내용과 태도를 관찰하여 평가한다. 면접관들은 주어진 주제에 대한 수험생들의 적극성, 협동성, 이해력, 지도력, 조직력, 발표력 등을 종합적으로 평가한다. 따라서 자기주장만 내세우거나 토론에서 벗어나는 행동을 하면 감점 요인이 되므로 주의해야 한다. 토론은 발언 못지않게 경청하는 자세와 상대방의 의견을 존중하는 자세가 중요하므로 수험생은 가능하면 협력적인 참여의 형태로 토론에 임하는 것이 바람직하다.

▶ 면접·구술 준비 시 반드시 주의할 점

면접·구술 시험은 '말'의 내용은 물론 전 과정에서 수험자의 태도와 가치관을 평가하기 때문에 이에 대한 준비 사항을 미리 파악하여 실수가 없도록 해야 한다. 먼저 심층면접에 들어가기 전에 자기소개서, 학과(학부)지원동기서, 학업계획서, 학교생활기록부 등을 꼼꼼히 챙긴 후 다음 내용들을 중점적으로 준비한다.

- 다른 사람에 비해 특히 뛰어나다고 생각하는 자기 능력을, 구체적인 사례를 들어 소개할 수 있어야 한다.
- 고등학교 재학 기간 중 학업 외 활동 영역, 즉 사회봉사 활동, 클럽 활동, 취미 활동 등에서 가장 소중했던 경험을 소개하고 그 경험을 통해 어떤 인격적인 성장을 이룰 수 있었는지 소개할 수 있어야 한다.
- 지원 학부(학과)의 특성을 파악하여 그것과 관련한 자신의 장래 희

망과 포부를 설명할 수 있어야 한다.
- 장래 희망에 비추어 재학 기간 중에 하고 싶은 것들을 설명하면 된다. 자신이 선택한 학부(학과)와 관련되는 것이면 더욱 좋다. 예를 들어 독서 계획, 외국어 학습 계획, 컴퓨터 활용 또는 학습 계획, 동아리 활동 계획, 교환학생 참가 계획 등이 여기에 해당된다.
- 전공하고자 하는 학부(학과)에 대한 기초 지식과 이해력이 있어야 한다. 예를 들면 전공과 관련된 주요 개념들에 대한 정리, 학과에 대한 정의, 연구 분야, 관련 학문, 미래의 발전 방향, 연구 방법론, 대표 학자, 학과를 선택한 동기, 교과과정과 이외의 분야를 포함한 입학 후 수학 계획, 졸업 후 계획 등이 포함된다.

하지만 면접과 구술은 대기부터 면접이 끝날 때까지 전 과정을 평가하는 것이므로 좋은 면접 점수를 얻기 위한 의도적인 태도가 오히려 평가자에게 거부감을 줄 수 있다. 다음 내용을 참고하여 바른 자세로 좋은 평가를 받을 수 있도록 하자.

- 면접실에 들어갈 때 차분한 걸음으로 들어가 간단한 목례를 한 다음 지시된 자리에 바르게 앉는다.
- 손은 무릎에 얹어 불필요한 동작을 삼가도록 하며 면접관의 얼굴을 부드럽게 쳐다본다.
- 질문을 받았을 때는 약간의 여유를 지니고 침착한 자세로 자연스럽게 답변하되, 질문과 상관없는 답변은 삼가자.
- 질문은 단답형보다 구체적인 사례가 들어간 답변을 하는 것이

좋다.
- 질문을 알아듣지 못한 경우 "죄송하지만 다시 말씀해 주시면 감사하겠습니다"라고 정중히 부탁하고, 답을 모를 경우 다른 면접 문항을 요청한다. 다른 면접 문항을 부여받지 못했다면 잠시 생각을 정리한 후 최선을 다해 성의 있게 답변한다.
- 표준어를 사용하고, 미리 준비하여 암기한 것을 발표하는 형식으로 응답하지 않는다.
- 자신 있게 또박또박 대답하고 경어를 사용한다.
- 면접 도중 감정의 변화를 자제한다.
- 추가 질문을 받았을 경우 순발력을 발휘해서 답변한다.
- 질문에 대해 극단적이거나 단정적인 대답을 삼가고, 긍정적이고 밝은 인상을 심어준다.
- 다른 학생의 답변도 잘 경청한다.
- 입실과 퇴실 시의 예의도 끝까지 잘 지킨다. 퇴실 시 "교수님과 공부할 수 있는 기회를 갖고 싶습니다", "다시 뵙기를 바랍니다"와 같은 인사도 하도록 한다.

▶ 면접·구술의 대비 방법

자신이 지원한 대학이나 학과에 대한 정보를 파악하고 출제 예상 문제를 연습해 보는 등 노력을 기울인다면 어렵지 않게 면접과 구술 시험을 치를 수 있을 것이다. 수험생이 반드시 준비해 둬야 할 면접·구술 시험의 대비 방법에 대해 간략히 소개하겠다.

첫째, 자신이 지원한 대학과 학과 등에 대한 정보를 사전에 입수해 충분한 지식을 쌓아라. 지원 대학의 전통과 인지도, 전공과 관련된 질문이 나올 수 있으므로 최소한 홈페이지의 학교 소개 및 전공 관련 지식과 용어, 앞으로 배울 내용 등을 알아두고 면접에 임하도록 한다.

둘째, 기출문제를 사전에 정리하고 풀어봐라. 기출문제를 통해 그 대학의 출제 경향이나 난이도를 파악해 두면 시험에 효과적으로 대비할 수 있다. 인문계열 수험생이라면 영어 지문의 난이도를, 자연계열 수험생이라면 수학이나 과학 교과 문제가 어떻게 응용되어 출제되는지를 파악해야 한다.

셋째, 평소 자기 생각을 논리적으로 표현하는 훈련을 꾸준히 해라. 몇 가지 주제를 정해 친구들과 토론을 하거나, 자기 생각을 조리 있게 발표하는 실전 연습을 충분히 해서 대학 입시라는 긴장된 상황에서도 자기 의견을 논리적으로 개진할 수 있어야 한다.

넷째, 영어 지문의 출제에 대비해라. 영어 지문 문제는 면접장 입실 전에 10분 정도 지문을 읽어보게 한 뒤 그와 관련된 질문을 2~4개 묻는 것으로 진행된다. 지문의 핵심 파악 여부를 묻는 문제부터 제시된 사안에 대해 자신의 견해를 밝히는 문제까지 폭넓게 출제되는 추세인데, 시사와 관련된 지문이 많이 나왔다. 수험생들은 영자신문의 사설을 통해 사회적인 이슈가 되는 사건들을 영어로 이해하는 능력을 기르고, 고등학교 수준 이상의 영어 어휘와 표현을 익혀야 한다.

다섯째, 시사 쟁점에 대해 관심을 가지고 자기 생각을 정리해라. 국민적인 관심사가 됐던 시사 현안에 대해 자신의 관점과 견해를 윤리나 사회문화, 정치, 역사 등 고등학교 교과서 내용과 관련지어 정리해 둬야 한다. 시사 문제의 경우 자신의 관점과 입장을 어떻게 정리해서 답변하느냐가 아주 중요하다.

여섯째, 교과에 대한 기초 실력을 탄탄히 쌓아라. 원리와 개념을 이해하고 이를 응용할 수 있는 학습 태도가 필요하다. 특히 영어와 수학은 다른 과목에 비해 좀더 시간을 할애해서 준비해야 한다. 영어의 경우 시간(10분)을 정해놓고 A4 용지 한 장 정도의 내용을 독해하는 연습을 꾸준히 하는 것이 좋다. 수학의 경우에는 교과서에 등장하는 주요 개념의 정의와 함께 미적분과 관련된 기본 지식을 충실히 쌓아야 한다.

일곱째, 전공 심층 영역에 대해 인문계는 전공별로, 자연계는 과목별로 준비하는 것이 효과적이다. 그리고 면접과 구술에서는 논술 가이드라인과 상관없이 영어 제시문이나 정답형 문제가 출제되어 왔으며, 이런 경향은 앞으로도 유지될 것으로 전망된다.

인문계열

인간의 지적 활동과 연관된 인문학적 소양에 대한 질문이 자주 나오고 있다. 대학에 따라 영어 제시문을 주고 요지를 정리해서 말하도록 요구하거나, 논지에 대한 견해를 묻는 문제가 출제된다.

법대 : 법에 대한 지식 자체보다는 전공자의 법적 마인드를 평가한다. 법의 여러 원칙이 적용되는 모습을 상정하고 그에 대한 견해를 묻는 문제가 자주 출제된다.

상경대 : 경제·경영 관련 주요 이슈를 주로 다룬다. 일반인의 관점으로 시종일관하기보다는 경제·경영 이론을 통해 분석한다면 좋은 평가

를 얻을 수 있다.

사회과학대 : 시사 이슈와 결부된 내용을 좀더 심화시켜 다루는 경향이 있다. 과학과 환경, 정치 및 국제 관계, 문화, 언론, 사회적 소수자와 관련된 문제들이 자주 출제됐다.

인문대 : 전공 심층 영역은 세부 전공에 따라 어문학, 역사, 철학의 영역으로 크게 구별된다. 자신이 지원하는 분야가 어문학일 경우에는 문학의 특성과 언어의 기능에 주목해야 한다. 역사일 경우에는 역사의 개념과 특징, 역사적 사실에 대한 해석, 역사 왜곡과 관련된 시사 이슈를 점검하는 것이 중요하다. 철학을 전공하고자 하는 수험생은 철학의 두 축인 '존재'와 '가치'에 대해 고민해야 한다.

사범대 : '훌륭한 교사가 되기 위한 기본 자질을 갖췄는지'와 '교육 전반에 대해 얼마나 충실히 이해하고 있는지'에 주안점을 두고 심층면접을 실시한다. '교사에게 필요한 기본 자질'은 수험생의 건강한 가치관과 인성을 말하며, '교육 전반에 대한 이해'는 교육, 교직관, 교육 문제 등에 대한 수험생의 소양이나 기본적인 이해 정도를 묻는 평가 영역이라 할 수 있다.

자연계열

전공의 특성상 수학과 과학 문제가 많다. 수학에서는 지수, 로그, 삼각함수, 미적분, 벡터, 확률 등의 기본 개념을 특정한 상황에 적용하거나 응용하는 수리탐구형 문항들이 주로 나온다. 과학은 물리, 화학, 지구과학 교과 지식의 이해와 응용력을 평가하는 문제와 실생활 및 시사 이슈와 관련된 문제 등이 출제된다.

수학 : 용어의 정의, 원리를 증명하는 문제, 정답을 이끌어내는 과정을 묻는 문제를 통해 수학적 사고를 평가한다. 대학 입학 후의 학업 수행 능력을 평가하므로 전공과 관련되는 수학 분야를 주로 질문하게 된다. 정답을 맞히기보다는 풀이 과정의 정확성과 참신성을 높이 평가한다.

물리 : 물리 용어의 기본 개념이나 물리적 사고를 측정할 수 있는 문제들이 주로 출제된다. 힘과 운동 부분이 가장 자주 출제됐고, 열과 에너지 부분에서는 엔트로피에 대한 질문이 잦았다. 물리의 개념과 원리도 중요하지만 구체적인 응용까지 다양한 문제가 나올 수 있으므로 전반적으로 깊은 이해가 필요하다는 점을 명심해야 한다.

생명과학 : 우선 생명의 기본 단위와 관련된 제반 사항을 명확히 이해해야 한다. 또한 소화, 호흡, 순환, 배설 등의 기본 사항을 잘 정리하는 것이 좋다. 호르몬 관련 사항, 유전공학 기술, 환경 분야도 자주 출제되는 소재다.

화학 : 화학과 물질, 물, 공기와 기체, 주기율과 주기적 성질, 화학 결합, 탄소 화합물, 용액, 화학반응, 염기와 산화 등에 관해 자주 묻는다.

여덟째, 자기소개서, 추천서, 학업계획서에 기재된 내용을 사전에 숙지해라. 면접관도 수험생들에게 질문을 하기 위해서는 기초 자료가 있어야 한다. 이때 가장 손쉽게 던질 수 있는 질문이 자기소개서, 추천서, 학업계획서 등에 기재된 내용일 것이다. 따라서 수험생은 자신이 제출한 여러 서류들의 내용을 사전에 숙지하여 질문 거리가 된다고 여겨지는 내용에 대해서는 미리 답변을 준비하는 치밀함을 보여줘야 한다.

입학사정관제도 유형별 합격 사례

다음은 대학교육협의회 주최로 열린 2010학년도 입학사정관제도 사례 발표 워크숍 자료에서 발췌한 각 대학별 실제 합격 사례들이니 참고하길 바란다.

▶ 2010 포항공대 합격 사례

수학과 박○○(백마고)
- 1학년 1학기 내신 석차 상위 45.7퍼센트에서 꾸준히 노력하여 3학년 1학기 상위 4.7퍼센트로 상승
- 경시대회 등 '스펙' 없으며, 사교육 없이 스스로의 노력으로 성적을 상승시킨 점을 인정함

물리과 한○○(경기고)
- 가정형편이 어려웠지만 자기주도적 학습으로 POSTECH 물리경시대회에서 은상 수상
- 역경 극복 의지와 물리학에 대한 뛰어난 재능을 인정함

생명과 김○○(물금고)
- 생활보호대상자로 방학 중에는 부모님의 장사를 돕는 힘든 상황에서도 우수한 성적을 유지

- 한국생물올림피아드 장려상 등 생물 분야에 열정과 재능이 있음

단일계열 장○○(외국고)

- 미국 일리노이 주에서 고등학교 생활을 했으며, SAT 2,200점으로 카네기멜론대, 퍼듀대에 이미 합격
- 예년 입시에서는 우수성을 입증, 평가하기 어려웠던 사례

▶ 2010 고려대 합격 사례

학교생활기록부우수자 전형 | 생명공학부 안○○(서울 석관고)

- 중학교 때 백혈병 극복, 긍정적인 삶의 자세
- 고입검정고시는 자기주도적 학습 능력을 배양하는 계기가 되었음
- 감염 위험성 때문에 오직 학교 수업과 인터넷 강의로만 학력을 증진하여 모든 교과 1~2등급(이과반 최우수 성적)을 받음
- 사정관 평가 : 자기주도성(성실성 및 창의성)이 탁월함

세계선도인재 전형 | 경영대학 정○○(검정고시)

- 수도권 외고를 자퇴하고 비수도권에 거주하면서 외국 체류 경험이 없지만 외국어 구사 능력이 탁월함
- 수능 모의고사 7과목 1등급이며 다양한 비교과 활동을 했음
- 사정관 평가 : 자기주도적 학습 능력이 탁월함

▶ 2010 성균관대 합격 사례

리더십특기자 전형 | 사회과학계열 김○○

- 학교생활기록부 : 2.9등급
- 활동 내용 : 뇌성마비장애인축구단 등 봉사 활동 500시간 및 서울시 교육감 표창, 청소년 기자/사이버 외교관/총학생회 임원 등 다양한 활동, 전국학생통일글짓기 최우수상 등 글쓰기 관련 다수 입상
- 사정관 평가 : 학업 성적은 높지 않으나, 상대를 배려하는 리더십과 마음에서 우러나오는 적극적인 봉사 활동이 돋보임. 유복한 환경에도 불구하고 소외 계층에 대한 관심과 복지사업의 꿈을 지닌, 노블레스 오블리주를 실천할 수 있는 진정한 리더로서의 자질이 보임

리더십특기자 전형 | 자연과학계열 이○○

- 학교생활기록부 : 1.8등급
- 활동 내용 : 수학/과학 교과우수상, 학급 반장, 교내 국악관현악단 부단장, 사랑의 장기 기증 서약, 봉사 활동 소감문대회 입상 등
- 사정관 평가 : 조손 가정으로 어려운 가정환경에도 불구하고 사교육 없이 우수한 학업 성적을 유지하고 장기 기증 등 봉사 활동도 열심히 수행함. 힘든 여건에도 자신감 있고 당당한 태도로 학우들에게 귀감이 되는 리더십이 돋보임

▶ 2010 충북대 합격 사례

우수인재양성 전형 | 국어교육과 류○○

- 이 학생은 학업 성적만을 기준으로 했을 때 합격권이라고 할 수는 없었음
- 학교생활기록부 교과 성적은 평균 2등급이었으나 과목별 편차가 심하여 국어 교과의 경우 대부분 1등급이고 수학 교과의 경우 6등급의 성적도 있었음
- 1단계 서류 평가(학교생활기록부 교과+개별평가서+추천서) 결과 개별평가서와 추천서에서 좋은 점수를 받았는데도 학교생활기록부 교과 점수가 상대적으로 낮아 합격자 4명 중에 3등으로 1단계를 합격했음
- 서류 면접에서 자연계열 학생이 국어교육과를 지원한 이유가 무엇이냐는 질문에 대해 자기 적성을 뒤늦게 알게 됐다고 대답했으며, 이에 대한 심층면접을 통해 단순히 수학을 못하고 국어를 잘하기 때문에 지원한 것이 아니라 국어 교과에 대한 상당한 적성과 흥미, 국어 교사가 되기 위한 풍부한 감수성과 인성 등의 자질을 가졌음을 확인함
- 전공 주제를 프레젠테이션 형식으로 발표하는 전공 면접에서도 두각을 나타내어 전공 수학 능력의 우수성이 객관적으로 확인됐으며, 4명의 면접위원 모두에게 가장 높은 점수를 받아 결국 최고 득점자로 합격했음
- 합격 후 확인 결과, 수능에서 언어 99, 외국어 95, 수리 57의 백분

위점수를 받음
- 만약 입학사정관이 모집 단위의 적합성에 대한 고려를 하지 않았다면 이 학생은 다른 전형으로는 충북대 국어교육과에 들어올 수 없었을 것임
- 국어교육과에 필요한 별도의 전형을 만들지 않고도 입학사정관제를 통해 지원자를 개별적, 구체적 case by case 으로 판단하여 모집 단위 특성에 적합한 우수 학생을 경제적으로 선발한 것임

▶ **2012 서울대 합격 사례**

다음은 2013학년도 서울대 입학사정관제 안내서에서 발췌한 합격 사례들이니 참고하길 바란다.

특기자 전형 | 화학생명공학부 ○○○
- 일반고. 특기자 전형을 고등학교 2학년 때 처음 접하게 됨
- 내신 평균 2등급 미만이지만 학교 전체 석차는 2등
- 큰 대회 입상 경력은 없지만 과학 동아리 활동을 주도적으로 함
- 학원, 과외, 인터넷 강의를 접하지 않고 선생님, 친구들과 공부
- 물리, 화학, 생물, 지구과학 과목을 I, II 포함하여 8개 참고서를 모두 구입하여 학습
- 합격자는 자기주도성은 특별한 데 있지 않다고 밝혔으며, 서울대 역시 안내서에서 정규 수업 내에서 선생님과 함께하는 다양하고

입체적인 활동의 경험을 소중히 생각한다고 밝히고 있음

기회균형선발 특별전형 | 인문계열 박○○

- 교감이 울릉도까지 찾아가 입학을 결정한 상산고의 '입학사정관 제1호' 학생
- 당시 상산고에 부모가 직접 전화 문의. 전교생 6명으로 실력을 가늠키 어려워 직접 방문해 테스트 후 잠재력을 확신하게 됨
- 고등학교 입학 후 첫 진단고사 수학 37점으로 384명 중 최하위
- 학교 특강을 이용, 1학년 여름방학 40일간 10시간씩 수학 공부
- 2012학년도 대학수학능력시험 수리 (나)형 만점
- 합격자들은 스펙은 학업이나 학교생활과 무관한 곳에서 찾지 말고 '동기가 확실한 내 삶 속의 개성 있는 스펙'을 만들어가라고 밝히고 있음

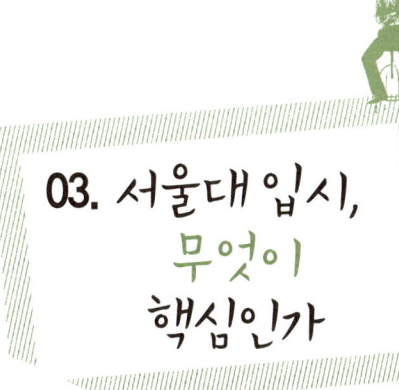

03. 서울대 입시, 무엇이 핵심인가

서울대 입시를 알아야 하는 이유

서울대 입시는 그 자체로도 의미가 있지만 선도 대학으로서 다른 대학들이 입시 정책을 수립할 때 우선적으로 참고하는 표준입시제도다. 대체로 간단명료하고, 주관적인 판단의 여지가 적도록 계수화된 자료를 활용한다. 서울대 입시를 제대로 이해한다면 다른 대학의 입시를 이해하기도 쉬워지기 때문에 서울대를 지원하지 않는 학생들도 서울대 입시에 대한 이해가 필요하다.

내가 서울대에 들어갈 때는 특별히 전략이라는 것을 생각할 필요 없이 열심히 공부만 하면 되었다. 학력고사와 내신성적이라는, 수치화된 점수만 가지고 학생을 선발하는 방식이었기 때문이다. 이런 방식은 결과에 승복하기 편하다는 장점이 있었지만, 집안이 가난하거나 수도권이 아닌 곳, 혹은 농어촌 지역에 사는 탓에 질 좋은 교육 환경에서 소외된 학생들을 배려할 방법이 전혀 없었다. 또한 전 과목을 잘하지는 못하지만 특정 분야에 소질이 있는 학생들을 뽑을 수도 없었다.

학력고사나 수능은 총점이 높은 순으로 합격자를 정하기 때문에 전 과목을 골고루 잘하는 학생은 학력고사나 수능만으로 서울대에 합격하기가 용이했다. 그러나 지금은 지방에 사는 학생, 농어촌에 사는 학생, 전 과목을 다 잘하지는 못하지만 특정 과목에 소질이 있는 학생, 거기에 가난한 학생을 위한 전형까지 생겼다. 이는 미국을 비롯한 선진국들도 선택하고 있는 제도로, 우리나라의 대학입시제도 역시 이런 추세를 거스를 수 없을 것으로 예상된다. 2010학년도 입시 전형에서 입학사정관 확대라는 큰 변화가 생긴 것이 그 증거다.

그런데 이런 전형에서는 학력고사나 수능 같은 시험만 치르면 되는 것이 아니라 다른 많은 서류들을 제출해야 한다. 가장 기본적인 것은 학교생활기록부인데, 성적을 표시하는 교과 영역 이외에도 수상 실적, 봉사 활동, 외국어 능력, 임원 활동 등을 표시하는 비교과 영역을 포함한다. 이렇게 학생 개개인의 능력이나 관심 분야를 보여줄 수 있는 서류들은 고등학교 2~3학년에 바짝 공부해서는 준비할 수 없다. 또한 학교생활기록부의 내신과 비교과 활동뿐 아니라 구술면접도 단기간에 준비하는 데 한계가 있으므로 계획적인 대입 로드맵에 대해 생각해 봐야 할 것이다.

2015학년도 서울대 수시에서 가장 큰 특징 중 하나는 수능 최저학력기준의 강화이다. 수시 일반 전형은 지난해와 동일하게 수능 최저학력기준이 없지만 지역균형선발 전형(지정 4개 영역 중 2개 영역 2등급 이내 →3개 영역 2등급 이내)과 예체능 계열의 일반 전형(예체능 계열의 사범대 체육교육과 지정 4개 영역 중 2개 영역 4등급 이내)에서 강화됐다. 대신 기회균형선발 전형 I 에서는 수능 최저학력기준을 폐지했다. 다만 수시 일반전형에 수능 최저학력기준이 없더라도 매우 우수한 학생들이 아니면 서류 통과 자체가 되지 않음을 유의하자. 수능 최저학력기준이 없다고 수능을 못 보는 학생도 들어갈 수 있다는 뜻은 아니라는 말이다. 특히 과학고나 영재고 학생들은 현실적으로 수능을 완벽하게 대비하기 어렵기 때문에 그들을 놓치지 않겠다는 서울대의 숨은 의도도 있다고 봐야 할 것이다.

또한 다시 한 번 자세히 살펴보겠지만 2015학년도 서울대 정시에서는 모집군을 '나'군에서 '가'군으로 변경하고, 사범대와 의대를 제외한 모든 모집 단위(사범대학 체육교육과 제외, 실기 20 + 수능 80)에서 수능 100퍼센트로 선발 방법을 단순화한다. 사범대에서는 수능 성적과 더불어 교직적성·인성평가를 보고 가산점을 부여하고, 의과대학의 인성·적성 면접은 결격 여부를 판단하는 데 활용된다. 학교생활기록부의 경우 교과 영역은 동점자 처리 기준과 교과 이수 기준을 확인하는 자료로 활용하고, 교과 외 영역(학내외 징계 포함)은 감점 자료로 활용하기로 했다. 수능 성적이 뛰어난 학생들을 내신 때문에 놓치고 싶지 않다는 서울대의 속내를 엿볼 수 있다. 좋은 내신을 확보하기가 상대적으로 불리했던 학교에 다니는 학생들에게는 서울대 정시의 문이 넓어진 것이다.

이해하는 만큼 내 것이 된다고 했다. 서울대 입시를 하나하나 분석하고, 그에 따른 공부법과 전략을 알아보자.

서울대에 들어가려면
서울대 들어가는 공부를 하라

지금까지 서울대 입시에 관해 알아야 하는 이유를 충분히 설명했다. 이젠 서울대에 들어가는 방법을 알려주겠다.

서울대는 수시모집과 정시모집을 통해 정원 내 모집과 정원 외 모집으로 입학생들을 선발하는데 각 모집 전형마다 선발 방식이 다르다.

2015학년도 기준으로 서울대의 전체 정원은 3,093명이다. 수시모집에서는 지역균형선발 전형 677명과 일반 전형 1,645명을 합하여 2,322명(약 75퍼센트)을 선발하고, 정시모집 일반 전형에서 771명(약 24.9퍼센트, 2014학년도 정시 대비 7퍼센트 증가)을 선발한다. 정원 외 기회균형선발 특별전형Ⅰ은 160명 이내를 선발하고 기회균형선발 특별전형Ⅱ에서는 18명 이내를 선발한다. 외국인특별전형은 정해진 정원이 없다.

일부 학과 및 학부는 수시로만 학생을 선발하는데, 자연과학대학 통계학과 · 지구환경과학부, 공과대학 건축학과(건축학) · 에너지자원공학과 · 원자핵공학과, 사범대학 교육학과 · 독어교육과 · 불어교육과 · 윤리교육과 · 수학교육과, 수의과대학 수의예과, 미술대학(전체 모집 단위), 음악대학(전체 모집 단위), 자유전공학부, 치의학대학원 치의학과이다.

이렇듯 변화된 입시를 위해서는 무엇을 어떻게 준비해야 하는지 조목조목 알아보자.

▶ 수시모집 지역균형선발 전형

지원 자격은 "소속 고등학교장의 추천을 받은 2015년 2월 국내 고등학교 졸업예정자(조기졸업예정자 제외, 고등학교별 추천 인원은 2명 이내이며, 각 고등학교는 반드시 학교장 직인이 날인된 추천자 명단을 서류 제출 기간 내에 공문으로 제출해야 함)"로 되어 있다. 재학생만 응시하는 단 한 번의 좋은 기회인 셈이다.

지역균형선발 전형은 학교마다 단 2명의 학생들만 추천할 수 있게 되어 있는데, 거의 예외 없이 성적순으로 추천이 이루어진다. 즉 서울대 지역균형 입학 자격을 갖추기 위해서는 전교 2등 안에 들어야 한다는 말이다. 문과와 이과를 나누는 지금 상황에서는 문과 1등 또는 이과 1등을 해야 한다. 추천 인원을 대상으로 서류 평가와 면접을 실시하며 이를 종합적으로 고려하여 합격자를 선발한다. 전교 2등 안에 드는 것이 쉽냐고 묻는다면 별달리 할 말은 없지만, 이 전형 덕분에 서울대에 합격시키기가 거의 불가능했던 지방 고등학교에서 1~2명씩이라도 합격생을 배출하고 있다.

2012학년도 서울대 입시 결과 보도자료에 따르면, 수시에서 합격자를 배출한 고등학교는 지난해 1,460개교에서 1,472개교로 늘어났다. 또한 지난 3년간 1명의 합격자도 없었던 9개 군 중 2개 군에서 합격자를 배출했고, 특히 울릉군에서 첫 합격자가 나왔다. 흥미로운 점은 학력이 높은 일반고와 자립형 사립고의 진학률도 상승했다는 사실이다.

왜 이런 결과가 나왔을까? 지역균형선발 전형은 학교생활기록부의 교과/비교과 영역과 구술 면접, 그리고 수능으로 이루어지는 입시제도로, 가장 중요한 요소는 학교생활기록부의 교과 영역이다. 다시 말해 내신성적으로 선발한다고 생각하면 된다.

2011학년도의 전형 방식은 단계별 전형으로 1단계에서 교과 영역을 바탕으로 2배수를 선발하고, 2단계에서 서류 평가 및 면접을 통해 비교과 영역을 평가하고 구술 고사를 실시하는 방식이었다. 이 전형에서는 1단계 내신에서 조금이라도 감점되면 2단계에서 평가하게 될 서류를 아무리 잘 준비했어도 거의 탈락할 수밖에 없는 상황이었다. 그래서 많은 학생들이 지역균형선발 지원 자격을 갖췄는데도 특기자 전형에 지원했다.

하지만 2013~2014학년도 전형에서는 1단계 교과(내신성적)를 없애고 1단계에서 학교생활기록부, 자기소개서, 학교 소개 자료, 기타 증빙서류 등을 바탕으로 종합적으로 평가한 다음, 제출 서류를 토대로 복수의 면접위원이 지원자 1명을 대상으로 면접을 통해 서류 내용과 기본적인 학업 소양을 확인한다. 즉 서류 평가와 면접을 종합적으로 보는 통합 전형으로 수정됐으므로 단지 한두 과목의 내신 점수 차이 때문에 탈락하는 학생들은 줄어들 것 같다. 그렇다고 해도 내신이 크게 완화됐다고는 말할 수 없으므로 이 점에서 오해가 없길 바란다.

또한 수시 전형에서 합격한 다음에도 수능에서 3개 영역 이상을 2등급 이내로 받아야 하는 수능 최저학력기준을 충족해야 한다. 따라서 수능도 결코 무시할 수 없는 요소이다. 최종 합격을 하고 나서 수능 최저학력기준을 충족하지 못하여 결국 탈락하는 경우도 적지 않다.

지역균형선발 전형에서는 각 전형 요소들을 어떻게 평가하는지 구체적으로 살펴보겠다.

교과 영역

내신은 원점수가 아닌 등급 점수로 평가하기 때문에 어느 한 과목에 탁월한 학생보다는 골고루 잘하는 학생에게 절대적으로 유리하다. 또한 특목고처럼 우수한 학생들이 많은 학교보다는 경쟁이 덜 치열한 일반고, 그것도 지방 일반고 학생들에게 더 유리한 제도다. 그리고 전교생 수가 적은 학교보다는 많은 학교가 과목별로 1등급을 골고루 받을 수 있기 때문에 상대적으로 훨씬 유리하다.

외고, 과학고 등 특목고 학생들은 전반적으로 우수한 학생들로 구성되어 있기 때문에 특목고에서 전교 2등 안에 들었다 해도 전 과목 1등급을 받기란 매우 어렵다. 실제로 서울대의 지역균형선발 전형에서 합격한 자사고를 포함한 특목고생은 2008학년도 2명, 2009학년도 3명이었고, 2010학년도 이후에는 자사고를 제외한 특목고 합격생이 없었다.

반면 학생들의 실력 차이가 큰 편인 일반고에서는 전 과목 1등급을 받는 학생이 특목고에 비해 상대적으로 많아 특목고 학생들에게 불리한 것이 사실이다.

예를 들어 전교생이 500명인 학교에서는 1등급이 전체 학생의 4퍼센트인 20명이다. 그런데 전교생이 50명이라면 1등급은 2명에 불과하다. 500명인 학교에서는 전 과목 20등 이내에 드는 것을 목표로 하면 전 과목 1등급으로 서울대 지역균형선발 전형에 원서를 낼 수 있고, 나중에 수능에서 3과목을 2등급 이내로 받으면 합격할 수 있다. 반면 50명인 학교에서는 전 과목에서 2등 안에 들어야 하는데, 아무리 우수한 학생이라도 이를 달성하기란 사실상 너무나 어렵다. 경쟁하는 학생들의 실력 편차가 크지 않기 때문이다.

더군다나 백분위점수로 평가한다면 500명 중 전교 1등은 과목 석차가 0.2퍼센트인 반면, 50명 중 전교 1등은 1등을 해도 과목 석차가 2퍼센트라서 등급제보다도 서류 전형에 통과하기가 훨씬 어려운 것이다. 만일 내 아이가 성실하기는 하지만 그다지 특기가 없다고 판단되면, 일반고에 진학하여 서울대의 지역균형선발 전형에 도전하는 것이 바람직하다.

지역균형선발 전형에서는 내신 공부가 모든 것을 다 가려준다. 수능 공부 따로, 내신 공부 따로, 논술·구술 공부 따로 있는 것처럼 구별하여 말하면서 '죽음의 트라이앵글'이니 어쩌니 하는 사람들이 있는데, 이는 좀 과장된 표현이다.

학교 공부를 열심히 하다 보면 같은 범위에서 문제가 나오는 수능도 잘 볼 수 있고, 논술과 구술에 필요한 주변 지식도 얻을 수 있다. 또한 수행평가의 글쓰기, 말하기, 발표 등은 모든 전형에 공통적으로 도움이 되므로 지역균형선발 전형을 위해 공부하는 것은 모든 전형을 다 준비하는 셈이 된다. 혹시 전교 3등이 되어 지역균형선발 자격에 미치지 못한다 해도 수시 일반 전형에 원서를 낼 수 있고, 여기서 안 되더라도 정시에서 다시 한 번 기회가 있다.

앞에서도 자세히 설명했지만, 수학이나 과학에 특별한 재능이 있어서 일찌감치 경시대회를 준비하여 수상 실적이 있거나 수상 가능성이 보이는 학생은 과학고나 영재고를 목표로 공부하면서 수시 일반 전형을 준비하는 것이 좋고, 마찬가지로 해외유학 경험이 있거나 조기 영어 교육을 잘 받았거나 외국어 능력을 입증할 수 있을 만한 실적이나 활동들을 관리할 자신이 있는 학생은 외고에 지원하여 수시 일반 전형에 지원해 볼 수 있다.

그러나 모든 과목을 골고루 잘하는 학생이라면 집에서 가까운 인문계 고등학교에 진학하여 지역균형선발 전형에 지원하는 것이 가장 안전한 방법이다. 새로이 생기는 자사고는 특목고와 달리 우수한 학생이 모이기는 하겠지만 최상위층만 모이지는 않는다. 따라서 서울대를 목표로 하는 학생이라면 특목고보다 자사고가 유리할 수 있다.

어떤 시험이든 전교 2등 안에 드는 습관과 과목별로 1등급을 받는 습관이 필요하다. 고기도 먹어본 사람이 먹고 1등도 해본 사람이 한다. 등급제 시험을 잘 보기 위해서는 항상 균형적인 공부 습관을 가지고 있어야 한다. 한 과목을 만점 받아 0.2퍼센트에 들어서 1등급을 받는 것이나, 한두 문제 틀리고 4퍼센트에 들어서 1등급을 받는 것이나, 등급으로 계산하면 똑같은 결과가 나온다는 사실을 알아야 한다. 따라서 특목고를 목표로 하거나 수시 일반 전형에서 돋보일 만한 특기가 있는 경우가 아니라면, 한 과목에 치우치기보다는 중학교 때부터 균형적인 공부 습관을 들이는 것이 좋다.

서류 평가

지역균형선발 전형에 제출하는 서류는 학교생활기록부, 추천서, 자기소개서, 각종 증빙서류 등이다. 증빙서류는 자기소개서에 기술된 내용에 대한 진위 확인을 위해서만 활용되며 공인어학성적, 국내 고등학교 전 과정 이수자의 AP 시험 점수, 교과 관련 교외 수상 실적(수학·과학 올림피아드 포함), 모의고사 등은 평가에 반영되지 않으므로 제출하지 않아도 된다. 또한 앞에서도 말했지만, 자기소개서에 외부 스펙을 기재하면 0점으로 처리된다는 점도 꼭 기억하자. 여기서 유의할 점은, 수상 실적이 있거나 봉사 활동을 했거나 임원으로 활동했더라도 반드시 학교생활기록부에 기록되어 있는지 확인하는 습관을 들여야 한다는 것이다. 드물게 학교의 행정 착오로 학교생활기록부에 등재되지 않은 경우 심한 불이익을 받을 수도 있기 때문이다.

지금까지는 비교과 영역에 대한 평가가 합격의 당락을 좌우할 정도는 아니었지만, 2012학년도 전형부터 서류 평가와 면접의 비중이 매우 높아졌다. 간단히 말해서 공부 이외에도 인간 됨됨이와 앞으로의 발전 가능성을 보고 학생을 선발하겠다는 뜻이다. 전공과 관련된 노력, 학업 성적 이외의 교내외 활동이나 봉사 활동 등도 관심을 가지고 꾸준히 준비해야 할 것이다.

면접 및 구술 시험

면접은 학생이 제출한 서류를 토대로 서류 내용과 기본적인 학업 소양을 확인하는 과정이다. 실제로 면접에 참여한 교수들의 이야기를 들어보면, 자신이 알고 있는 바를 올바르고 명확하게 전달하는 학생이 많지 않아서 면접관이 힌트를 주기도 하면서 최대한 학생이 아는 내용을 충실하게 말할 수 있도록 도와준다고 한다. 우리나라 교육이 발표 위주가 아니라 시험문제를 푸는 방식으로 오랫동안 학생의 능력을 테스트해 왔기 때문에 벌어지는 기현상이다.

면접 질문은 학생의 인성을 파악하기 위한 일상적인 질문과, 학문적인 내용을 물어봄으로써 학생의 학문적 성취도와 논리적 사고력, 표현력을 평가하는 질문으로 나눌 수 있는데, 당연히 후자가 더 중요하다. 인문계열은 영어 지문이나 한자가 혼용된 지문이 포함될 수 있고, 자연계열은 수학 또는 과학 교과 관련 문항을 묻는다.

지역균형선발 전형은 모든 과목을 골고루 잘하는 성실한 학생을 위한 입시제도다. 만일 내가 지금 고등학교에 다닌다면 지역균형선발 전형을 통해 대학에 들어갔으리라는 생각이 든다. 고등학교 3년 동안 수석을 하여 자격 요건을 갖추고 있지만 경시대회 수상 실적은 없기 때문이다. 서울대의 지역균형선발 전형은 3년간의 내신성적이 꾸준히 좋은 학생들을 선발하는 제도로 전 과목을 평가한다. 서울대를 제외한 거의 모든 대학은 내신성적을 보더라도 국어 영역, 수학 영역, 영어 영역, 탐구 영역 중 전부 혹은 일부를 반영하지만 서울대는 오로지 전 과목의 내신성적만 반영한다.

대치동의 한 중학교 학부모, 학생과 함께 고등학교를 거쳐 대학에 입학하기까지 로드맵을 설계하는 입시 상담을 했다. 이 학생은 중학교 1학년부터 3학년 1학기까지 전교 1등을 했다. 그런데 공인영어성적이나, 수학이나 과학 경시대회 등에서 입상한 경력은 없었다. 전형적인 성실성을 바탕으로 공부하는 학생이었다. 어머니는 중학교장 추천 전형을 통해 아이가 외고에 입학하길 원했지만, 나는 극구 말렸다. 서울대 입학 전형을 설명하면서 지역균형선발 전형에 대해 알려주고, 이 전형이 학생에게 얼마나 유리한 제도인지 설명하는 데 1시간 넘게 걸렸다.

앞에서도 설명했지만, 특목고 진학이 모든 학생에게 명문대 입학으로 이어지는 올바른 해결책이 될 수는 없다. 외국어, 수학, 과학에서 월등한 성적을 올리지도 못하고 특별한 적성도 없는 최상위권 학생은 지역균형선발 전형, 혹은 정시모집에 지원하는 것이 바람직하다.

결국 학부모와 학생이 모두 내 설명에 납득하여 지역균형선발 전형을 위주로 함께 서울대 입학 로드맵을 만들었고, 그 이후에도 매달 한 번씩 만나면서 중간 점검을 했다. 결국 이 학생은 서울대 경영학과에 합격했다. 지역균형선발 전형을 위해서는 전 과목에 골고루 정성을 기울여야 한다.

서울대 지역균형선발 전형의 성공 사례로 김영준 군의 이야기를 하고자 한다. 김 군은 초등학교, 중학교 시절에 흔히 말하는 컴퓨터 게임 '폐인'이었다. 방과 후부터 잠들기 전 새벽 1~2시까지 컴퓨터 게임에만 매달릴 정도로 컴퓨터에 중독되어 있었다. 자연히 공부와는 담을 쌓았다.

김 군이 공부를 시작하겠다고 결심한 계기는 중학교 3학년 때의 일이다. 아버지가 직장을 잃고 집안 형편이 어려워지면서 세 식구가 외가로 들어간 것이다. 컴퓨터와 책상도 놓을 수 없을 만큼 비좁은 방에서 세 식구가 함께 생활해야 했다. 또 외갓집 식구들에게 무시당하는 듯한 아버지의 모습을 바라보면서 김 군은 꼭 성공하리라는 오기가 생겼다.

그 길로 김 군은 학원에 등록해 공부를 시작했는데, 그때가 중학교 3학년 겨울방학이었다. 학원 등록 후 김 군의 반편성 배치고사 성적은 51개 반 중 40번째 반이었다. 당연히 면학 분위기는 엉망이었다. 그러나 이미 굳은 결심을 한 김 군에게 그런 분위기는 크게 영향을 미치지 못했다. 그토록 좋아하던 컴퓨터 게임의 유혹도 뿌리쳐가며 겨울방학 내내 공부에만 집중한 결과, 배재고에 전교 200등으로 입학할 수 있었다.

만족스러운 결과는 아니었지만, 이미 자신감을 얻은 김 군은 드디어 서울대라는 목표를 가슴에 품게 된다. 이때 수학 강사였던 그의 외삼촌이 지역균형선발 전형을 이야기해 주면서 고등학교 3학년 내내 전교 3등(2012학년도부터 고등학교별 추천 인원이 3명에서 2명 이내로 줄었다) 안에 들면 서울대도 가능하다고 알려줬다.

첫 내신이 중요하다는 사실을 깨달은 김 군은 무려 7주간 중간고사 준비를 했다. 남들에 비해 기초 실력이 부족했던 터라 모든 내용을 달달 외울 수밖에 없었기 때문이다. 전 과목을 그렇게 완벽하게 외우고 본 첫 시험은 반 1등, 전교 9등이라는 놀라운 결과를 가져왔다. 김 군은 공부에 더욱 박차를 가해서 1학기 기말시험에서 전교 3등, 2학기에는 드디어 전교 1등에 오르게 되었다. 그리고 전액 장학금까지 받게 되면서 그 이후로는 여간해선 1등을 놓치지 않았다.

그러나 모의고사 성적은 내신성적만큼 오르지 않았다. 내신은 전교 1등이면서 모의고사는 전교 100등 안에 들기도 힘들었다. 두 배, 세 배의 노력을 들여 모의고사 공부에도 최선을 다했다. 남들이 6년 이상 쌓은 실력을 3년 만에 따라잡으려니 달리 방법이 없었다.

결과적으로 수능도 우수한 성적을 받게 되었지만, 중3 겨울방학 때에서야 'a'와 'an'의 차이를 처음 알게 된 김 군이 서울대에 입학할 수 있었던 것은 지역균형선발 전형이 큰 역할을 했음이 분명해 보인다. 물론 공부에 대한 김 군의 의지와 열정이 밑바탕이 되었기에 가능한 일이었다. 그러나 김 군이 전교 3등 안에 들어가 지역균형선발 전형으로 서울대에 입학할 수 있었던 가장 중요한 요소는 김 군의 환경이 특목고나 자사고가 아닌 일반고였다는 사실이다.

▶ 수시모집 일반 전형

지원 자격

수시모집 일반 전형은 2015학년도 서울대 입시의 모집 정원 중 절반 이상을 선발하는 가장 비중이 큰 전형이다. 그러나 그 명칭이 바뀌었을 뿐 2012학년도 특기자 전형과 크게 다르지는 않다. 지원 자격은 "고등학교 졸업자(2015년 2월 졸업예정자 포함) 또는 고등학교 졸업 이상의 학력이 있다고 인정된 자(고등학교졸업학력검정고시 합격자, 외국고 졸업(예정)자 포함)로서 학업 능력이 우수하고 모집 단위 관련 분야에 재능과 열정을 보인 자"에게 주어진다.

▶ 서울대 수시모집 일반 전형 방법

모집 단위	1단계	2단계
인문대학 사회과학대학 자연과학대학 간호대학 경영대학 공과대학 농업생명과학대학 생활과학대학 수의과대학 의과대학 치의학대학원 치의학과	서류 평가(100) (2배수 이내 선발)	1단계 성적(100)+면접 및 구술 고사(100)
사범대학		1단계 성적(100)+면접 및 구술 고사(60)+ 교직적성·인성검사(40)
자유전공학부		1단계 서류 평가+면접 및 구술 고사 (별도 배점 없는 종합 평가)

전형 방법

수시모집 일반 전형은 단계별로 이루어진다. 서류 평가 100퍼센트인 1단계 전형을 통과해야 2단계 전형을 볼 수 있는데 1단계 전형의 점수가 총점에 포함된다. 일반 전형에서는 1단계 전형에서 최종 합격자의 2배수를 선발할 뿐 아니라 2단계 전형의 총점 200점 중 1단계 성적이 100점이나 차지하고 있어 서류 평가 점수가 합격의 당락에 큰 영향을 미친다.

특히 자연계열에서는 의대를 제외하고는 수능 최저학력기준이 없기 때문에 2단계 전형에서 합격 여부가 결정된다. 자유전공학부는 1단계 서류 평가 후 면접 대상자를 선정하고, 2단계에서 서류 평가와 면접 결과를 종합적으로 고려하여 선발한다. 이처럼 대학의 자율 선발권이 강화될수록 일반 전형의 합격자 수가 늘어날 것이다.

전형 요소별 평가 방법

서류 평가

학교생활기록부, 추천서, 자기소개서 등 제출된 모든 서류를 토대로 지원자의 학업 능력, 학내외 활동, 전공 분야에 대한 관심, 지적 호기심, 적극적인 사고력, 창의적인 인재로 발전할 가능성, 교육 환경, 실기 능력(예술·체육계열 모집 단위) 등을 다수의 평가자가 다단계로 종합 평가한다. 합격의 당락이 결정되는 중요한 단계인 만큼 서류 준비에 최선을 다해야 한다.

면접 및 구술 고사

지역균형선발 전형과 달리 일반 전형에서는 면접 및 구술 고사가 매우 중요하다.

인문계열에서는 제출 서류를 참고하여 지원자의 학업 능력, 특기 적성 능력, 지원한 모집 단위 관련 지식과 소양 등을 종합적으로 평가하며, 모집 단위에 따라 영어 지문이나 한자가 혼용된 지문을 사용할 수 있다. 특히 경영대학에서는 영어 지문과 수학 문항을 활용하여 모집 단

▶ 공동 출제 문항을 활용하는 모집 단위

모집 단위		전공 적성 및 학업 능력 평가 시 활용하는 공동 제시문	면접 시간	답변준비 시간
인문대학		• 인문학, 사회과학 관련 제시문 • 영어 또는 한자 활용 가능	15분 내외	30분 내외
사회과학 대학	전체 모집 단위 (경제학부 제외)	• 인문학, 사회과학 관련 제시문 • 영어 또는 한자 활용 가능		
	경제학부	• 사회과학, 수학 관련 제시문 • 영어 또는 한자 활용 가능		
자연과학 대학	수리과학부	수학 관련 제시문		
	통계학과			
	물리·천문학부	물리 관련 제시문		
	화학부	화학 관련 제시문		
	생명과학부	생명과학 관련 제시문		
	지구환경과학부	지구과학 관련 제시문		
간호대학		아래 2가지 유형 중 1가지 선택 • 화학, 생명과학 관련 제시문 • 인문학, 사회과학 관련 제시문(영어 또는 한자 활용 가능)		
경영대학		• 사회과학, 수학 관련 제시문 • 영어 또는 한자 활용 가능		
공과대학		수학 관련 제시문		

▶ 공동 출제 문항을 활용하지 않는 모집 단위

모집 단위	평가 내용 및 방법	면접 시간	답변준비 시간
수의과대학	• 수의학을 전공하는 데 필요한 자질, 적성, 인성 등 • 다양한 상황 제시와 생명과학과 관련된 기본적 학업 소양을 확인하는 6개 면접실로 진행함	60분 내외 (각 면접실별 10분 내외)	상황을 숙지하기 위한 시간을 별도로 부여할 수 있음
의과대학	• 의학을 전공하는 데 필요한 자질, 적성, 인성 등 • 다양한 상황 제시(5개)와 제출서류 내용을 확인(1개)하는 6개 면접실로 진행함		
치의학대학원 치의학과	• 치의학을 전공하는 데 필요한 자질과 적성, 인성 등 • 다양한 상황 제시와 제출서류 내용을 확인하는 3개 면접실로 진행함	30분 내외 (각 면접실별 10분 내외)	

위와 관련된 전공 적성 및 학업 능력을 평가한다고 명시되어 있으니 이에 대한 준비가 필요할 것이다.

또한 지원자 1인당 15분 내외로 실시하고(모집 단위에 따라 다를 수 있다), 모집 단위에 따라 답변 준비를 위한 별도의 시간을 부여한다. 자연계열 모집 단위 대부분의 답변 준비 시간이 2배로 늘었으며, 의과대학 의예과는 60분 동안 모집 단위와 관련한 전공 적성 및 인성을 평가한다. 복수의 면접위원이 지원자 1명을 대상으로 구술시험을 실시하므로 대학교수들 앞에서 자신의 지식과 소신을 조리 있게 말하는 연습이 반드시 필요하다.

자연계열에서는 자연과학 및 그 응용 분야를 수학하는 데 필요한 기본 개념에 대한 정확한 이해, 논리적 사고력, 종합적 문제해결능력, 응용 능력과 적성 등을 심도 있게 평가하는데, 아예 평가 내용을 미리 공지하여 혼란을 방지하고 있다. 학생들은 모집 단위에 따라 지정과목과 선택과목이 다르므로 미리 살펴볼 필요가 있다. 대체적으로 수학을 지정과목으로 주는 학과는 과학 과목 중 1과목을 선택과목으로 주고, 과학 과목 중 하나를 지정과목으로 주는 경우는 수학과 나머지 과학 과목 중 하나를 선택과목으로 주게 된다. 홈페이지를 통해 문제 유형을 확인하고 자신 있는 과목을 만들어두는 것이 유리하다.

최저학력기준

최저학력기준은 수시 일반 전형에 합격한 학생들이 최소한의 수능 점수를 충족할 것을 요구하는 기준이다. 수능에서 서울대가 정한 응시

기준을 충족하고, 그 성적이 모집 단위(계열)별로 정한 기준에 해당해야 한다. 다만 외국 소재 고등학교에서 전 과정을 이수한 졸업(예정)자에 대해서는 최저학력기준을 적용하지 않는다.

특이한 점은 기존에 의대(의예과)를 제외하고는 자연계열에서만 최저학력기준을 적용하지 않았는데, 그 범위를 넓혀 2014학년도부터는 미술대학과 사범대학 체육교육과만 수능 최저학력기준을 적용한다. 사실상 거의 모든 모집 단위에서 수능 최저학력기준을 폐지하고 서류 평가와 면접 및 구술 고사만으로 신입생을 선발하기로 한 것이다.

박재현 서울대 입학본부장은 "수시모집에서는 수능 성적보다 잠재력을 보고 정시모집에서는 수능 이외의 다른 요소를 줄여 학생들의 입시 부담을 줄이는 방향으로 전형 내용을 개편했다"면서 "수능 최저학력기준을 폐지해도 서류 평가 등 입학사정관제를 통해 수준 있는 학생을 뽑을 수 있기 때문에 학력 저하 현상은 없을 것으로 본다"고 덧붙였다.

그리고 2단계에서 별도 배점 없이 종합 평가로 선발하는 자유전공학부에서도 수능 최저학력기준을 적용하지 않는다. 일반 전형에서 수능 최저학력기준이 있는 미술대학과 사범대학 체육교육과의 경우, 미술대학은 각 학과별로 다른 기준을 요구하고, 사범대학 체육교육과는 4개 영역(국어, 수학, 영어, 탐구) 중 2개 영역 이상 4등급 이내로 충족해야 한다.

증빙서류 제출

증빙서류는 자기소개서와 추천서에 기재된 내용을 증명할 수 있는 서류로, 학교생활기록부에 기록되지 않은 학내외 활동이나 학교생활기록부에 기록된 내용이더라도 그 내용이 충분히 소개되지 않은 경우에 관련 내용을 보여줄 수 있는 자료를 말한다.

학업과 관련된 활동 자료(연구보고서, 실기 능력 또는 경기 실적 확인서나 증명서 등), 학교교육과 관련된 자료, 지원자의 교육 여건을 이해하는 데 도움이 되는 기타 참고 자료 등을 모두 포함한다. 수상 경력 및 사회·봉사 활동 실적은 지원서 접수 마감일을 기준으로 최근 3년 이내의 것만 인정한다. 다만 확인서 또는 증명서 등 단순한 증빙서류나 초등학교와 중학교 재학 시의 활동 내용은 인정하지 않는다.

또한 증빙 서류는 자기소개서에 기술된 내용에 대한 진위 확인을 위해서만 활용된다. 공인어학성적, 국내 고등학교 전 과정을 이수한 자의 AP 시험 점수 등은 평가에 반영하지 않으므로 제출하지 않는다. 기타 증빙 서류는 최대 5개 항목(1개당 A4 3쪽 이내)으로 제한한다.

▶ 정시모집

서울대 정시모집 일반 전형은 올해 771명을 선발하는데, 지난해 모집 인원인 552명보다 219명이 늘었다. 무엇보다 뚜렷한 변화는 지난해까지 서울대는 정시에서 단계별 전형을 실시했지만 올해부터는 2단계에서 실시하던 논술 또는 면접고사를 폐지하고 수능 성적으로만 최종 합격자를 선발한다는 점이다. 즉 모집군을 '나'군에서 '가'군으로 바꾼 정시를 수능 중심 전형으로 단순화한 것이다. 2010학년도 전형부터 2단계 전형에서 20퍼센트 반영하던 수능 성적이 2012~2013학년도 전형에서는 30퍼센트, 2014학년도 전형에서는 60퍼센트까지 늘어났고, 결국 2015학년도는 전형 단계 구분 없이 수능 100퍼센트로 그 비중은 최고로 높아졌다.

더 자세히 살펴보면, 인문계의 경우 논술고사를 폐지하고 전공 적성과 인성 평가를 위한 면접·구술고사로 대체한다. 자연계의 경우에는 사범대와 의대 등 일부 모집 단위의 인성 면접을 제외하고는 면접·구술고사가 폐지되어 수능과 학교생활기록부로만 선발한다. 사범대학은 교직적성, 의과대학은 인적성 면접을 통해 결격 여부를 판단하되, 사범대학은 교직적성 및 인성평가를 통해 가산점을 부여할 방침이다.

학교생활기록부의 교과 영역은 동점자 처리 기준으로만 활용하며, 교과 외 영역(학내외 징계 포함)은 감점 자료로 활용한다. 정시에서 수능 성적은 표준점수와 백분위점수를 혼합해 적용하며, 국어나 영어 영역에 비해 수학 영역의 전체 반영 비율이 더 높으므로(국어 100, 수학 120, 영어 100, 탐구 80) 수학 영역의 고득점 여부가 합격에 결정적인 영향을 미칠 수 있다는 점을 명심하자.

전형 요소별 평가 방법

대학수학능력시험

서울대는 수능 성적의 등급, 표준점수, 백분위점수 가운데 전통적으로 표준점수를 선호하며 다른 대학과 다소 다른 기준으로 수능을 반영한다.

인문계열 모집 단위 지원자는 제2외국어·한문 영역에 응시해야 한다. 다른 대학들은 대부분 요구하지 않는 내용이다. 다만 국어 B, 수학 A 응시자는 국어 A, 수학 B의 성적으로 제2외국어와 한문의 성적을 갈음할 수 있다.

사회탐구 영역 응시자는 반드시 한국사를 포함하여 총 2과목에 응시해야 하며, 과학탐구 영역 응시자는 반드시 서로 다른 과목에 응시하되 Ⅱ 수준의 1개 과목을 포함하여 서로 다른 분야의 Ⅰ+Ⅱ 및 Ⅱ+Ⅱ 두 조합 중 선택해야 한다. 이 경우 동일 분야 Ⅰ+Ⅱ(가령 화학Ⅰ+화학Ⅱ)는 인정하지 않으므로 서울대를 목표로 준비하는 학생들은 탐구 영역 선택 시부터 전형을 꼼꼼하게 살펴보고 결정해야 한다.

학교생활기록부

2015학년도 서울대 정시에서는 수능 100퍼센트로 평가하고 학교생활기록부는 전형 요소에 포함되지 않는다. 단지 학교생활기록부 교과 영역을 동점자 처리 기준과 교과 이수 기준을 확인하는 자료로 활용하고, 교과 외 영역(학내외 징계 포함)을 감점 자료로 활용할 뿐이다. 교

항목	충족 기준	비고
출결	무단결석 1일 미만(무단 지각/조퇴/결과 3회는 무단결석 1일로 간주함)	국내 고등학교 전 과정을 이수한 자(졸업예정자 포함)로서 무단 지각/조퇴/결과/결석을 확인할 수 있는 경우에 한함
봉사	총 봉사활동 40시간 이상	교내외 봉사 모두 포함(고등학교 입학 이후)
교과 이수 기준	서울대가 제시한 2015학년도 교과 이수 기준을 충족한 경우	국내 고등학교 전 과정을 이수한 자(졸업예정자 포함)에 한함

과 외 영역에서 아래 출결, 봉사, 교과 이수 기준 중 1개 이상만 충족하면 감점되지 않는다.

학교생활기록부 전산정보 제공에 동의한 경우 학교생활기록부를 제출하지 않아도 되는데 대부분의 재학생은 제출하지 않아도 된다. 학교생활기록부 비적용 대상자나 소년·소녀가정 또는 가정위탁보호아동 등은 해당 서류를 제출해야 하지만 대부분은 해당사항이 없고, 학교생활기록부에 기록되어 있지 않는 평가 항목별 충족 기준을 인정받고 싶은 자들은 충족 여부를 확인할 수 있는 증빙서류(봉사활동 확인서, 어학능력 성적표 등)를 제출할 수 있으므로 참고하면 된다.

면접 및 구술고사

자연계열 모집 단위와 경영대학, 사범대학 과학교육계열은 2013학년도부터 논술 고사를 폐지하고 면접 및 구술고사를 실시한다. 이는 수시모집 일반 전형 방식과 동일한 것으로 정시모집의 비중이 낮아짐에 따라 수험생의 부담을 줄이려는 취지라고 볼 수 있다.

2015학년도 사범대학 교직적성·인성평가는 학과 적성, 교사가 갖춰야 할 기본적인 자질과 인성, 교직에 대한 이해 등을 확인하기 위해 진행된다. 평가 방법은 지원자 1명을 대상으로 복수의 면접위원이 10분 내외로 실시하고 답변 준비 시간은 10분 내외로 준다.

의과대학 인적성 면접은 의학을 전공하는 데 필요한 자질, 적성, 인성을 평가하기 위한 면접인데 4개 면접실에서 다양한 상황(3개) 제시와 제출서류(1개, 학교생활기록부 교과 영역 제외) 내용을 확인한다. 지원자 1명을 대상으로 각 면접실별로 복수의 면접위원이 평가하며, 면접 시간은 총 40분 내외(각 면접실별로 10분 내외, 상황을 숙지하기 위한 시간을 별도로 부여할 수 있음)이다.

▶ 정원 외 특별전형 ─ 기회균형선발 특별전형 Ⅰ, Ⅱ

기회균형선발 특별전형 Ⅰ은 수시모집 전형으로 크게 네 가지로 분류된다. 가난해서 교육의 기회를 제대로 받지 못하는 차상위계층 가구의 학생들을 위한 전형, 농어촌 학생들을 위한 전형, 농업계열 고등학교 졸업예정자로 소속 고등학교장의 추천을 통해 이루어지는 전형, 군지역 소재 고등학교에서 소속된 지역의 기초자치단체장으로부터 추천을 받아 사범대학 과정을 이수한 후 그 지역에 위치한 현장에서 교사로 근무하게 될 학생들을 선발하는 사범대학 지역인재육성 전형이 바로 그것이다.

이 같은 전형들의 선발을 위해 명시되어 있는 지원 자격은 크게 두 가지로 살펴볼 수 있다. 우선 고등학교 졸업예정자 또는 고등학교졸업학력검정고시 합격자로 국민기초생활보장법 제2조 제1호에 따른 기초생활수급권자 및 차상위계층 가구의 학생이다. 2013학년도 전형에는 교육과학기술부의 정원 외 특별전형 지원 자격 조정에 따라 건강보험료 납부액에 의한 지원 자격 기준이 삭제되고, 도서·벽지교육진흥법 제2조의 도서·벽지 지역이 포함됐다.

다음으로 고등학교 졸업예정자로 지방자치법 제3조에 의한 읍·면(농어촌) 지역 또는 도서·벽지 지역 소재 중고등학교에서 전 교육과정을 이수하고 지원자와 부모 모두가 지원자의 초·중·고등학교 재학 기간 중 3년 동안 읍·면(농어촌) 지역 또는 도서·벽지 지역에 거주한 학생, 읍·면(농어촌) 지역 또는 도서·벽지 지역 소재 초등학교에서 3년(6학기) 이상의 교육과정과 중고등학교에서 전 교육과정을 이수한 학생이다. 단 농어촌 및 도서·벽지 학생들은 학교장의 추천(3명)을 받아야 지원이 가능하다. 이전의 농어촌학생 특별전형은 수시모집에서 지원 기회가 없었으나, 2010학년도부터 기회균형선발 특별전형으로 통합되어 농어촌 및 도서·벽지 학생들도 수시모집에 지원할 수 있는 기회가 생겼다.

실제로 농어촌 지역의 학생들은 정상적인 경쟁을 통해서는 서울대에 입학할 가능성이 거의 없다. 우리나라 교육의 현실상 같은 나라에서 공부한다고 하지만 도저히 같은 환경에서 공부한다고는 말하기 어려운 것이다.

농어촌학생 특별전형은 지원 자격이 매우 까다롭지만, 공부를 잘하면서 모든 조건을 충족하는 학생이 별로 없어서 실질적인 경쟁률은 가장 낮은 전형이다. 자신이 지원 조건을 전부 충족하고 있다면 그 조건을 잘 유지해야 한다. 자칫 도시로 이사를 가서 최적의 조건에서 최악의 조건에 처하는 일이 없도록 주의하자. 부모의 거주 조건까지 까다롭게 명시하고 있으므로 부모도 주소를 옮기는 데 각별히 주의해야 한다. 실제로 서울대에 들어가기 위해서라면 어린 시절의 조기 유학보다 조기 귀농이 훨씬 가능성이 높다.

기회균형선발 특별전형 Ⅱ는 최근 5년 이내에 입국한 새터민(북한 이탈 주민)과 장애인복지법 제32조에 의하여 장애인 등록(1~3급)이 되어 있는 특수교육대상자를 위한 전형이다. 지원자는 다른 전형과 마찬가지로 2015학년도 수능에 응시해야 하고, 예술계열 모집 단위 지원자는 실기 능력을 평가할 수 있는 자료를 제출해야 한다.

　서울대는 약자를 위한 전형을 점차 확대해 나가고 있다. 더불어 2013학년도부터는 기회균형선발 특별전형 I에서 서류 확인을 위한 현장 실사와 '찾아가는 면접'을 시행하여 학생들의 입시 부담뿐만 아니라 경제적 부담도 줄이려 하고 있다. 교육의 평등을 이루기 위해서는 대학에 들어온 다음에 장학금을 주는 것이 아니라 대학에 들어올 수 있도록 다양한 전형을 만들어가야 한다는 측면에서 바람직한 현상이라고 할 수 있다.

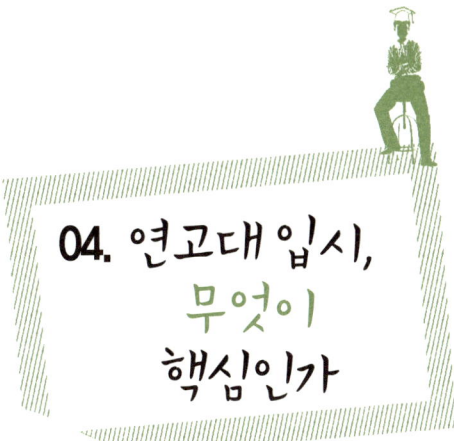

04. 연고대 입시, 무엇이 핵심인가

연세대 입시, 어떻게 준비할까

연세대도 정시모집보다 수시모집에서 훨씬 많은 학생들을 뽑는다. 2015학년도에는 2014학년도 대입과 비슷하게 약 70 : 30으로 여전히 정시로 선발하는 인원의 두 배 이상을 수시로 뽑는다. 따라서 연세대를 목표로 공부하는 경우 수시를 노리는 편이 좋다.

또한 수시는 크게 학생부교과 전형, 학생부종합 전형(학교활동우수자, 사회공헌자·다자녀 및 배려자), 일반 전형, 특기자 전형으로 나뉜다. 그리고 특기자 전형은 세부적으로 인문학인재계열, 사회과학인재계열, 과학공학인재계열, 국제계열, IT명품인재계열, 창의인재계열, 예체능 특기자 전형으로 나누어 선발한다. 서울대가 크게 두 가지 수시 전형(지역균형선발 전형, 일반 전형)으로 비교적 간단하게 선발하는 데 비해 연세대의 수시 전형은 상대적으로 복잡하게 느껴진다. 이것은 곧 연세대 입시 전형에 맞춰 잘 준비하면 합격하기가 더욱 용이하다는 말로 해석할 수 있다.

대체로 각 전형들은 지난해와 유사하다. 가장 큰 변화는 2015학년도에는 학교생활기록부 중심의 전형인 학교생활우수자 전형이 교과 성적만으로 1단계 합격자를 선발하는 학생부'교과' 전형과, 서류 평가로 선발하는 학생부'종합' 전형으로 분리되어 시행된다는 점이다. 우선 선발제도도 수시는 물론 정시의 모든 전형에서 폐지됐다. 또한 정시 모집군은 '나'군이었던 서울대가 '가'군으로 옮기면서 연세대는 '나'군으로 옮겼다.

연세대 수시는 전형에 따라 그 비율은 다르지만 모든 전형에서 내신 성적이 일정 비율 이상 반영된다. 그러므로 내신을 관리하지 않고서는 연세대에 입학하기 어렵다. 정시에서도 인문계열과 자연계열의 경우 각 계열에 해당하는 모든 과목에서 교과 50 + 비교과 50 + 수능 900(총

▶ 수시 전형별 수능 최저학력기준 적용 여부

구분	학생부 교과 전형	학생부 종합 전형	일반 전형	특기자 전형	예체능 특기자 전형	고른기회특별전형					
						연세 한마음 학생 (추천)	연세 한마음 학생 (무추천)	농어촌 학생	특성화 고교 졸업자	특수 교육 대상자	북한 이탈 주민
최저 학력 기준	○	○	○	-	-	-	-	-	○	-	-

점 1,000)으로 학교생활기록부의 교과 성적이 반영되므로 내신성적이 아주 중요하다.

또한 수시에서는 학생부교과 전형, 학생부종합 전형, 일반 전형, 일부 고른기회특별전형이 수능 최저학력기준을 적용하고 있다. 특기자 전형을 제외하고는 모두 수능 최저학력기준이 있기 때문에 수능의 중요성도 항상 염두에 둬야 한다.

▶ 수시모집

2015학년도 연세대 수시모집의 주요 변화는 다음과 같다.

첫째, 논술 위주 전형인 일반 전형의 모집 인원이 지난해보다 다소 줄어들었다(95명이 감소한 738명을 선발한다). 하지만 우선선발제도가 폐지되고 수능 최저학력기준이 강화됨에 따라 수능 최저학력기준을 충족하게 되면 합격 가능성은 지난해보다 훨씬 높아질 수 있다. 먼저 인문·사회계열의 경우 수능 국어·영어·수학·탐구(사회/과학) 영역의 등급 합계가 6등급 이내, 자연계열의 경우 국어·영어·수학·과학탐구 영역의 등급 합계가 7등급 이내(단, 수학과 과학탐구는 등급 합계가 4등급 이내), 의예·치의예의 경우 국어·영어·수학·과학탐구 영역 중 3개 영역 이상 1등급이어야 한다. 다만 탐구 영역은 2과목을 응시해야 하지만 성적은 상위 1과목만 반영된다.

둘째, 특기자 전형에서 인문학인재, 사회과학인재, 과학공학인재, 국제, IT명품인재, 창의인재, 예체능 등 계열별로 지원 자격 조건을 구분해 놓았으며 총 968명을 선발한다. 지난해와 달리 인문계열을 올해부터 인문학과 사회과학으로 분리했으며 창의인재 및 IT명품인재도 입학사정관전형에서 특기자 전형으로 변경됐다.

셋째, 학생부교과 전형과 학생부종합 전형을 신설했다. 학생부교과 전형으로는 257명, 학생부종합 전형 중 학교활동우수자 전형으로는 373명을 선발한다. 학생부교과 전형은 1단계에서 교과성적만 반영하기 때문에 높은 교과성적을 요구할 것으로 보인다. 교과성적은 다소 낮더라도 비교과에서 두각을 보인 학생들은 학교활동우수자 전형에 다수 지원할 것으로 전망된다. 수능 최저학력기준은 학생부교과 전형보다 학생부종합 전형이 좀더 높게 설정되어 있다. 두 전형 모두 특성화고 및 검정고시 출신자는 지원할 수 없고, 학생부교과 전형은 현재 고등학교 3학년 재학생만 지원할 수 있다.

일반 전형(738명)

수시에서 가장 많은 인원을 선발하는 일반 전형은 국내외 정규 고등학교 졸업자 및 2015년 2월 졸업예정자 혹은 국내 고등학교졸업자격 검정고시 합격자를 지원 대상으로 한다. 논술 70퍼센트, 교과 20퍼센트, 비교과 10퍼센트의 비율을 적용하여 총점을 합산해 합격자를 가린다. 수능 자격 기준은 인문·사회계열의 경우 국어 B·수학 A·영어·탐구(사회/과학) 영역의 등급 합계가 6 이내, 자연계열의 경우 국어 A·수학 B·영어·과학탐구 영역의 등급 합계가 7 이내(단 수학 B와 과학탐구의 등급 합계가 4 이내여야 함), 의예·치의예의 경우 국어 A·수학 B·영어·과학탐구 중 3개 영역 이상 1등급을 충족해야 한다.

다만 탐구 영역에서 사회탐구는 자유롭게 선택한 2과목 중 상위 1과목의 등급을, 과학탐구는 물리·화학·생명과학·지구과학 중 Ⅰ, Ⅱ 구분 없이 서로 다른 2과목 중 상위 1과목의 등급을 반영한다. 의예과와 치의예과는 물리, 화학, 생명과학, 지구과학 중 서로 다른 2과목의 평균 등급을 반영한다. 국어 A·수학 B·영어·탐구에 모두 응시하면 인문(사회)계열로 교차 지원할 수 있으며, 그때 수능 자격 기준은 인문·사회계열과 동일하게 적용한다.

논술시험 자연계열 응시자는 원서 접수 시 수학 외에 물리, 화학, 생명과학, 지구과학 중 1과목을 선택해야 하는데, 원서 접수를 마친 이후에는 다른 과목으로 변경하거나 다른 과목에 응시할 수 없다. 하지만 과학 과목 선택에 따라 발생할 수 있는 과목 간 점수의 차이는 보정한다.

학생부교과 전형(257명)

국내 정규 고등학교 3학년 재학생으로 2015년 2월 졸업 예정이며 3학년 1학기까지 5개 학기의 국내고 성적이 모두 있는 자(5개 학기 모두 과목별 '원점수, 평균, 표준편차'가 기재돼야 함)가 학생부교과 전형에 지원할 수 있다. 특성화고 이수자(일반고와 종합고의 직업 과정 이수자 포함) 및 검정고시 출신자는 지원할 수 없다.

1단계에서 학교생활기록부 교과성적 100퍼센트만으로 모집 인원의 3배수를 선발하기 때문에 내신성적이 절대적으로 중요한 전형이다. 2단계에서는 교과 70퍼센트와 비교과 30퍼센트로 평가하는데, 2단계

대상자들에 한해 학교생활기록부 비교과 평가를 실시하고, 학교생활기록부 교과 및 비교과 평가 점수를 환산한 총점 순으로 합격자를 선발한다.

비교과의 경우 학교생활기록부에 기록되어 있는 내용만을 종합적으로 평가하고 비교과에 관한 증빙자료 및 기타 서류는 제출할 수 없다. 공인어학성적 및 교과와 관련한 교외 수상 실적은 비교과 평가에 반영하지 않는다. 이외에 국내고 재학 중 취득한 AP/SAT 성적, 사설 기관과 연계된 해외 봉사활동 및 리더십 프로그램, 고등학교 진학 전에 취득한 비교과 자료 등도 반영하지 않는다. 따라서 학교생활에 충실하고 내신이 우수한 학생에게 유리한 전형이라 할 수 있다.

수능 자격 기준은 인문계열의 경우 국어 B·수학 A·영어·탐구(사회/과학) 중 2개 영역의 등급 합계가 4 이내, 자연계열의 경우 국어 A·수학 B·영어·과학탐구 중 2개 영역의 등급 합계가 5 이내(수학 B 또는 과학탐구 영역 중 하나 이상 2등급 이내여야 함), 의예·치의예의 경우 국어 A·수학 B·영어·과학탐구 중 3개 영역 이상 1등급 이상이어야 한다.

학생부종합 전형(423명)

학생부종합 전형은 학교활동우수자와 사회공헌자·다자녀·사회배려자 전형으로 나뉜다.

학교활동우수자(373명)

국내 정규 고등학교 2013년 2월 및 그 이후 졸업자와 2015년 2월 졸업 예정자로서 전체 고등학교 교육과정을 국내고에서 이수한 자(모든 학기의 과목별 '원점수, 평균, 표준편차'가 기재돼야 함)를 선발한다.

수능 자격 기준을 만족해야 최종적으로 선발됨에 주의하자. 인문계열의 경우 국어 B·수학 A·영어·탐구(사회/과학) 중 3개 영역의 등급 합계가 6 이내, 자연계열의 경우 국어 A·수학 B·영어·과학탐구 중 2개 영역의 등급 합계가 4 이내(수학 B 및 과학탐구 영역 중 반드시 하나 이상 2등급 이내여야 함), 의예·치의예의 경우 국어 A·수학 B·영어·과학탐구 중 3개 영역 이상이 1등급 이내여야 한다.

학교활동우수자 전형은 먼저 1단계에서 학교생활기록부, 자기소개서, 추천서를 종합적으로 평가하는 서류 100퍼센트로 학생들을 가린다. 2013학년도까지는 내신 등급이 1.0~1.3등급 이내가 아니면 1단계를 통과하기 어려웠기 때문에 서류가 준비된 우수한 학생들의 지원이 저조했지만 2015학년도부터는 좀더 다양한 학생들에게 지원 기회가 생긴 셈이다. 2단계에서 서류 70퍼센트와 면접 30퍼센트로 면접평가를 실시해 최종 합격자를 선발한다. 면접은 인성면접으로 공교육 정상화에 기여하고 고등학교 교육과정을 충실히 이수한 교양인으로서의 자질을 확인하기 위한 면접이다.

사회공헌자, 다자녀, 사회배려자(50명)

2012년 4월 이후 국내외 정규 고등학교 졸업자, 2012년 4월 이후 국내 고등학교졸업자격검정고시 합격자, 또는 2015년 2월 졸업예정자로서 아래의 지원 자격 중 하나의 자격을 갖춘 자가 지원할 수 있다.

▶ 사회공헌자, 다자녀, 사회배려자 전형의 수능 최저학력기준

전형	계열	수능 자격 기준
사회공헌자 다자녀	인문	국어B, 수학A, 영어, 탐구(사회/과학) 중 3개 영역의 등급 합계가 6 이내
	자연	국어A, 수학B, 영어, 과학탐구 중 2개 영역의 등급 합계가 4 이내 (수학B 또는 과학탐구 중 반드시 하나 이상 2등급 이내여야 함)
	의예·치의예	국어A, 수학B, 영어, 과학탐구 중 3개 영역 이상 1등급
사회배려자	인문	국어B, 수학A, 영어, 탐구(사회/과학) 중 2개 영역의 등급 합계가 4 이내
	자연	국어A, 수학B, 영어, 과학탐구 중 2개 영역의 등급 합계가 5 이내 (수학B 또는 과학탐구 중 반드시 하나 이상 2등급 이내여야 함)
	의예·치의예	국어A, 수학B, 영어, 과학탐구 중 3개 영역 이상 1등급

- 사회공헌자 : 독립유공자의 자녀 및 손자녀(외손 포함), 국가유공자 중 교육 지원 대상자(입학 지원 당시 만 30세 이전이어야 함), 5·18민주유공자 또는 그의 자녀, 민주화운동관련자 또는 그의 자녀(민주화운동관련자 명예회복 및 보상심의위원회의 민주화운동관련자증서를 제출할 수 있는 사람)

- 다자녀 : 3자녀 이상 가정 출신자

- 사회배려자 : 다문화가정 자녀(결혼 이전에 외국 국적이었던 친모(친부)와 국적이 대한민국인 친부(친모) 사이에 출생한 대한민국 국적자), 조손가정 출신자((외)할아버지, (외)할머니, 손자, 손녀로 구성된 가족으로서 부모가 사망하거나 생사가 분명하지 않은 손자녀(한부모가족증명서를 제출할 수 있는 사람)), 장애우 부모(1~3등급) 자녀, 국내외의 벽지·오지 근무 경력(5년 이상, 현재 재직 중)이 있는 선교사 및 교역자 자녀

사회공헌자·다자녀·사회배려자 전형 모두 동일하게 1단계에서 학교생활기록부, 자기소개서, 추천서 등 서류평가 성적 100퍼센트로 모집인원의 일정 배수를 면접 대상자로 선발한다. 2단계에서는 서류 70퍼센트, 면접 30퍼센트로 합격자를 최종 선발한다. 수능 자격 기준은 사회공헌자·다자녀 전형과 사회배려자 전형이 다르므로 주의하자.

고른기회특별전형(199명)

기존 기회균등특별전형에서 고른기회특별전형으로 그 명칭이 바뀐 전형으로 연세한마음학생(추천) 32명, 연세한마음학생(무추천) 48명, 농어촌학생 80명, 특성화고 졸업자 2명, 특수교육대상자 15명, 북한이탈주민 약간명을 선발한다.

연세한마음학생(추천) 전형과 북한이탈주민(인문·자연계열 지원자) 전형은 1단계 서류 100퍼센트, 2단계 서류 70퍼센트와 면접 30퍼센트로 모두 2단계에 걸쳐 최종 합격자를 선별한다. 그러나 연세한마음(무추천)·농어촌학생·특수교육대상자·특성화고 졸업자 전형은 인문·자연계열의 경우 서류 100퍼센트만으로, 예체능계열(예체능에 지원하는 북한이탈주민 포함)의 경우 서류 50퍼센트와 실기 50퍼센트로 일괄 합산해 최종 합격자를 가린다.

다만 연세한마음(무추천)·농어촌학생·특수교육대상자 전형으로 지원할 때는 수능 자격 기준의 제한을 받는다. 인문계열의 경우 국어 B, 수학 A, 영어, 탐구(사회/과학) 중 2개 영역의 등급 합계가 4 이내, 자연계열의 경우 국어 A, 수학 B, 영어, 과학탐구 중 2개 영역의 등급 합계가 5 이내(수학 B 또는 과학탐구 중 반드시 하나 이상 2등급 이내여야 함), 의예·치의예는 국어 A, 수학 B, 영어, 과학탐구 중 3개 영역 이상 1등급이어야 하며 체능의 경우에는 국어 A/B, 수학 A/B, 영어, 탐구(사회/과학) 중 3개 영역 이상 3등급 이내면 된다.

연세한마음학생

국내외 정규 고등학교 2012년 4월 이후 졸업자, 2012년 4월 이후 고등학교졸업학력검정고시 합격자 또는 2015년 2월 졸업예정자로서 국민기초생활보장수급자가 지원할 수 있다. 연세한마음학생 전형은 추천 전형과 무추천 전형으로 나뉘는데, 추천 전형의 경우에는 고등학교별로 1명만 학교장의 추천을 받아 인문·자연계열에 지원할 수 있으며(국내고 졸업(예정)자에 한하고(검정고시 출신자는 지원할 수 없다), 이 전형으로 예체능계열에는 지원할 수 없다), 수능 자격 기준을 적용하지 않는다. 학교장의 추천 없이 무추천 전형으로 지원할 경우에는 수능 자격 기준을 적용받지만 예체능계열에도 지원할 수 있다.

농어촌학생

국내 정규 고등학교 2013년 2월 및 그 이후 졸업자 또는 2015년 2월 졸업예정자로서 다음 중 하나에 해당하며 학교장의 추천을 받은 자가 지원할 수 있다. 고등학교별로 추천할 수 있는 인원은 최대 5명이다.

- 초중고 전 과정 농어촌 이수자 : 읍·면 또는 도서·벽지 소재 초중고

에 입학하여 전 교육과정을 이수한 졸업자 또는 2015년 2월 졸업 예정자로서, 초중고 재학 기간 중 본인이 6년 이상 읍·면·도서·벽지 지역에서 거주한 자(고등학교 재학생의 경우 졸업 시까지 본인의 농어촌 거주 요건을 충족시켜야 함)

- 중고 전 과정 농어촌 이수자 : 읍·면 또는 도서·벽지 소재 중고에 입학하여 전 교육과정을 이수한 졸업자 또는 2015년 2월 졸업예정자로서, 중고 재학 기간 중 본인과 그의 부모 모두가 읍·면·도서·벽지 지역에서 거주한 자(고등학교 재학생의 경우 졸업 시까지 본인의 농어촌 거주 요건을 충족시켜야 함)

읍·면에 있더라도 과학고, 외고, 국제고, 예술고, 체육고에 재학한 적이 있거나 검정고시에 합격한 사람에게는 농어촌학생의 지원 자격이 박탈된다는 점에 주의하자. 그러나 고등학교 1학년 과정이 시작되는 당해 연도 3월 31일 이내에 도시 학교에서 읍·면·도서·벽지 소재 학교로 전입학한 학생은 읍·면·도서·벽지 소재 학교에 입학한 자로 인정해 준다(4월 1일 이후 전입학자는 지원 자격을 인정하지 않음).

특성화고 졸업자

국내 특성화고에 입학하여 전 교육과정을 이수한 2013년 2월 및 그 이후 졸업자 또는 2015년 2월 졸업예정자로서 다음 중 하나에 해당하고 학교장의 추천을 받은 자가 지원할 수 있다. 고등학교별로 추천할 수 있는 인원은 최대 5명이다.

- 지원 모집 단위에 해당되는 고등학교 학과별 기준학과를 이수한 자
- 지원 모집 단위에 해당되는 고등학교 학과별 기준학과를 이수하지 않았지만 지원 모집 단위와 관련된 전문교과를 30단위 이상 이수한 자

고등학교 1학년 과정이 시작되는 당해 연도 3월 31일 이내에 일반고에서 특성화고에 전입학한 학생은 특성화고에 입학한 자로 인정해주지만(4월 1일 이후 전입학자는 지원 자격을 인정하지 않음), 종합고 보통과는 지원할 수 없다. 또한 대학교육협의회의 결정에 따라 마이스터고 졸업생은 특성화고 졸업자로 인정하지 않는다.

특수교육대상자
국내외 정규 고등학교 졸업자, 고등학교졸업학력검정고시 합격자 또는 2015년 2월 졸업예정자로서 장애인(1~3급) 또는 상이등급자(1~6급)로 등록되어 있는 자가 지원할 수 있다.

북한이탈주민
북한이탈주민으로서 국내외 정규 고등학교 졸업자, 고등학교졸업학력검정고시 합격자 또는 2015년 2월 졸업예정자가 지원할 수 있다.

특기자 전형

2015학년도 연세대 특기자 전형은 지난해 3개 계열(인문/자연/국제)에서 올해 6개 계열로 세분화됐다. 인문학인재계열, 사회과학인재계열, 과학공학인재계열, 국제계열, IT명품인재계열, 창의인재계열로 나누어 선발하는데, 올해도 모집 인원이 약간 늘어서 2015학년도에는 968명을 특기자 전형으로 선발한다. 이때 특기자 전형은 수능 최저학력기준을 적용받지 않는다.

인문학인재계열, 사회과학인재계열, 과학공학인재계열

2012년 4월 이후 국내외 정규 고등학교 졸업자, 2012년 4월 이후 국내 고등학교졸업자격검정고시 합격자 또는 2015년 2월 정규 고등학교 졸업예정자로서 다음의 계열별 지원 자격을 갖춘 자(특성화고 이수자, 일반고와 종합고의 직업 과정 이수자 제외)가 지원할 수 있다.

인문학인재계열(102명)

- 국내 정규 고등학교 학교생활기록부 교과학습 발달상황에 기재된 이수 단위 및 등급 조건이 다음 중 하나를 충족하고, 인문학 인재로서의 성장 잠재력을 보여줄 수 있는 자 : 국어, 영어, 제2외국어(한문 제외) 관련 교과의 상위 30단위 가중평균등급이 2등급 이내인 자 또는 영어, 제2외국어(국제교과 포함, 한문 제외) 관련 교과의 이수 단위가 45단위 이상인 자
- 국내 고등학교졸업자격검정고시 합격자 및 해외고 출신자의 경우

인문학 인재로서의 성장 잠재력을 보여줄 수 있는 입증 자료(연구보고서, 대외 수상 및 활동 경력, 발표된 논문 등)를 제출할 수 있는 자

사회과학인재계열(118명)

- 국내 정규 고등학교 학교생활기록부 교과학습 발달상황에 기재된 이수 단위 및 등급 조건이 다음 중 하나를 충족하고 사회과학 인재로서의 성장 잠재력을 보여줄 수 있는 자 : 수학, 영어, 사회 관련 교과의 상위 30단위 가중평균등급이 2등급 이내인 자 또는 영어, 국제교과(제2외국어 포함, 한문 제외) 관련 교과의 이수 단위가 45단위 이상인 자
- 국내 고등학교졸업자격검정고시 합격자 및 해외고 출신자의 경우 사회과학 인재로서의 성장 잠재력을 보여줄 수 있는 입증 자료(연구보고서, 대외 수상 및 활동 경력, 발표된 논문 등)를 제출할 수 있는 자

과학공학인재계열(240명)

- 국내 정규 고등학교 학교생활기록부 교과학습 발달상황에 기재된 이수 단위 및 등급 조건이 다음 중 하나를 충족하고 과학공학 인재로서의 성장 잠재력을 보여줄 수 있는 자 : 수학, 과학 관련 교과의 상위 30단위 가중평균등급이 3등급 이내인 자 또는 수학, 과학 관련 전문교과 이수 단위가 10단위 이상인 자
- 국내 고등학교졸업자격검정고시 합격자 및 해외고 출신자의 경우 과학공학 인재로서의 성장 잠재력을 보여줄 수 있는 입증 자료(연구보고서, 대외 수상 및 활동경력, 발표된 논문 등)를 제출할 수 있는 자

국제계열(394명)

2012년 4월 이후 국내외 정규 고등학교 졸업자, 2012년 4월 이후 국내 고등학교졸업자격검정고시 합격자 또는 2015년 2월 정규 고등학교 졸업예정자 중 글로벌 인재로서 성장 잠재력을 보여줄 수 있는 자(특성화고 이수자, 일반고와 종합고의 직업 과정 이수자 제외)가 지원할 수 있다.

인문학인재계열, 사회과학인재계열, 과학공학인재계열, 국제계열 전형은 모두 서류 100퍼센트의 종합 평가인 1단계를 거친다. 1단계에서는 학생이 제출한 학교생활기록부, 자기소개서, 추천서 등을 종합적으로 평가하는데, 이 성적으로 모집 인원의 일정 배수를 면접대상자로 가린다. 2단계에서는 서류 70퍼센트, 면접구술시험 30퍼센트로 서류 평가 점수와 면접구술시험 점수를 합산한 총점 순으로 최종 합격자를 선발한다.

이때 면접구술시험은 심층면접으로 진행되는데, 인문학인재계열·사회과학인재계열의 경우에는 대학 수학에 필요한 인문·사회학적인 심층사고능력을 평가하기 위한 면접이, 과학공학인재계열의 경우에는 대학 수학에 필요한 수학·과학적 심층사고능력을 평가하기 위한 면접이, 국제계열의 경우에는 세부 계열에 따라 약간 달라지지만 영어 면접이 이루어진다.

IT명품인재계열(21명)

공과대학 글로벌융합공학부(국제캠퍼스 소재)를 대상으로 선발하는

데, 2012년 4월 이후 국내외 정규 고등학교 졸업자, 2012년 4월 이후 국내 고등학교졸업자격검정고시 합격자, 또는 2015년 2월 졸업예정자로서 IT명품인재의 성장 잠재력을 보여줄 수 있는 자가 지원할 수 있다.

최종 합격자는 1단계 서류 100퍼센트, 2단계 서류 70퍼센트와 면접구술시험 30퍼센트로 선발된다. 2단계 평가 대상자는 자기소개서의 창의성·우수성 항목을 입증할 수 있는 자료를 제출해야 한다. 면접은 수험생의 창의성과 우수성을 평가할 수 있는 두 가지 형태의 면접, 학습역량 평가면접(학업수행능력, 공학 인재로서의 자질, 논리적 사고능력 등을 종합적으로 판단하기 위한 면접)과 융합적합성 평가면접으로 진행된다. 특히 융합적합성 평가면접은 창의력이나 리더십 등을 종합적으로 평가하기 위해 일정한 주제에 대해 응시자 간의 토론면접으로 이루어진다.

창의인재계열(20명)

2012년 4월 이후 국내외 정규 고등학교 졸업자, 2012년 4월 이후 국내 고등학교졸업자격검정고시 합격자, 또는 2015년 2월 졸업예정자로서 창의인재의 성장 잠재력을 보여줄 수 있는 자가 지원할 수 있다. 각 모집 단위별로 최대 2명 이내, 해당 모집 단위 전체에서 20명 이내로 선발한다.

IT명품인재계열 전형처럼 2단계에 걸쳐 최종 합격자를 가리는데, 수험생의 창의성과 우수성을 평가하기 위해 다양한 방식을 활용하는 이 전형의 면접은 수험생 1인당 30분~1시간 동안 이루어진다. 수험생이 제출한 서류에 대한 확인 및 보충 질문과 함께 창의성·우수성에 관한 발표를 요구할 수도 있다.

예능계열(26명)

국내외 정규 고등학교 졸업자, 2015년 2월 졸업예정자 혹은 국내 고등학교졸업자격검정고시 합격자가 지원할 수 있다. 1단계 1차 실기 시험으로 모집 인원의 일정 배수를 2차 실기 시험 대상자로 선발하고, 2단계에서 2차 실기 시험을 통해 최종 합격자를 가린다. 2단계에서는 2차 실기 시험 성적만을 반영하되 90점 이상 성적순에 따른다. 지원자의 인성을 파악하기 위해 학교생활기록부를 평가하는데, 그 결과는 평가 점수에 반영하지 않지만 일정 수준에 미달할 경우 불합격으로 처리할 수 있다.

체능계열(47명)

국내 정규 고등학교 졸업자, 2015년 2월 졸업예정자 혹은 국내 고등학교졸업자격검정고시 합격자로서 단체 종목(축구, 농구, 야구, 빙구, 럭비)과 개인 종목(체육교육학과―골프, 스포츠레저학과―우선선발종목(빙상·수영), 대학체육회 가맹 종목)의 일정 조건에 해당하는 자가 지원할 수 있다. 체능계열은 1단계 서류와 동영상 평가, 2단계 실기평가(단체종목)와 면접평가(개인종목)를 거쳐 선발한다.

▶ 정시모집

연세대의 2015학년도 정시모집에 대해 살펴보자. 2014학년도와 마찬가지로 정시에서 일반 전형 하나만 실시한다. 인문·자연계열은 학교생활기록부 100(교과 50, 출석 25, 봉사 25), 수능 900으로 평가하기 때문에 내신이나 비교과가 덜 준비됐더라도 수능 성적이 높은 학생들은 얼마든지 연세대 합격을 노릴 수 있다.

정시 일반 전형에는 국내외 정규 고등학교 졸업자, 2015년 2월 졸업예정자, 고등학교졸업학력검정고시 합격자, 또는 이와 동등 이상의 학력이 있다고 인정된 자로 2015학년도 수능을 치른 사람만이 지원할 수 있다. 다만 모집 단위별로 수능 요구 과목의 차이가 있다. 인문계열은 국어 B·수학 A·영어·사회탐구 또는 과학탐구를, 자연계열은 국어 A·수학 B·영어·과학탐구를 요구한다. 체능계열은 국어·수학·영어 모두 A 또는 B, 그리고 사회탐구 또는 과학탐구를 요구하며 예능계열은 따로 수능 요구 과목이 없다.

주의할 점은 사회탐구 영역은 자유선택 2과목을 반영하는데 과학탐구 영역의 경우 Ⅰ, Ⅱ 구분 없이 물리, 화학, 생명과학, 지구과학 중 서로 다른 2과목을 선택할 수 있다. 둘 중 하나는 Ⅱ 과목의 선택을 필수로 하는 서울대와 구별되는 점이다. 또한 국어 A, 수학 B, 영어에 모두 응시한 자는 인문계열로 교차 지원할 수 있다.

또한 인문계열 모집 단위에서 제2외국어/한문 영역은 필수 응시 영역이 아니지만, 만약 응시했을 경우 탐구(사회탐구 또는 과학탐구) 과목으로 인정하여 최고점 2과목을 산출할 때 반영된다. 그러나 이때도 제2

외국어/한문 영역의 응시 여부와 상관없이 탐구 영역은 반드시 2과목 이상을 응시해야 한다.

고려대 입시, 어떻게 준비할까

▶ **수시모집**

2015학년도 고려대 입학 정원은 2014학년도 3,823명에서 26명이 줄어든 3,767명인데 그중에서 73퍼센트를 수시로 선발한다. 고려대 수시모집은 일반 전형, 학교장추천 전형, 융합형인재 전형, 특별 전형(국제인재, 과학인재, 체육인재), 기회균등특별전형(사회공헌자 1·2, 사회배려자, 농어촌학생, 특성화고 졸업자 및 특성화고졸 재직자, 특수교육대상자)으로 나누어진다. 수시 전형은 대부분 지난해와 유사하지만 융합형인재 전형이 신설됐으며, 정시에서 선발하던 특성화고 출신자와 특수교육대상자 전형을 수시로 옮겼다. 지난해 특기자 전형이었던 OKU미래인재 전형은 폐지됐다.

2014학년도와 크게 달라진 점은 일부 모집 단위가 통폐합됐다는 것이다. 사범대 컴퓨터교육과는 2013~2014년 학과 통폐합 과정에서 기존 정보통신대학 컴퓨터학과와 합쳐져 새로 신설된 정보대학 컴퓨터학과가 됐다. 즉 2015학년도 입시에서는 사범대에 컴퓨터교육과가 없어졌으므로 지원도 받지 않는다. 또한 임상병리학과, 방사선학과, 물리치료학과, 치기공학과, 식품영양학과, 환경보건학과, 생체의공학과, 보건행정학과의 8개 모집 단위가 바이오의공학부, 바이오시스템의과학부, 보건환경융합과학부, 보건정책관리학부의 4개 모집 단위로 통폐합됐다. 그 과정에서 2015학년도 신입학 학생부터는 물리치료학과, 방사선학과, 임상병리학과, 치기공학과 등에서 국가고시 응시를 통한 취업을 목표로 운영되던 커리큘럼도 더 이상 운영하지 않기로 했다.

고려대는 우선선발과 백분위 사용을 지양하는 교육부의 방침을 2015학년도 대입에 반영했다. 가령 2014학년도 대입에서는 '2개 영역 2등급 이내'였던 수능 최저학력기준을 2015학년도부터는 인문계·자연계 '3개 영역 2등급 이내', 경영대학·정경대학·자유전공학부 '국어·수학·영어의 등급 합계가 5 이내', 의과대학 '국어·수학·영어의 등급 합계가 4 이내'로 강화했다. 정부가 올해부터 수능 우선선발제도를 폐지하자 성적이 우수한 학생들을 확보하기 위해 수능 최저학력기준을 높인 것으로 해석할 수 있다. 수시 전형은 특별 전형을 제외하고 모두 최저학력기준을 요구하기 때문에 내신과 함께 수능도 철저히 준비해야 한다.

▶ 2015학년도 고려대 수시 전형별 수능 최저학력기준 적용 여부

구분	일반전형	학교장추천	융합형인재	학교생활기록부 위주							실기 위주		
				기회균등특별전형						특별 전형		
				사회공헌자	사회배려자	농어촌학생	특성화고졸업자	특성화고졸업자	특수교육대상자	특성화고졸재직자	국제인재	과학인재	체육인재
최저학력기준	○	○	○	○	○	○	○	○	○	○	–	–	–

▶ 2015학년도 고려대 수시 전형별 지원 자격

전형			일반고	특목고	특성화고	외국고	검정고시
학교생활기록부위주		일반 전형	○	○	○	○	○
		학교장추천	재수생	×	×	×	×
		융합형인재	재수생	재수생	재수생	×	2014. 2 이후
	기회균등특별전형	사회공헌자 1	삼수생	삼수생	삼수생	×	2013. 2 이후
		사회공헌자 2	삼수생	삼수생	삼수생	×	2013. 2 이후
		사회배려자 (정원 외)	삼수생	삼수생	삼수생	×	2013. 2 이후
		농어촌학생 (정원 외)	재수생	×	재수생	×	×
		특수교육대상자 (정원 외)	○	○	○	×	○
		특성화고졸업자 (정원 외)	×	×	재수생	×	×
		특성화고졸 재직자(정원 외)	×	×	3년 근무	×	×
실기위주	특별전형	국제인재	○	○	○	○	○
		과학인재	○	○	○	○	○
		체육인재	○	○	○	○	○

복수 지원 관련해서는 수시의 모든 전형에서 최대 6회까지 가능하다. 다만 논술고사를 실시하는 일반 전형과 실기 위주 특별 전형인 국제인재·과학인재·체육인재 전형에서는 복수 지원할 수 있지만(재외국민 전형 등 정원 외 전형도 포함된다. 다만 부모 모두 외국인인 전형은 수시 지원 횟수 6회 제한 대상에서 제외한다), 학교장추천 전형과 융합형인재 전형의 경우에는 2개 중 1개 전형에만 지원할 수 있다. 기회균등특별전형도 전부 7개 중 1개 전형에만 지원할 수 있다.

지원 자격도 전형별로 다르다. 일반 전형과 국제인재·과학인재·체육인재 전형에는 고등학교 졸업예정자나 졸업자라면 누구나 지원할 수 있지만 일부 전형에는 지원 자격이 제한되어 있다. 학교장추천 전형에는 일반고 학생만이 지원할 수 있는데, 학교장 추천을 받을 수 있는 학생은 재수생까지다. 융합형인재 전형은 외국고 출신을 제외한 학생들이 지원할 수 있는데, 일반고·특목고·특성화고 학생의 경우에는 재수생까지, 검정고시생은 올해 2월 이후 합격한 학생만이 지원할 수 있다.

이제 고려대의 2015학년도 수시모집을 자세히 살펴보자.

일반 전형(1,210명)

수시에서 가장 많은 인원을 선발하는 전형이다. 이 전형에는 국내외 정규 고등학교 졸업(예정)자, 또는 이와 동등 이상의 학력이 있다고 인정된 자가 지원할 수 있다. 논술 45퍼센트, 학교생활기록부(교과) 45퍼센트, 학교생활기록부(비교과) 10퍼센트로 일괄 선발하는데, 이때 동점자는 모두 선발된다.

학교생활기록부 교과의 경우 계열별로 반영 과목이 다르다. 인문계는 국어·영어·수학·사회 교과군에 해당하는 전 과목, 자연계는 국어·영어·수학·과학 교과군에 해당하는 전 과목의 성적을 반영한다. 또한 일반 전형은 수능 최저학력기준의 적용을 받는다.

인문계의 경우 국어 B·수학 A·영어·사회탐구 또는 국어 A·수학 B·영어·과학탐구 중 3개 영역 이상 2등급 이내, 경영대학·정경대학·자유전공학부의 경우 국어 B·수학 A·영어 또는 국어 A·수학 B·영어 3개 영역의 등급 합계가 5 이내여야 한다. 또한 자연계의 경우 국어 A·수학 B·영어·과학탐구 중 2개 영역 이상 2등급 이내(수학 B 또는 과학탐구를 반드시 포함해야 함), 의과대학의 경우 국어 A·수학 B·영어 3개 영역의 등급 합계가 4 이내여야 한다. 다만 탐구 영역은 별도 지정 과목이 없으나 반드시 2개 과목을 응시해야 하며 2개 과목의 평균 등급을 반영한다.

학교장추천 전형(630명)

입학사정관이 참여하는 학교생활기록부 위주 종합 전형으로, 국내 일반고 2014년 2월 이후 졸업(예정)자 중 국내고 교과성적이 5학기 이상 기재되어 있는(해당 학기 모두 과목별 '원점수, 평균, 표준편차, 석차등급'이 기재돼야 함) 자로서 학교장의 추천을 받은 자가 지원할 수 있다. 고등학교별로 추천할 수 있는 인원은 인문계와 자연계 각각 2명이다. 이 전형에는 특목고 졸업(예정)자, 특성화고 졸업(예정)자, 일반고와 종합고의 전문계 과정 이수자, 고등학교졸업학력검정고시 출신자는 지원할 수 없다. 다시 한 번 말하지만 '학교장추천 전형'과 '융합형인재 전형' 간에는 복수로 지원할 수 없음에 주의하자.

고려대는 학교장추천 전형의 추천 기준을 "고려대가 추구하는 인재상에 부합하고 고려대에 진학하려는 적극적인 의지를 지닌 자, 교과 활동, 학생회 활동 및 봉사활동 등 비교과 활동에도 적극적인 자, 모집 단위(전공 영역)에 대한 잠재력과 창의적인 문제해결능력을 갖춘 자"로 밝혀놓았다. 물론 이 기준에도 부합해야겠지만 실상은 내신 기준으로 전교 2~3등 이내에 들어가는 학생들이 지원할 수 있다는 점을 잊지 말아야 한다.

먼저 1단계에서 서류 100퍼센트(학교생활기록부 교과 80퍼센트 + 학교생활기록부 비교과, 자기소개서, 학교장 추천서 등 종합 평가 20퍼센트)로 모집 인원의 3배수 내외를 선발하고, 2단계에서 1단계 성적 70퍼센트와 면접 30퍼센트로 최종 합격자를 가린다. 이 전형에도 수능 최저학력기준이 적용되어 인문계와 자연계 모두 수능 응시 영역 중 2개 영역 평균 2등급 이내(자연계의 경우 수학 또는 과학탐구를 반드시 포함), 의과대학은 국어 A·수학 B·영어 3개 영역의 등급 합계가 4 이내여야 한다. 다만 탐구 영역을 반영할 때는 2개 과목 평균 등급으로 해야 한다.

융합형인재 전형(280명)

특기자 전형이었던 OKU미래인재 전형이 폐지되고 융합형인재 전형이 2015학년도에 신설됐다. 입학사정관이 참여하는 학교생활기록부 위주 종합전형인 이 전형에는 국내고 2014년 2월 이후 졸업(예정)자 또는 이와 동등 이상의 학력이 있다고 인정된 자로서 자신의 전공 분야를 선도할 창의적 사고력과 역량을 가진 자가 지원할 수 있다.

역시 2단계를 거쳐 최종 합격자를 선발한다. 1단계에서는 학교생활기록부, 자기소개서, 추천서 등을 종합적으로 평가하는 서류 100퍼센트를 통해 3배수 내외를 가린다. 2단계에서는 1단계 성적 70퍼센트와 면접 30퍼센트를 반영한다. 2단계 면접의 경우 2인 이상의 면접위원이 고려대 인재상에 부합하는 기본 역량과 융합형 인재로의 발전 가능성이 있는지를 심층적으로 평가한다.

이 전형도 수능 최저학력기준을 충족해야 최종적으로 합격할 수 있는데, 그 기준은 학교장추천 전형과 같다. 2단계에 걸친 전형 방법도 학교장추천 전형과 같은데, 이는 지난해까지 고려대에는 학교생활기록부 종합전형이 학교장추천 전형뿐이었기 때문에 학교장의 추천을 받지 못했거나 경쟁 대학 종합전형과 동시에 지원할 수 없었던 상황을 해결하고자 노력한 결과라 할 수 있다.

특별 전형

국제인재(280명)

국내외 고등학교 졸업(예정)자 또는 이와 동등 이상의 학력이 있다고 인정된 자로서 세계를 선도할 역량을 갖추고 외국어(영어, 독일어, 프랑스어, 중국어, 러시아어, 일본어, 스페인어) 분야에서 탁월한 재능과 열정을 보인 자가 지원할 수 있다.

1단계 서류 100퍼센트로 먼저 모집 인원의 3배수 내외를 선발하는데 외국어 역량, 고등학교 성적, 고등학교 재학 중 활동 등과 관련된 지원자의 제출 서류를 종합적으로 평가한다. 2단계에서는 1단계 성적 70퍼센트, 면접 30퍼센트를 합산하여 최종 합격자를 선발한다.

면접은 한국어로 진행되며 2인 이상의 면접위원이 글로벌 리더로서의 소양과 고려대 인재상에 부합하는 기본 역량을 갖췄는지 심층적으로 평가한다. 다만 국제학부는 영어심층면접(영어 에세이 능력 포함)을 실시한다. 이 전형은 수능 지정 응시 영역 및 최저학력기준에서 자유롭다.

과학인재(자연계 250명, 사이버국방 20명)

국내고 졸업(예정)자 또는 이와 동등 이상의 학력이 있다고 인정된 자로서 수학 및 과학(물리, 화학, 생명과학, 지구과학 등) 분야에서 학업 성적이 우수하거나 모집 단위 관련 분야에 재능과 열정을 보인 자가 지원할 수 있다.

1단계 서류 100퍼센트(수학 및 과학 관련 역량과 고등학교 재학 중 활동 등 지원자의 제출 서류를 종합적으로 평가), 2단계 1단계 성적 70퍼센트와 면접 30퍼센트(2인 이상의 면접위원이 고려대 인재상에 부합하는 기본 역량과 과학 인재로의 발전 가능성이 있는지를 심층적으로 평가)를 선발하는 방법은 국제인재 전형과 동일하다. 다만 사이버국방학과의 경우 2단계 반영 비율(1단계 성적 60퍼센트, 면접 20퍼센트, 기타 20퍼센트)이 약간 다르다. 이 전형에도 수능 지정 응시 영역 및 최저학력기준이 적용되지 않는다.

체육인재(45명)

단체 종목과 개인 종목으로 구분하여 지원 자격을 부여한다.

- **단체 종목** : 고등학교 졸업(예정)자 또는 이와 동등 이상의 학력이 있다고 인정되는 자로서 전국·국제 규모 대회에 참가하여 우수한 실력을 발휘한 단체 종목 선수 중 국가대표, 국가대표 상비군, 청소년대표, 전국대회 16강 이상, 각 종목 협회에서 주최하는 리

그 대회에서 소속팀 경기 숫자의 30퍼센트 이상을 출전한 자
- 개인 종목 : 고등학교 졸업(예정)자 또는 이와 동등 이상의 학력이 있다고 인정되는 자로서 전국·국제 규모 대회에 참가하여 우수한 실력을 발휘한 개인 종목 선수 중 심사 연도를 기준으로 3년 이내의 기간에 국가대표, 청소년대표, 공인된 국제대회(프로대회 포함) 입상자(1, 2, 3위 이상) 자격을 취득한 자

전형 방법은 1단계 서류 100퍼센트, 2단계는 1단계 성적 70퍼센트와 면접 30퍼센트로 이루어지며, 역시 수능 지정 응시 영역 및 최저학력기준은 없다.

기회균등특별전형

학교생활기록부 위주 종합전형으로 모두 입학사정관이 평가에 참여한다.

사회공헌자 1, 2(45명)

국내고 2013년 2월 이후 졸업(예정)자 또는 이와 동등 이상의 학력이 있다고 인정된 자로서 다음 중 하나에 해당하는 자가 지원할 수 있다.

- 사회공헌자 1 : 국가유공자 및 그의 자녀, 독립유공자의 자녀 및 손자녀(외손 포함), 고엽제후유의증 환자 및 그의 자녀, 5·18민주유

공자 및 그의 자녀

- 사회공헌자 2 : 도서·벽지 근무 공무원 및 도서·벽지 국영기업체 임직원의 자녀, 20년 이상 장기 복무하고 있는 직업군인의 자녀(국방부장관의 추천), 다문화가구의 자녀, 다자녀(3자녀 이상) 가구의 자녀

1단계 서류 100퍼센트 평가로 모집 인원의 5배수 내외를 선발하고, 2단계에서 1단계 성적 70퍼센트와 면접 30퍼센트로 합격자를 선별한다. 이 전형은 수능 최저학력기준을 적용하므로 인문계와 자연계 모두 수능 응시 영역 중 2개 영역 평균 2등급 이내여야 최종 합격된다. 다만 탐구 영역을 반영할 때는 2개 과목 평균 등급으로 하되, 자연계의 경우 수학 B 또는 과학탐구 영역을 반드시 포함해야 한다.

사회배려자(67명)

국내고 2013년 2월 이후 졸업(예정)자 또는 이와 동등 이상의 학력이 있다고 인정된 자로서 국민기초생활보장법에 따른 수급권자 및 그의 자녀, 차상위계층 중 차상위복지급여 수급 가구의 학생 및 우선돌봄 차상위 가구의 학생, 소년·소녀 가장(가정위탁 포함), 아동복지시설 재원자가 지원할 수 있다.

1단계 서류 100퍼센트 평가로 모집 인원의 5배수 내외를 선발하고, 2단계에서 1단계 성적 70퍼센트와 면접 30퍼센트로 합격자를 선별한다. 이 전형도 수능 최저학력기준을 적용하므로 인문계와 자연계 모두 수능 응시 영역 중 2개 영역 평균 2등급 이내여야 최종 합격된다. 다만

탐구 영역을 반영할 때는 2개 과목 평균 등급으로 하되, 자연계의 경우 수학 B 또는 과학탐구 영역을 반드시 포함해야 한다.

농어촌학생(67명)

2014년 2월 이후 국내고 졸업(예정)자로서 읍·면·도서·벽지 지역에 있는 중고교의 6년 전 교육과정을 이수한 자 중 해당 재학 기간 동안 본인 및 그의 부모 모두가 읍·면·도서·벽지 지역에 거주한 학생, 읍·면·도서·벽지 지역에 있는 초중고교 12년 교육과정을 모두 이수한 학생 중 해당 재학 기간 동안 본인이 읍·면·도서·벽지 지역에 거주한 학생이 지원할 수 있다. 다만 이 전형에 지원할 때는 학교장의 '농어촌학생 확인서'를 받아야 한다.

1단계 서류 100퍼센트 평가로 모집 인원의 5배수 내외를 선발하고, 2단계에서 1단계 성적 70퍼센트와 면접 30퍼센트로 합격자를 선별한다. 이 전형도 수능 최저학력기준을 적용하므로 인문계와 자연계 모두 수능 응시 영역 중 2개 영역 2등급 이내여야 최종 합격된다(의과대학의 경우는 국어 A, 수학 B, 영어의 등급 합계가 4 이내). 다만 탐구 영역을 반영할 때는 2개 과목 평균 등급으로 하되, 자연계의 경우 수학 B 또는 과학탐구를 반드시 포함해야 한다.

특성화고 졸업자(25명)

국내 특성화고에 입학하여 전 교육과정을 이수한 2014년 2월 이후 졸업(예정)자 중 '동일계열 이수확인서'를 받은 자가 지원할 수 있다. 다만 종합고의 전문계 학과 출신자는 지원할 수 있지만 마이스터고 졸업자는 지원할 수 없음에 주의하자.

1단계 서류 100퍼센트 평가로 모집 인원의 5배수 내외를 선발하고, 2단계에서 1단계 성적 70퍼센트와 면접 30퍼센트로 합격자를 선별한다. 이 전형도 수능 최저학력기준을 적용하므로 인문계와 자연계 모두 수능 응시 영역 중 2개 영역 2등급 이내여야 최종 합격된다. 다만 탐구 영역을 반영할 때는 2개 과목 평균 등급으로 하되, 자연계의 경우 수학 B 또는 과학탐구를 반드시 포함해야 한다.

특성화고졸 재직자(30명)

특성화고 졸업자로 국내에 있는 산업체에 3년 이상 재직 중인 사람이 지원할 수 있다. 이 전형에서 특성화고는 특성화고, 산업수요맞춤형 고등학교(마이스터고), 특성화고와 같은 교육과정을 운영하는 학과가 있는 일반고(종합고)를 모두 포함한다. 1단계 서류 100퍼센트 평가로 모집 인원의 5배수 내외를 선발하고, 2단계에서 1단계 성적 70퍼센트와 면접 30퍼센트로 최종 합격자를 선별한다. 기회균등특별전형 중 유일하게 수능 지정 응시 영역 및 최저학력기준이 적용되지 않는다.

특수교육대상자(37명)

국내고 졸업(예정)자 또는 이와 동등 이상의 학력이 있다고 인정된 자로서 장애인(1~6급) 또는 상이등급자로 등록되어 있는 자가 지원할 수 있다. 1단계 서류 100퍼센트 평가로 모집 인원의 5배수 내외를 선발하고, 2단계에서 1단계 성적 70퍼센트와 면접 30퍼센트로 최종 합격자를 선별한다. 이 전형도 수능 최저학력기준을 적용하므로 인문계와 자연계 모두 수능 응시 영역 중 2개 영역 2등급 이내여야 최종 합격된다. 다만 탐구 영역을 반영할 때는 2개 과목 평균 등급으로 하되, 자연계의 경우 수학 B 또는 과학탐구를 반드시 포함해야 한다.

▣ 정시모집

고려대 정시모집은 크게 일반 전형(사이버국방 포함)과 기회균등특별전형(농어촌학생)으로 나누어진다. 2015학년도 총 모집 인원 중 수시로 73퍼센트가량 선발한 나머지 27퍼센트 정도를 정시로 선발한다.

일반 전형의 경우 고등학교 졸업(예정)자 또는 이와 동등 이상의 학력이 있다고 인정된 자들 중 1,042명을 모집한다. 수능 90퍼센트와 학교생활기록부 10퍼센트(교과 8퍼센트 + 비교과 2퍼센트)로 선발하는데, 2014학년도에 수능 50퍼센트와 학교생활기록부 50퍼센트로 반영한 것과 비교하면 수능의 비중이 대폭 증가했음을 확인할 수 있다.

수능 점수는 인문계의 경우 국어 B 200, 수학 A 200, 영어 200, 사회탐구 100이고 자연계의 경우 국어 A 200 수학 B 300, 영어 200, 과학탐구 300의 비율로 반영된다. 학교생활기록부 반영 교과군도 계열별로 다르다. 인문계와 예능계는 국어 · 외국어(영어) · 수학 · 사회를, 자연계는 국어 · 외국어(영어) · 수학 · 과학을, 체능계는 국어 · 외국어(영어) · 수학 · 사회 · 과학 내신을 반영한다. 다만 모집 단위 계열에 따라 학년, 학기 구분 없이 반영하는 각 교과의 석차 등급 상위 3과목 이내(최대 12과목, 체능계는 최대 15과목)를 반영한다.

비교내신 대상자에는 2013년 2월 28일 이전 졸업자, 고등학교졸업학력인정검정고시 합격자, 외국고 졸업(예정)자, 교과교육소년원 고등학교 교육과정 이수자, 공업계 2+1체제 이수자, 일반고 직업과정위탁생, 국내고 과정 1개 학년 성적만 있는 자, 교과별 석차 등급이 표기되지 않는 지원자가 포함된다. 이 경우 동일한 모집 단위에서 동등한 수준의 수능 성적을 가진 학교생활기록부 적용 대상자의 학교생활기록부 성적을 기준으로 반영하게 된다.

정시 기회균등특별전형에는 농어촌학생이 지원할 수 있는데 수능에 따른 지원 자격을 갖춰야 한다. 모집 단위 계열별로 지정한 수능 영역 (인문계—국어 B · 수학 A · 영어 · 사회탐구 또는 국어 A · 수학 B · 영어 · 과학탐구, 자연계—국어 A · 수학 B · 영어 · 과학탐구)에 모두 응시해야 함은 물론 4개 영역 중 2개 영역 평균 2등급 이내여야 한다(자연계의 경우 수학 B 또는 과학탐구를 반드시 포함해야 한다).

또한 일반 전형과는 그 평가 방법도 다르다. 1단계에서 수능 70퍼센트와 학교생활기록부 30퍼센트로 모집 인원의 2배수를 선발한 후 2단계에서 1단계 성적 70퍼센트와 면접 30퍼센트로 최종 합격자를 가린다. 2015학년도부터는 특성화고 졸업자와 특수교육대상자는 수시 기회균등특별전형으로만 선발한다는 점을 기억하자.

고려대 정시는 수능 중심의 전형이다. 수시모집에서 고배를 마시더라도 수능을 잘 치르면 마지막 기회를 노릴 수 있다. 사실 연세대와 고려대 전형 중 정시모집 일반 전형에만 지원한 학생들 중에는 수능 성적이 좋은 데 비해 서류를 준비하지 못한 학생들이 다수 포함되어 있다. 정시에서 수능 우선선발로 합격할 학생들은 대부분 상위 1퍼센트

내외로 수능 성적이 매우 뛰어나다. 이 학생들이 수시모집에서 합격하지 못하여 정시모집으로 넘어와서 재수 이상의 학생들, 반수생들까지 같이 도전하다 보니 정시모집에서는 그야말로 치열한 경쟁이 벌어질 수밖에 없다. 이 책을 미리 보는 학생들은 최대한의 지원 기회를 만들기 위해 더욱 노력하길 당부한다. 정시모집 인원은 적고 수시모집 인원은 많다. 준비하는 자만이 더 많은 기회를 얻게 될 것이다.

05. 대입을 결정짓는 4가지 핵심 변수

시대와 교육정책에 맞춰 끊임없이 변화하고 점점 다양화되는 대학 입시로 인해 학생과 학부모는 물론 학교 교사들도 대입을 어려워하는 상황이다. 하지만 대학 입시를 가만히 들여다보면 오히려 단순하고 간단하다. 대학이 자기 학교에 맞는 학생을 뽑기 위해 보는 조건은 크게 4가지로 요약된다. 내신·수능·논술·비교과, 이렇게 4가지 조건을 종합적으로 판단하여 어느 하나가 매우 뛰어난 학생, 혹은 골고루 우수한 학생 등 대학의 입맛에 맞는 조건을 제시하여 신입생을 선발하는 것이다. 예를 들면 학교 성적은 매우 우수한데 수능 성적이 그에 비해 떨어지는 학생은 내신우수자(학교생활기록부 우수자) 전형으로 선발하고, 학교 성적은 평범한데 수학(數學)적 능력이 매우 뛰어나 교내외 대회에서 수상 실적을 갖춘 학생은 특기자 전형(학교별로 이 전형은 이름이 달라진다)으로 선발한다. 그 이면에는 우수한 학생을 놓치기 않기 위해 다양한 전형을 만들어놓고 그에 맞는 학생들을 선발하려는 대학의 의도가 깔려 있다. 그렇다면 대입을 결정짓는 4가지 핵심 변수인 내신, 수능, 논술, 비교과에 대해 자세히 들여다보자.

내신, 어떻게 준비할까

▶ 무엇보다 성적이 우선이다

컨설팅을 하면서 가장 답답한 부분이 바로 내신 관리에 관한 것이다. 학부모와 학생 모두가 학교 시험이 중요하다는 것은 알고 있지만, 그것이 얼마나 중요한지는 잘 모른다. 대학 입시에서 점점 수시 비중이 늘어나면서 입학사정관제도가 활성화되고 있는 현상을 그렇게 받아들이는 듯해서 안타깝기 그지없다. 각 대학들이 다 같이 입을 모아 이야기하는 점도 바로 '잠재력 있는 학생을 선발한다고 해서 공부를 등한시해도 된다는 오해'를 하지 말라는 것이다. 대학들은 일정 수준 이상의 성적을 유지하면서 자신이 관심 있는 분야를 꾸준히 열정적으로 수행한 학생을 원한다. 특별한 조건과 경험도 중요하지만 학업에 대한 열의는 기본이기 때문이다.

그렇다면 내신은 과연 어느 정도로 반영될까. 일반적으로 대입에 영향을 미치는 성적은 고등학교 내신에 한한다. 중학교 내신은 반영되지 않기 때문에 중학생과 그 학부모는 중학교 재학 중 내신을 어떻게 관리할지 사전 연습을 하는 기간으로 삼는 것이 좋겠다. 고등학교 내신은 학년별 반영 비중이 달라지는데, 보통 1학년 내신보다는 2~3학년 내신 비중이 높다. 연세대와 고려대의 경우 1학년 20퍼센트, 2학년 40퍼센트, 3학년 40퍼센트를 반영한다(2012~2015학년도 기준). 다만 서울대의 경우는 내신우수자(지역균형선발) 전형에서 학년별 가중치를 두지 않는다.

2014학년도에는 서울대가 정시 전형에서 그 전해 40퍼센트에서 10퍼센트로 학교생활기록부의 비중을 줄였고, 2015학년도에는 수능 100퍼센트로 아예 학교생활기록부를 반영하지 않는다. 하지만 여전히 수시 전형에서는 건국대, 연세대, 국민대, 동국대, 동덕여대, 성신여대, 세종대, 숙명여대, 중앙대, 한국외대, 한국항공대, 홍익대, 한양대 등이 학교생활기록부 100퍼센트 전형을 실시하고 있다. 학교생활기록부 중심 전형이라 해도 대학별, 전형 단계별로 교과 반영 방법이 다르니 목표 대학의 전형 방법을 세심하게 파악해야 한다.

대학교육협의회 보도자료에 의하면, 2015학년도 수시 전형에서 학교생활기록부의 성적을 100퍼센트 반영하는 대학 수는 인문계열을 기준으로 2014학년도 81개에서 2015학년도 87개로 6개 증가했다. 이는 정부의 논술 사교육비 경감 대책의 영향으로 각 대학에서 논술 전형의 대안으로 학교생활기록부 전형에 주목했다고 분석해 볼 수 있다.

내신성적 관리는 대학 입시에서 매우 중요한 요소로 부각되고 있다. 단순히 학교 시험이기 때문에 잘 봐야 하는 것이 아니라, 내신 결과가 하나하나 쌓여서 나의 대학을 결정짓는다는 생각으로 내신에 대비해야 한다.

▶ 정시에서도 뒷심을 발휘하는 내신

일반적으로 내신성적은 수시에만 반영된다고 생각하는 경향이 있다. 혹은 정시에서 반영되더라도 그 비중이 매우 작을 것이라고 생각한다. 하지만 그런 오해가 정시 원서를 쓰는 순간 무참히 부서지면서 제대로 내신을 관리하지 못한 자신을 원망하게 될 것이다.

기본적으로 정시는 수능 점수로 학생을 선발한다. 정시 선발 인원을 수능 점수 100퍼센트로 선발하거나 내신과 수능을 종합적으로 평가해 선발한다. 비록 내신 실질반영비율이 높지 않다고 하더라도 단 몇 점 차이로 합격의 당락이 결정되는 대학 입시에서는 수능 점수가 비슷할 경우 내신이 매우 큰 변별력을 가진다. 또한 내신성적이 우수한 학생의 경우 수능과 내신을 동시에 반영하는 전형에 원서를 낸다면 수능의 부족한 점수를 내신으로 보충할 수 있다.

예를 들어 2014학년도 홍익대 입시 결과 자료를 분석해 보자. 홍익대의 경우 정시 '가'군에서는 수능(80퍼센트) + 학교 생활기록부(20퍼센트), 정시 '나'군과 '다'군에서는 수능 100퍼센트 전형으로 신입생을 선발했다. 같은 학과에 입학했더라도 '나'군과 '다'군으로 입학한 학생과 '가'군으로 입학한 학생의 수능 백분위는 평균 3~5퍼센트 정도의 차이를 보인다. 공과대학의 신입생 평균 점수를 살펴보면 학교생활기록부가 반영된 '가'군 학생의 경우 수능 점수가 다소 낮은 것을 알 수 있다. 즉 학교생활기록부 성적이 좋으면 정시에서 수능 점수를 3~5퍼센트씩이나 보완할 수 있는 것이다. 참고로 수능에서 3~5퍼센트 차이가 난다는 것은 대학이 몇 계단 내려갈 수 있을 정도의 엄청난 점수 차이다.

▶ **중3 내신은 고등 내신의 출발점**

앞서 말했듯이 중학교 내신은 대입에 직접적인 영향을 끼치지 않는다. 그렇다고 중학교 내신을 소홀히 관리한다면 고등학교 진학 후에도 내신 관리가 제대로 이루어지지 않을 것이다. 흔히들 중학교 내신과 고등학교 내신은 다르다고 이야기한다. 실제로 컨설팅을 하다 보면 중학생과 그 학부모들이 고등학교 내신에 굉장한 부담을 안고 있는 것 같다. 하지만 중학교든 고등학교든 두 가지 모두 기본적으로 내신이라는 큰 틀에서 벗어나지 않는다. 다만 고등학교 내신은 내용 면에서 더 어려워지기 때문에 중학교 때처럼 벼락치기 공부로 해결하려 한다면 큰 코다칠 수 있다.

지금 이 책을 읽고 있는 분들이 중학생이거나 중학생 자녀를 둔 학부모들이라면 앞으로 나올 이야기에 더욱 집중하길 바란다. 중학교 내

▶백분위에 따른 고등학교 내신 등급

구분	등급별 비율	전체 비율
1등급	4퍼센트	4퍼센트
2등급	7퍼센트	11퍼센트
3등급	12퍼센트	23퍼센트
4등급	17퍼센트	40퍼센트
5등급	20퍼센트	60퍼센트
6등급	17퍼센트	77퍼센트
7등급	12퍼센트	89퍼센트
8등급	7퍼센트	96퍼센트
9등급	4퍼센트	100퍼센트

신성적은 대학 입시에 직접적인 영향을 미치지 않지만, 고등학교 내신을 미리 점쳐볼 수 있는 일종의 지표 역할을 한다. 중학교 내신에서 전 과목 점수를 더한 후 평균 점수를 가지고 등수를 매겨보는 것은 큰 의미를 지니지 않는다. 성적표에서 아이가 잘하는 과목과 취약한 과목을 파악하는 것이 무엇보다 중요하다.

이때 주의할 점은 반드시 점수가 아닌 전교 등수로 파악해야 한다는 것과 종합 등수가 아닌 과목별 등수를 봐야 한다는 것이다. 90점을 넘었는지가 중요한 것이 아니란 말이다. 각 과목별로 전교에서 상위 몇 퍼센트 안에 들어 있는지를 확인해야 한다. 고등학교에서 쓰는 백분위에 따른 등급을 참고하면 아이의 상태를 파악하는 데 훨씬 용이하다.

아이가 중학교 3년을 자신의 내신 관리 테스트 기간으로 삼고 어떻게 하면 본인의 실력을 최고로 발휘하여 최상의 성적을 얻어낼 수 있는지 방법을 찾아내야 한다. 예를 들어 최선을 다해 시험을 봤는데도 이상하게 사회 점수는 항상 잘 안 나오는 아이라면 사회 과목에 문제가 있다는 것을 알고 그냥 넘어갈 일이 아니다. 아이의 사회 공부법에 어떤 문제가 있는지, 문제를 어떻게 해결해야 점수가 오를지 그 방법을 찾아놓은 후 고등학교에 진학해야 한다. 그렇지 않으면 고등학교에 올라가서도 그 문제는 계속 발생할 것이고, 그렇게 받은 점수는 하나 둘씩 모여 아이의 대학을 결정짓는 핵심 요소로 작용하게 될 것이다.

수능, 어떻게 준비할까

▶ 모의고사 제대로 알기

고등학교에 입학한 후 곧바로 치르게 되는 모의고사는 전국에 있는 모든 수험생들이 동시에 응시하는 수능의 예고편이라 할 수 있다. 다시 말해 모든 수험생들은 고등학교 3학년이 되어서야 수능을 처음 보는 것이 아니라 사전에 연습할 시간을 주기적으로 갖는다는 뜻이다. 일반적으로 3월, 6월, 9월, 11월에 전국모의고사를 보고, 3학년의 경우는 대성이나 중앙에서 주관하는 사설 모의고사까지 매월 모의고사를 보게 된다. 모의고사 등급도 등급별 백분위는 내신 등급 기준과 동일한데, 모의고사는 등급보다 백분위를 중점적으로 살펴보는 것이 핵심이다.

2015학년도 고등학교 3학년의 3월 모의고사를 예로 들어보자. 총 응시자 수가 506,544명으로 그중 국어 영역 1등급 이내에 든 학생들은 A형 12,906명, B형 11,777명이다. 컨설팅을 하러 온 고등학생이 자신의 모의고사 성적을 자랑스럽게 이야기하면서 1등급이면 서울대에 갈 수 있는지 물어볼 때마다 난감한 이유가 여기에 있다. 24,000여 명의 학생들을 한 번에 수용할 수 있는 대학은 존재하지 않는다. 참고로 서울대가 발표한 2015학년도 신입생 모집 인원이 총 3,093명이다.

수능은 내신처럼 등급이 중요한 시험이 아니다. 한 등급 안에 여러 대학들이 들어가 있을 수도 있음을 명심하자. 그렇기 때문에 본인의 백분위점수를 정확히 파악하고 그 성적으로 지원할 수 있는 대학이 어느 정도의 수준인지 확인해야 한다. 다만 모의고사는 수능과 달리 시험 범위가 과목에 따라 일부 범위만 포함되는 경우가 있고, 실제 수능에서 강력한 경쟁자인 졸업생들(재수생, 삼수생 등)이 전혀 응시하지 않는다는 점도 감안해야 할 것이다.

▶ 수능을 잘 보기 위한 핵심 능력

문제해결력

학력고사 혹은 내신 시험과 달리 수능은 단순 암기의 시대에 마침표를 찍은 획기적인 시험이라 할 수 있다. 수능은 무조건 어떤 지식이나 공식을 외워서 잘 볼 수 있는 시험이 아니다. 배운 내용을 어떻게 활용하고 얼마나 창의적으로 응용할 수 있는지를 더 중요하게 여기는 시험이다. 통합교과적인 지식을 기본으로 사고력을 측정하는 문제 위주로 출제하는 수능의 시대가 열린 것이다.

이런 수능 시험의 성적을 좌우하는 중요한 요소 중 하나가 문제해결력이다. 문제해결력이란 문제를 이해하고, 풀이 방향을 설정하고, 효율적으로 정답을 도출할 수 있는 능력을 의미한다. 똑같은 문제여도 어떤 학생은 복잡한 방법을 사용하여 아주 오랫동안 푸는 반면, 또 어떤 학생은 아주 쉽고 간단하게 풀어버린다. 어떻게 접근하고 어떤 방식으로 푸느냐에 따라 문제를 해결하는 데 걸리는 시간이 달라지기 때문에 문제해결력은 시험에서 매우 핵심적인 능력이다. 시험은 시간 싸움이다.

시간적인 여유가 많을수록 마음도 여유로워져 평소 실력을 제대로 발휘할 수 있게 된다. 같은 문제를 보고도 보다 효율적인 방법으로 풀 수 있는 능력, 그것이 바로 문제해결력이다. 아무리 많은 지식을 가지고 있어도 문제해결력이 떨어지는 사람은 수능 시험에서 결코 좋은 성적을 거둘 수 없다.

시간 배분

시험의 목적은 누가 정해진 시간 내에 가장 빠르고 정확하게 푸는가를 측정하는 것이다. 영어 지문 하나를 1분 이내에 독해하는 학생과 5분 동안 독해하는 학생 사이에는 분명 실력 차이가 존재한다. 둘 다 정확하게 해석하고 정답을 찾았더라도 5분이 걸린 학생은 시험이 끝날 때쯤 시간이 모자랄 것이다. 남아 있는 문제들이 충분히 풀 수 있는 것들이라 할지라도 시간이 모자라서 건드려보지도 못하는 경우가 비일비재하다.

그런데 대다수의 학생들이 수능 시험에서 시간이 부족하다고 말한다. 이는 학생들이 평소 공부할 때 실전처럼 시간에 맞춰 풀어보는 연습을 소홀히 했기 때문이다. 필자는 이런 학생들을 만날 때마다 '훈련은 실전처럼, 실전은 훈련처럼'이라는 말을 해준다. 실제 시험에서 듣기 평가와 답안지 작성 시간을 뺀 나머지 시간을 문제 항목 수로 나누어 시간을 재면서 풀어봐야 한다. 모든 문제는 그렇게 정해진 시간 내에 푸는 연습을 하는 것이 좋다. 평소 시간 배분에 관해 치밀하게 전략을 세워놓고 훈련하지 않는다면 실전에서 시간 때문에 낭패를 볼 수도 있다.

마음가짐

앞서 말했듯이 실전처럼 훈련했다면, 실전에서는 긴장하지 않고 훈련을 통해 준비한 모든 능력을 최대한 발휘해야 한다. 혼자 문제집을 푸는 것과 실제로 수능 시험을 보는 것은 당연히 다를 수밖에 없다. 작은 실수 하나라도 해서는 안 된다. 평소 연습할 때처럼 편안한 마음으로 긴장하지 않은 상태에서 평상심을 유지해야 실수 없이 문제를 잘 풀 수 있다. 본인이 원하는 대학에 가느냐, 못 가느냐를 좌우하는 매우 중요한 시험일지라도 그 결과는 항상 시험을 보기 전에만 생각할 문제이지, 시험을 보는 도중에는 결코 생각하지 말아야 한다. 시험이 시작되는 순간 우리가 집중해야 할 것은 시험의 결과가 아닌 '문제' 자체인 것이다.

논술, 어떻게 준비할까

▶ 논술이란 무엇인가

논술은 학생들의 비판적, 창의적인 사고를 통한 논리력을 검증하는 시험이다. 최근 대학 논술 시험뿐 아니라 행정고시나 의학전문대학원 시험, 법학전문대학원 시험에서는 수험생들의 논리력을 묻는 문제들이 합격의 당락을 가르는 데 가장 중요한 변수로 작용하고 있다. 논리력을 평가하는 것은 이미 대세가 되었고, 실제로도 학업에서 논리력은 매우 중요한 요소다.

이처럼 논술이 논리력을 검증하는 시험이라면 과연 논리 능력이란 무엇일까? 논술에서 논리력은 논리적으로 읽고 이해하는 독해력과, 제시문들을 논리적으로 비교·분석하는 능력, 그리고 논리를 바탕으로 문제를 해결하는 능력을 말한다. 좀더 알기 쉽도록 대학들이 출제하고 있는 논술 문제들의 공통 유형을 살펴보자.

대학들은 대부분 제시문을 요약하라는 문제를 내고 있다. 단일 제시문을 요약하라는 고려대의 문제는 기본적인 형태이고, 성균관대처럼 여러 개의 복수 제시문을 요약하라는 문제가 일반적으로 출제된다. 이 경우 단순히 글의 중요 내용을 정리한다고 생각하면 낭패할 수 있다. 각 제시문들의 특정한 관점(입장)이나 전제, 논지가 어떻게 같은지, 다르다면 어떤 점에서 차이가 나는지에 대해 논리적으로 비교하고 분석할 수 있어야 좋은 답안지를 만들 수 있다. 연세대는 '요약'이라는 표현을 사용하지 않고 '비교 설명'하라고 요구한다.

이런 유형의 논술 문제가 많은 대학에서 출제되는 것은 학생들의 수준 높은 논리적, 분석적 독해 능력을 검증하려는 의도가 있기 때문이다. "학생들의 독해 능력이 부족하다면 대학에서 공부하는 것이 불가능하기 때문이다"라는 어느 대학 논술 출제 교수의 말은 논술 시험의 성격을 이해하는 데 도움이 된다.

다음으로 상위권 대학들은 대체로 '비판' 또는 '평가'하라는 문제를 출제한다. 앞에서 분석된 정보들을 통합하여 분류하고 의미와 가치 등을 평가할 수 있는 능력을 요구하는 문제이다. 학생 자신의 관점이 기준이 될 수도 있고 특정 조건이 관점의 기준으로 제시될 수도 있는데, 중요한 점은 비판 자체가 아니라 비판의 전제와 근거가 정확하고 충분해야 한다는 것이다. 이런 점에서 비판 능력도 논리 능력을 바탕으로 이루어진다는 것을 알 수 있다.

마지막으로 견해 쓰기 유형의 논제는 제시된 문제의 해결을 보여줘야 한다. 다양한 사회적 문제점일 수도 있고 어떤 쟁점이나 일상의 문제일 수도 있다. 이런 유형의 경우 학생의 관점과 생각이 문제 해결의 견해로 서술되는 특징이 있는데, 여기서도 학생의 견해를 객관화하는 논리적 과정이 중요하다. 자기주장에 대한 전제를 합리적으로 선정한다거나 뒷받침 논거를 타당하게 갖추는 논리성이 필요하다. 간혹 기발한 생각을 창의적이라고 착각한 채 기발함 자체에 만족하는 학생들이 보이는데, 아무리 기발한 아이디어라 해도 전제나 근거 없이 주장해서는 절대 좋은 점수를 얻을 수 없다.

정리하면 과거와 달리 여러 문제 유형으로 출제되는 다문항 세트 형태의 논술은 기본적으로 내신 성적이나 수능 성적으로는 쉽게 검증하기 어려운 학생의 논리력과 사고력에 기반한 이해력, 비판력, 창의력을 묻는 시험이다. 따라서 학생들은 학교 수업 시간에 배우는 교과 내용의 이해 중심으로 학습하고, 다양한 독서 활동을 통해 비판적으로 생각하는 힘을 키우는 것이 논술의 기초를 다지는 과정임을 알아야 한다.

▶ 통합 논술이란 무엇인가

　대학들이 논술의 방향으로 표명한 '통합교과형 논술'이란 다양한 교과목의 지식을 활용하여 주어진 논제를 해결할 것을 요구하는 논술을 뜻한다. 각 대학들의 논술 예시 문항들을 살펴보면, 완결된 글을 한 편 쓰게 하는 단일 논제가 사라졌다는 것이 가장 큰 특징임을 알 수 있다. 대신 하나의 주제와 연관된 문항을 여러 개 출제하고 있다. 이렇게 변화하는 이유로는 크게 두 가지를 들 수 있다.

　첫째, 여러 문항들을 순차적으로 논하게 함으로써 단순히 암기한 지식을 나열하거나 단기간에 논술문 구성 요령을 익혀서 논술 시험에 임하는 학생들을 걸러내겠다는 것이다.

　둘째, 구체적이고 세밀한 평가 기준을 통해 평가의 객관성을 높이려는 것이다. 이는 논술 고사의 비중이 높아진 현실에서 채점의 공정성과 용이성을 확보하기 위한 노력으로 보인다. 한두 문제로는 공정하고 변별력 있는 채점을 하기가 어렵기 때문이다. 그리고 채점 기준도 제시하고 있는데, 이는 곧 잘 쓴 논술과 잘 쓰지 못한 논술의 차이를 공정하게 채점할 수 있게 됐음을 뜻한다.

　과거의 고전 논술(1990년대~2000년대 초반) 시험은 말 그대로 고전 지문을 참고로 제시하고 특정 주제에 관한 논술 문제를 출제했다. 1문항으로 이루어진 고전 논술은 완결된 형식의 답안지(1,800자, 많게는 2,500자까지)를 요구했다. 그러나 통합 논술은 여러 개의 다채로운 제시문과 자료를 주고 2~5문항 정도의 논제를 출제하며, 형식적으로 완결된 형태의 답안지가 아니라 본론 중심의 답안지를 요구한다. 이런 변화는 통합 논술의 형태적인 특징을 보여준다.

그러나 무엇보다 통합 논술의 내용 변화에 주목해야 한다. 먼저 시대적인 배경이 교육 내용의 변화를 이끌어냈는데 이것이 논술에 반영됐다. 산업화 시대를 특징짓는 분업화·전문화는 학문과 교육이 분화·심화되는 데 영향을 끼쳤다. 그러나 정보화 시대에 다양한 분야가 교류하면서 새로운 문화와 지식이 창출되고 복합적인 사회문제에 종합적으로 접근할 것을 필요로 하는 시대 요구에 따라 학문과 교육도 통합을 강조하게 된 것이다. 서울대의 과학철학전공이나 삼성전자의 인문사회학 전공 학생들의 특별 채용 등은 학문과 교육의 통섭과 융합이 이루어지는 현실을 보여준다. 이런 변화의 흐름 속에서 논술 역시 문과와 이과를 연결시키거나 인문학과 사회학의 통합적인 연계를 시도하게 됐다.

통합 논술에서 제시된 지문들을 살펴보면 특정 주제나 문제와 관련하여 정치적·경제적·사회적·문화적 관점뿐 아니라 과학적·기술적 측면의 관점에서 논의되는 내용들을 함께 다루도록 한다. 가령 '인간과 환경'이라는 주제를 출제한 고려대의 논술 시험 지문들은 과학기술주의 입장의 글과 문화생태주의 입장의 글뿐만 아니라 경제학적인 관점의 글도 제시하여 '인간과 환경'의 문제에 대한 다양한 접근을 이해하고 통합적인 해결을 시도하도록 요구했다. 문제도 인문학적, 사회학적 해결뿐 아니라 수리적인 사고를 반영하도록 문과 학생들에게 일명 '수리 논술' 문항을 포함시켜 출제했다. 물론 이과 학생들에게도 단순한 수학 문제가 아니라 인문학적, 사회학적 이해를 바탕으로 문제를 인식하고 수리적 사고를 통해 해결하도록 출제했다.

그러나 최근에는 통합 논술의 출제 경향이 약간 달라지고 있다. 문과

학생들이 치르는 논술 시험은 몇몇 대학에서 경영·경제학부와 인문·어문학부를 구별하는데 전자는 수리 논술 중심으로, 후자는 언어 논술 중심으로 이루어져 있다. 또한 이과 학생들의 수리 논술 시험은 일부 대학에서 계산 중심의 과거 본고사형 문제로 변질되고 있다. 2013학년도 이과의 수리 논술이 최근에 사회적인 이슈로 비판받은 이유는 고등학교 교육과정을 벗어났기도 했거니와 계산형 문제 출제로 인해 통합 논술의 취지를 잃었다는 데 있다. 그러나 이런 논란은 2000년대 중후반에도 잠깐 일어났다 이후 정상화됐던 점으로 미뤄보아 그와 유사한 이번 논란도 곧 새로운 해결책을 찾을 것이다.

또 다른 통합 논술의 특징은 암기식 사교육을 배제하려는 데 있다. 대다수 대학들이 사교육에 의존한 논술 공부를 맹렬히 비판하면서 사교육 없이도 논술을 준비할 수 있다고 밝힌다. 그 요지는 첫째, 제시문 속에 학생에게 필요한 답이 다 있다는 것이다. 정확한 독해만 가능하다면 주어진 여러 제시문들 가운데 답에 필요한 내용(정보)을 찾아 유기적으로 연결하면 훌륭한 답이 된다는 주장이다. 이는 사교육을 통해 불필요한 배경지식을 공부하는 폐단을 해결하려는 대학의 노력이다. 사실 고등학교 교과과정을 심화해 학습한 학생이라면 논술에 필요한 어느 정도의 제반 지식을 갖췄다고 말할 수 있다. 근거로 더 필요한 지식이나 정보는 일상의 경험이나 제시문의 독해를 통해 어느 정도 얻을 수 있는 것도 사실이다.

둘째, 논술에 출제되는 문제의 주제가 미시적이고 일상적인 경우가 많다. 대학은 '자유와 평등' 같은 거시적인 주제의 문제가 학생에게 사교육을 통해 암기식 공부를 하도록 조장할 수 있다는 우려를 나타낸다.

그래서 논술 주제가 '음식(이화여대·숙명여대)', '늙음(연세대)', '희생(고려대)' 등 미시적·일상적 범주 안에서 채택되기도 한다. 그렇다 하더라도 이런 주제가 항상 나오는 것은 아닐뿐더러, 사실상 이런 주제들의 밑바탕에 거시적인 주제가 깔려 있다. 가령 '음식'이라는 일상적인 주제의 바탕에는 '인간의 생존과 사회문화적 공동체 의식'이라는 거시적인 주제가 놓여 있기 때문에 '음식과 문화적 양상'이라는 출제자의 의도를 파악할 수 있어야 한다는 것이다.

정리하면 통합 논술은 다양한 교과 내용이 특정 주제하에 연결되는 시험으로, 최근 출제 경향이 다소 분화되는 면이 있었지만 기본적으로는 여전히 인문, 사회, 과학의 통합성을 지향한다. 대학은 사교육의 암기식 공부를 극복하는 것을 논술의 지상 과제로 삼은 듯하지만 나는 '사교육'이 아니라 '암기식 논술 공부'가 문제라고 여겨진다. 주로 논술 시험을 코앞에 두고 단기간에 어떻게 해보려고 논술마저 무작정 암기하려는 학생들이 있는데, 초등학교 때부터 독서를 습관화하고, 중고등학교 때는 교과과정을 충실히 이수하면서, 고등학교 1년 때부터 토론 동아리나 토론 스터디 등을 통해 꾸준히 논술에 대비해 왔다면 논술을 암기하는 이상한 공부는 하지 않아도 될 것이다.

▶ 논술, 어떻게 준비할 것인가

서점에 가보면 논술과 관련된 책들이 참 많다. 그런데 안타까운 것은 논술을 준비하는 학생들에게 그 많은 책들이 별 도움을 주지 못할

뿐만 아니라 오히려 혼란을 초래하기도 한다는 점이다. 신문 사설을 모아놓은 책이나 고전, 심지어는 시집이나 소설책에도 '논술'이라는 이름이 붙어 있다. 논술에 일가견을 가졌다는 분들은 기출문제를 공부하라고 천편일률적으로 말한다. 그러나 상당한 수준의 논술 실력을 갖춘 학생들은 기출문제 풀이로 공부 효과를 거둘 수 있지만, 그렇지 않은 학생들이나 이제 막 논술을 준비하기 시작하려는 학생들에게는 기출문제가 엄청난 부담이기도 하다.

논술을 제대로 준비하려면 논술이 무엇인지부터 알아야 한다. 앞에서 말했지만 우리나라 논술은 수능의 객관식 문제로 파악하기 어려운 학생의 학업 능력을 평가하려는 목적을 지닌 시험이다. 즉 쉽게 출제하는 수능의 보편성을 보완하기 위해 상위권 학생들의 실력을 변별하려는 의도를 지닌 시험이라고 이해하면 된다. 이와 같은 성격을 가진 논술이니 당연히 시험의 난이도는 내신이나 수능보다 높다. 무슨 말인고 하니 내신과 수능 성적이 중상위권 이상이 아니라면 논술을 준비할 필요가 없다는 뜻이기도 하다. 뒤집어 말하면 내신과 수능 성적이 중상위권 이상이라면 수시에서는 논술에 의해 합격 여부가 갈리게 된다는 것이다.

중상위권 이상의 실력을 변별하는 논술은 당연히 주관식 형태의 답안을 요구하고, 학생이 문제를 창의적으로 해결할 수 있도록 충분한 글자 수를 주거나 아예 글자 수를 제한하지 않기도 한다. 또한 문항의 배치를 살펴서 문제 해결 과정을 들여다볼 수 있도록 구성되어 있다. 일반적으로 문제에 대한 기본적인 이해력을 측정하는, 제시문을 요약하거나 설명하라고 요구하는 문제가 먼저 나온다. 그다음에 객관적인 입장에서 서로 다른 관점이나 견해를 합리적으로 판단하는 능력을 측정하는, 앞 문항과 연결하여 비판·평가를 요구하는 문제가 나온다. 그런 과정을 거쳐 자기 견해를 서술하는 문항이 나오는데, 여기서 학생들은 넓게 바라보고 깊게 이해한 내용을 통해 창의적이고도 합리적인 문제해결력을 보여줘야 한다.

내신·수능의 상위권 학생들을 변별하는 논술을 준비하는 시기는 정해져 있지 않다. 다른 학생들보다 먼저 논술을 준비하기 시작하면 유리한 것은 사실이다. 왜냐하면 논술은 암기력이 아니라 수준 높은 독해력과 깊고 폭넓게 유연한 논리적 사고력을 요구하고, 이런 능력을 키우는 데는 장기간의 공부가 필요하기 때문이다.

중학교 때 독서·논술이나 토론·논술 공부를 했다면 어느 정도 글쓰기의 토대가 잡혀 있을 것이다. 그렇지 않다고 해도 크게 걱정할 필요는 없다. 고등학교에 진학해서 논술을 공부하기 시작하는 학생들은 섣불리 기출문제를 푸는 것보다 정확한 글쓰기와 글의 유형별 구성을 제대로 공부하는 것이 맞다. 정확한 글쓰기란 어법에 맞는 문장을 구사하는 것, 전제와 근거를 갖추되 통일성 있는 내용으로 완결된 논의를 만드는 것이다. 글의 유형별 구성을 공부한다는 것은 요약하는 글, 설명하는 글, 비판하는 글, 견해를 밝히는 글의 전체적인 구성을 논리적이고 체계적으로 만드는 훈련이다. 이런 공부가 부족한 학생들의 답안지에 나타나는 결정적 문제는 자기 생각을 정확히 표현하지 못한 채 논지 전개에 꼭 필요한 내용이 빠지거나 같은 내용이 중복되어 채점자가 답안 내용을 부실하다고 판단하는 데 있다.

어느 정도 정확한 글쓰기와 논리적인 구성력을 갖췄다면 기출문제를 공부하자. "자신이 지원할 대학의 논술 문제를 풀어보라"는 말을 듣고서 고등학교 저학년생들이 무작정 서울대나 상위 명문대 논술 문제를 공부하기도 하는데, 이는 올바른 논술 준비법이 아니다. 지원 대학의 문제를 공부하는 것은 3학년 때 마무리 논술 대비에 해당한다. 1~2학년이라면 자신의 독해력과 사고력에 맞춰 중위권, 중상위권, 상위권, 최상위권 대학들의 문제를 단계적으로 공부하는 것이 효과적이다. 그렇게 3학년이 됐다면 그동안 공부했던 기출문제들 중에서 유사한 주제를 지닌 문제들을 모아서 그 논제들의 제시문을 정리해 두는 것이 좋다. 다른 대학에서 출제됐던 주제나 제시문이 자기가 지원할 대학에 출제될 가능성도 있기 때문이다. 마지막으로 지원 대학의 최근 문제를 공부하면서 출제 경향의 특징, 채점 방향과 방법(채점 기준) 등을 알아두고 이런 조건에 맞춰 답안지를 작성하는 훈련을 한다.

이과 학생들의 논술에 대해서도 잠깐 이야기하겠다. 일반적으로 이과 학생들이 치르는 수리 논술은 수학 I 정도는 공부가 끝나야 논술을 제대로 준비하기 시작할 수 있다고들 한다. 맞는 말이다. 그러나 수리 논술이 수식만으로 이루어지지는 않는다. 수식을 이용하되, 전체적으로 문장으로 서술돼야 한다. 즉 글쓰기 훈련이 제대로 안 되어 있다면 수학 1등급인 학생도 논술에서 좋은 성적을 기대하기 어렵다는 것이다. 이과 학생들의 수리 논술 공부는 수학 I 의 진도가 끝나는 시점에서 본격적으로 시작되겠지만 저학년 때 글쓰기 능력을 갖춰놓아야 수리 논술이든 과학 논술이든 제 실력대로 성적을 얻을 수 있다.

▶ 논술, 어떻게 잘할 수 있을까

논술을 잘하기 위해서는 다음의 기본적인 자세에 충실해야 한다.

- 분석적이고 비판적으로 읽을 것
- 창의적으로 생각할 것
- 논리적으로 서술할 것

위와 같은 논술의 세 가지 요소로 대학 합격이 좌우되는 셈이다. 이제 이것들을 강화하는 연습을 하면 된다.

먼저 분석적이고 비판적인 읽기 방법을 좀더 자세히 알아보자. 분석적인 읽기는 학생들이 학교 국어 수업을 통해 오랜 시간 훈련해 왔다. 전체 글을 문단으로 나누어 구별 짓기를 하고 다시 문단을 문장으로 나누어 정리하는 방식이다. 또한 서로 다른 글들을 나누어 관점, 태도, 견해, 논지, 근거를 구별해서 정리하는 것도 분석적인 읽기이다. 이와 달리 비판적인 읽기는 분석적인 읽기를 통해 정리된 차이들에 대해 의미와 가치를 부여하면서 읽는 방법이다. 서로 다른 A와 B의 관점이 있을 때, "B의 관점보다 A의 관점은 현실을 좀더 구체적으로 조명할 수 있다는 의미가 있으나 전체적인 파악의 측면에서는 한계를 지닐 수 있다"는 평가 능력이 요구되는 셈이다. 논술에서는 이런 비판적인 읽기에서 학생들 간의 실력 차이가 크게 나는 경향이 있다. 평상시 글을 읽을 때 종합적이고 객관적인 관점에서 글의 의미를 이해하고, 전제나 근거의 성격을 파악하는 습관을 들이는 것이 좋다.

그렇다면 창의적으로 생각하는 힘은 어떻게 키울 수 있을까? 그 구체적인 강화 방법은 어떤 대상을 바라볼 때 여러 측면에서 생각해 보려는 시도에 있다. "넓게 보고 깊이 생각하라"는 말이 있지 않은가. 가령 우리는 대개 '이기심'에 대해 부정적인 선입견을 가지고 있지만, "이기심이 인류를 문명화시키고 도덕적인 사회를 이루는 데 결정적인 역할을 했다"는 내용의 제시문이 수능에 출제된 적이 있다. 이처럼 세상일들의 한쪽 면만 보지 말고 다른 쪽 면도 볼 줄 아는 다양한 시각을 지니는 것이 창의적인 사고력의 핵심이다.

그러나 그 모든 것을 논리적으로 서술할 줄 모르면 아무런 소용이 없다. 논리적인 서술을 강화하는 연습은 글의 논리를 이해하는 데서 시작해야 한다. 앞에서도 설명했지만 글의 논리란 정확하고 구체적인 어휘와 표현, 문장과 문장 간의 관계, 문단과 문단 간의 관계를 살피면서 전체 구성에 불필요한 내용이 중복되지 않고 필요한 내용은 빠뜨리지 않고 체계적으로 배치하는 것이다. 특히 논술에서는 전제에 의해 결론이 이끌어지고 주장은 근거에 의해 뒷받침되면서 판단의 오류를 극복하는 것이 논리의 중요한 측면이다. 이런 글의 논리는 수능 국어 비문학 공부나 논술 첨삭을 통해 더욱더 강화될 수 있다.

서울대는 인문계열의 경우에는 이해력·분석력·논증력·창의력·표현력을, 자연계열의 경우에는 개념 원리의 이해·분석·구성 능력, 통합적 추론 능력, 창의적 사고 능력, 의사소통 능력을 논술의 평가 기준으로 삼았다고 공지했다. 이 평가 기준들을 잘 활용하면 더욱 효율적으로 논술 공부를 할 수 있는데, 자신이 원하는 대학의 논술 평가 자료에 맞춰 충분히 연습하면 좋은 결과를 얻으리라 기대한다.

다음은 서울대에서 논술 채점을 담당한 교수들의 평가를 정리하여 요약한 것으로, 좋은 논술 답안의 방향을 잡는 데 도움이 되었으면 좋겠다.

- 논리적으로 쓰되 제시문에 충실한다

글의 구성은 논리적이어야 하고 구체적인 어휘를 사용하는 것이 좋다. 자기 생각을 뒷받침하지 않는 견해를 나열하면 좋은 점수를 받지 못한다. 중언부언하는 것보다 자기 견해를 명료하게 정리해야 한다. 그리고 제시문과 관계없는 주장을 펴서는 안 되고, 문제로 주어진 제시문에 항상 충실해야 한다. 창의적인 답안을 작성하는 경우에도 반드시 감정적이거나 주관적인 내용이 아니라 구체적인 근거를 제시할 필요가 있다. 예상되는 반론과 재반론을 표현함으로써 자기 생각이 사려 깊다는 것을 보여주는 편이 좋다. 양시론이나 양비론에 치우치지 않고 결론의 일관성을 명료하게 유지해야 한다.

- 단순한 사고에서 벗어나 다각적인 사고력을 배양한다

논제에 대한 폭넓은 이해와 논리적인 설명을 요구했는데도 종합적인 사고를 바탕으로 통합적인 추론을 보여주지 않거나, 논리적인 설명 없이 단선적인 결론에 도달한 경우에는 결코 좋은 평가를 받을 수 없다.

- 기본적인 의사소통 능력을 높이기 위한 글쓰기 연습을 한다

논술은 주어진 논제에 대한 자신의 주장과 근거를 글로 서술하는 것

이므로, 자연계열 논술에서도 글쓰기는 필요하다. 논제를 이해하고 있는데도 글로 제대로 표현하지 못해 의미를 전달하지 못하는 답안은 좋은 평가를 받을 수 없다.

● 수식, 그림 등을 활용한 다양한 표현 방법을 이용한다

자연계열 논술에서는 답안의 분량에 제한을 두지 않으며 답안지 형태도 원고지가 아니다. 따라서 자기 생각을 전달하는 수단으로 수식, 도표, 그림 등을 적절히 활용할 수 있다.

● 설명 과정과 논리적 근거가 중요하다

논제별로 좋은 평가를 받은 답안을 비교해 보면, 정해진 하나의 답안이 있는 것이 아님을 알 수 있다. 전제가 잘못됐더라도 과학적인 근거에 따라 논리적으로 잘 설명한 경우에는 좋은 평가를 받았다.

● 통합적인 이해력과 일상생활 속 자연현상에 대한 관찰이 필요하다

과학적 문제를 해결하는 데 각 교과의 내용들이 개별적으로 적용되는 것이 아니다. 다양한 교과들을 통해 통합적으로 이해하는 동시에 일상생활 속에서 관찰한 자연현상들을 활용하는 것이 좋다. 따라서 과학교과의 이수 여부를 염려하기보다는 나에게 주어진 정보를 다각도로 활용할 수 있는 능력을 기르는 것이 필요하다.

▶ 능동적 학습으로 구술 면접에 대비하라

　대학에서 변별력을 가지는 구술 면접은 단순한 인성 면접뿐 아니라 전공에 대한 지식을 묻는 심층면접을 포함한다. 다시 말하면 구술 면접은 지식수준을 말로써 평가하는 시험이라 할 수 있다. 서울대와 연세대에서는 구술 면접이 합격을 좌우하는 중요한 변수이며, 특히 서울대에서는 내신성적보다도 높은 비중을 차지하고 있다. 인성 면접을 할 때는 편하게 임하면 되지만, 전공 면접의 경우는 전공과 관련된 교과별 지식을 묻기 때문에 평소에 꾸준히 준비하지 않으면 좋은 결과를 얻지 못할 수 있다. 대학별로 자유롭게 학생을 선발하는 상위권 대학의 추세에 따라 수시모집과 정시모집에서 면접을 통한 선발은 더욱 늘어날 것으로 예측된다. 다만 고려대는 면접의 비중이 작고, 대학별 고사로 일관되게 논술만 실시하고 있다.

　교과별 지식을 포함해 전반적인 지식을 쌓는 것은 논술 공부로 충분하고 구술 면접을 위해 별도로 준비할 필요는 없다. 말로는 논술보다 더 자세하게 물어볼 수 없기 때문이다. 그러나 논술의 주제들을 어느 정도 외워두는 것은 꼭 필요하다. 외우지 않은 것은 이해하고 있더라도 말로 표현하기 어렵다. 구술 면접에서는 즉흥적인 대답을 해야 하니 논술이나 객관식 시험보다 더 정확하게 이해해야 자신 있게 표현할 수 있다.

　그리고 자신이 지원하는 학과의 지식에 대해 사전 조사를 하고 그에 따른 준비를 하는 것이 좋다. 기출문제를 분석하고 앞서 합격한 선배들의 조언을 듣는 것도 도움이 된다.

대학 교육의 목적 중 하나는 상아탑을 벗어나 세상에 대한 지식과 관심을 가진 시민을 양성하는 것이다. 결국 자기 전공과 세상일을 연관할 수 있는 지식이 진짜 살아 있는 지식이다. 구술 면접에서 주로 평가하는 것은 본인의 지식을 어떻게 세상에 접목하는가 하는 점이므로 좀 더 역동적이고 능동적인 학습 습관이 필요하다. 세상일에 대한 지식을 물으면 자신이 아는 대로 대답하면 되고, 그에 대한 견해를 물으면 자기 생각을 말하면 된다. 다만 지식을 평가하려는 질문에 견해를 말하는 것은 절대적인 감점 사유가 되니 적절한 대답을 하기 위해서는 적극적으로 주의 깊게 청취하는 방법을 배워야 한다.

나는 법무연수원에서 현직 검사들을 대상으로 커뮤니케이션을 가르치고 있다. 법적 전문가인 검사들도 자기 생각을 말로 정확하고 올바르게 전달하는 것을 어려워한다. 우리나라의 학교 수업은 발표 위주로 이루어지지 않는다. 그래서 우리나라 학생들은 떨지 않고 자기 생각을 논리적으로 전달하는 데 익숙하지 못하다.

구술 면접관은 내가 말로 표현하는 것만 가지고 평가할 뿐 나의 내면세계에 어떤 지식과 철학이 있는지는 알 수 없다. 따라서 내가 가진 지식과 사상을 말로 표현하는 훈련은 주기적으로 꾸준히 해야 한다. 우리나라 학생들은 거의 대부분 자기 생각을 잘 표현하지 못하므로 말하기 훈련이 잘되어 있는 학생은 상대적으로 높은 평가를 받게 된다. 서론, 본론, 결론을 말하는 법을 연습하고 서론을 꺼낼 때는 두괄식으로 자신이 말하고자 하는 바를 요약하여 본론에 들어서면서 이를 조직화해야 한다. 답변이 잘 떠오르지 않으면 성급하게 대답하여 경솔한 결과를 초래하지 않도록 잠시 생각할 시간을 요구해야 한다.

비교과, 어떻게 준비할까

▶ 비교과란 무엇인가

수시 비중이 점점 늘어나고 그중 입학사정관제도로 선발하는 인원이 늘어났기 때문에 실질적으로 학생과 학부모들은 비교과를 철저히 대비할 필요가 있다. 그렇다면 비교과란 무엇일까? 학교에서 받는 성적, 즉 내신성적이 교과 영역이라면 교과를 제외한 그 밖의 모든 영역은 비교과라 할 수 있다. 보통 비교과는 학교생활기록부에 대부분의 내용을 등재하는데, 상황에 따라서는 추가적인 증빙서류를 포트폴리오로 제작하여 대학 측에 제출하기도 한다.

학교생활기록부란 '학교생활 세부사항 기록부'의 줄임말로 교과 성적 외에도 출결 상황, 교내외 수상 경력, 자격증 및 인증 취득 상황, 봉사 활동 실적, 독서 활동 상황 등이 기록된다. 즉 학생이 고등학교 시절에 겪는 모든 활동과 특이 사항을 고스란히 보여주는 가장 정확한 것이 비교과 증빙서류라 할 수 있다.

비교과는 입학사정관전형에서 자신을 어필할 수 있는 자료이기 때문에 무엇보다 컨셉트가 중요하다. 인증 성적과 상장이 많을수록 좋다는 생각은 버리자. 여러 분야의 상장을 가지고 있는 것도 좋지만, 기본적으로 학생이 지원하고자 하는 전형 유형이나 모집 단위의 특성과 관련 있는 것이면 더욱 좋다. 진로와 일맥상통하면서 일관성 있는 열정, 잠재력, 소질 등을 보여줄 수 있기 때문이다. 구체적으로 어떤 것들이 비교과가 될 수 있는지는 '비교과를 정복하라'에서 더욱 자세히 알아보고, 먼저 어떤 식으로 비교과를 준비하는 것이 효율적인지 이야기해 보자.

▶ 비교과로 내신과 수능을 동시에 준비하라

　학부모들을 대상으로 강의를 하거나 학생들과 컨설팅을 하면서 비교과에 관해 이야기하면 일단 표정이 굳어버린다. 수시가 늘어나고 입학사정관제도가 확대되는 상황에서 비교과가 중요하다는 것은 다들 이해하고 있지만, 막상 자신들이 준비하려고 하니 막막하다는 것이다. 당장 눈앞에 놓인 내신과 수능을 준비하는 것도 아이가 버거워하는데 언제 비교과까지 준비하느냐면서 손사래를 치는 부모들이 많다.
　현실적으로 그들의 반응이 맞기도 하다. 내신 관리와 수능 준비를 하다 보면 금방 방학이 되고, 방학 동안 부족한 영어, 수학 공부를 하다 보면 또 개학을 한다. 그렇게 고등학교 3학년이 되어 수시 원서를 쓰려고 하나씩 짚어보면 학생들에게 남아 있는 것은 내신과 모의고사 성적표가 전부다. 열심히 공부하는 것도 좋지만 아무 계획 없이 현재 상황에만 집중하는 학생들은 대부분 이런 식이다.
　실제로 수시 원서를 쓰기 위해 나를 찾아오는 학생들 중에는 그 같은 학생들이 많다. 그러나 본인이 가고자 하는 대학이 상위권이고, 수시 전형에서 신입생을 더 많이 선발하고 있다는 사실을 파악했다면, 이런 식의 준비는 너무 위험하다. 그렇다면 부족한 시간을 최대한 활용하면서 비교과까지 준비할 수 있는 효율적인 방법을 찾는 수밖에는 없다.

보통 비교과를 내신이나 수능과는 완전히 동떨어진 별개의 것으로 생각하거나 비교과를 준비하려면 굉장한 에너지를 소모해야 한다고 생각한다. 특히 고등학생의 경우 중학교 때부터 준비해 놓은 특별한 비교과가 없다면 고등학교에 올라가서 뭔가 시작하는 것이 굉장히 큰 부담으로 다가온다. 그렇기 때문에 내신이나 수능과는 별개로 따로 준비해야 하는 비교과를 선택해서는 안 된다. 비교과를 준비하는 것 자체가 내신과 수능에 큰 도움을 줄 수 있는 비교과를 찾아보는 것이 가장 바람직하다.

예를 들어 영어인증시험을 한번 생각해 보자. 평소 모의고사 영어 영역의 문제들을 다 맞히거나 실수로 1개 정도 틀리는 학생이라면, TEPS나 TOEIC과 같은 영어인증시험 문제집을 풀면서 영어 영역을 대비해도 좋다. 이런 학생의 목표는 수능 영어 영역이 되어서는 안 된다. 더욱 수준 높은 독해 지문을 접하면서 보다 혹독한(?) 훈련을 할 필요가 있다.

2013학년도 수능에서 영어 영역의 문제가 평소 모의고사보다 어렵게 나왔다는 것은 다들 알고 있을 것이다. 모의고사를 치르면서 그 정도의 수준을 목표로 했던 학생들은 막상 진짜 수능의 난이도를 접하고 많이 당황했을 것이다. 실제로 영어 영역 때문에 수능을 망쳤다는 학생들도 많았다. 하지만 결과는 냉정했다. 최상위권 학생들은 흔들리지 않고 그대로 그 자리를 차지했다. 영어의 내공이 평소 수능 영어 영역을 뛰어넘은 학생들이 늘 존재한다는 증거다. 영어 영역을 목표로 준비한다면 그 시험 자체가 어렵게 나왔을 경우를 대비하지 못할 것이다. 수능을 넘어선 수준의 영어 공부를 통해 수능 시험을 커버하고 비교과도 동시에 획득할 수 있다.

▶ 이런 것도 비교과가 될 수 있다

흔히들 비교과라고 하면 공부와 관련된 것만 떠올리는 경우가 대부분이다. 하지만 입학사정관제도의 취지를 생각하면, 비교과가 단순히 공부와 관련된 성과만을 측정하는 제도는 아닐 것이다. 공부 외에 어떤 비교과를 준비해야 하는지는 대학에서 만들어놓은 전형을 분석하면 금세 알 수 있다. 수시 전형을 자세히 들여다보면 모든 학교의 수시 전형은 동일한 형태를 취하고 있다. 다만 그 전형들의 이름이 모두 다르기 때문에 복잡해 보이는 것일 뿐이다.

수시 전형은 크게 내신우수자 전형과 특기자 전형으로 나눌 수 있다. 내신우수자 전형은 말 그대로 학업 성적이 우수한 학생을 뽑는 것이고, 특기자 전형은 입학사정관전형으로 어느 한 분야에 특별한 소질이나 잠재력을 보이는 학생을 뽑고자 하는 것이다. 그런데 이 특기라는 것이 단순히 학업 관련 성과에만 국한되는 것은 아니다.

예를 들어 학교에서 임원을 맡는 등 자치, 계발 및 봉사 활동에서 리더의 자질과 역량을 갖춘 모습을 보여주는 것도 대표적인 예라 할 수 있다. 실제로 수시모집에 응시했던 학생 중 고등학교 입학 후 1, 2, 3학년 모두 각 학년의 회장을 도맡아 하던 학생이 성균관대와 이화여대에 동시에 합격하기도 했다. 사회복지시설 등에서 일정 시간 이상 봉사 활동을 한 학생들도 사회봉사 특기자로 지원할 수 있다.

만약 수시에서 자신에게 맞는 적당한 전형이 없는 경우에는 자기 추천 전형을 노려보는 것도 한 방법이다. 특별한 자격 제한이 없기 때문에 누구나 지원할 수 있고, 특정 분야에서 본인이 뛰어난 자질을 가지고 있거나 재능을 보유하고 있다면 스스로 자신을 추천할 수 있도록 되어 있다. 예를 들어 어학, 논술, 수학, 과학 등 학업적인 실적뿐 아니라 발명 및 특허, 리더십, 봉사, 예술 활동, 특이 경력, 전문 자격증 등 분야 자체에 큰 제약이 없기 때문에 보다 쉽게 응시할 수 있다.

그 밖에 국어, 한문, 도덕, 국사 교과 등 동아시아 문화에 대해 관심이 많고 역량을 갖춘 인재를 뽑고자 하는 전형이나 농어촌 지역에 소재하는 고등학생을 선발하는 전형, 목회자의 추천을 받아 선발하는 전형 등 학교별 수시 전형이 매우 다양하니 자신에게 맞는 전형을 찾아 미리 준비하는 것도 좋은 방법이다.

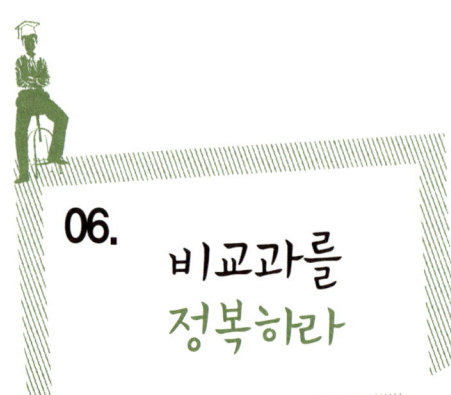

06. 비교과를 정복하라

국어 영역
비교과

국어 영역이라고 말하면 너무 광범위해서 막연하게 들리는 학부모들이 많을 것이다. 국어 영역에서 어떻게 비교과를 만들 수 있을까? 실제로 우리 주변을 둘러봐도 영어나 수학에 뛰어난 재능을 보이는 학생들은 많지만, 국어 영역에서 수상을 하거나 영재원을 다니는 학생들은 드물다.

여러 학생들과 컨설팅을 하면서 모의고사에서 국어 영역의 점수가 유난히 높은 학생을 만나면 필자는 반드시 다른 비교과를 만드는 데 그 실력을 써보라고 권유한다. 비교과의 종류에 따라 다르겠지만, 국어 영역 비교과들은 KBS한국어능력시험이나 국어능력인증시험처럼 본인이 이미 가지고 있는 잠재력을 기반으로 많은 시간과 노력을 들이지 않고도 보다 효율적으로 만들 수 있기 때문이다.

만약 아이가 문학작품 창작이나 글쓰기에 소질이 있다면 청소년 대상 문예대회나 논술대회에 참가하면서 아이의 잠재력을 계발하는 노력이 필요하다. 각 대학별로 중고등학생을 대상으로 논술대회를 개최하고 있으며, 입상하면 입학에 가산점을 주는 대학도 있다. 기회가 될

구분	대회명	홈페이지
국어	KBS한국어능력시험	www.klt.or.kr
	국어능력인증시험(TOKL)	www.tokl.co.kr
	국제언어학올림피아드(ILO)	www.lingpiad.org
	TOCT(Test of Critical Thinking)	www.toct.org
	민사고 국어경시대회	www.minjok.hs.kr
창작	대산청소년문학상	www.daesan.or.kr
	만해백일장	www.kyba.org
	전국고교문예백일장(중앙대)	www.cau.ac.kr
	전국고교경기백일장(경기대)	web.kyonggi.ac.kr/kgpr
	전국고등학생문예백일장(명지대)	www.mju.ac.kr/crewrite
	전국여고생백일장(서울여대)	www.swu.ac.kr
	전국고교생문예작품공모(단국대)	www.dankook.ac.kr
	전국고교백일장(성균관대)	admission.skku.edu/Main/Contest
한자	한국한자어능력시험	hanja.matgong.com
	한자능력검정시험(한국어문학회)	www.hanja.re.kr
	한자자격시험((사)한자교육진흥회)	www.hanja114.org
논술	생글논술경시대회	www.sgsgi.com
	전국초·중·고등학교 논술경시대회	nonsulcup.edu.co.kr
	전국논술경시대회(한국인문사회연구원)	www.kish.co.kr
	독서올림피아드	www.hanuribook.or.kr

때마다 이런 대회들에 출전한다면 실전 감각도 익히고 비교과도 동시에 챙길 수 있다.

수학 영역
비교과

수학은 다른 영역에 비해 비교과 실적을 만들기가 어려운 과목이다. 과목의 특성상 시간 투자에 비례하여 실력이 생기는 과목이 아니기 때문에 학생들이 가장 어려워하는 과목이기도 하다. 만약 수학을 좋아하고 재미있어 하는 학생이라면 교내외 경시대회에 출전하는 것을 적극 추천한다.

앞에서도 이야기했지만, 수학은 시간을 투자하는 만큼 점수화되어 결과로 드러나는 과목이 아니어서 대학도 수학을 잘하는 학생이 머리가 좋다는 생각을 하는 것 같다. 문과나 이과 계열에 상관없이 수학을

대회명	홈페이지
국제수학올림피아드(IMO)	imo.math.ca
한국수학올림피아드(KMO)	www.kms.or.kr/home/kmo
한국수학인증시험(KMC)	kmath.co.kr
GlobalMathematicsChampionship(GMC)	www.mathchamp.org
전국 영어·수학 학력경시대회(성균관대)	skku.edusky.co.kr
한국수학평가(KME)	www.kerei.net
전국초등수학학력평가(DME)	www.dongaschool.com
전국초등학생 수학경시대회	www.snue.ac.kr, www.stsi.co.kr
해법수학경시대회	www.haebubmath.co.kr

대회명	홈페이지
HME해법수학학력평가	www.chunjae.co.kr/HME
전국수학학력평가(NMC)	www.nmc21.co.kr
전국수학올림피아드(NMO)	www.nmc21.co.kr
국제수학경시대회(WMC)—국내예선	www.wmckorea.com
민사고 수학경시대회	www.minjok.hs.kr
MBC아카데미 전국수학경시대회	hakpyung.edusky.co.kr
포항공대 수학경시대회	alimi.postech.ac.kr/8080/
국제수학자격검정(IMC)	www.imce.kr
국제수학올림피아드(MOEMS) (초등학교 국제수학올림피아드)	www.usmokorea.kr
아시아태평양 수학올림피아드(APMO)	www.kms.or.kr/Competitions/APMO
한국영재올림피아드	yj.edupia.com/index.aspx
AP—Calculus(미적분학)/Statistics(통계학)	www.collegeboard.com

잘하는 학생에게 가산점을 주는 것을 보면 말이다.

그러니 수학을 잘하는 학생들은 수상 여부와 관계없이 출전해 보라고 권하고 싶다. 경시대회라고 해서 너무 겁먹을 필요는 없다. 한국수학인증시험이나 성균관대 전국수학 학력경시대회처럼 학년에 맞춰 현행 진도를 시험에 출제하는 경시대회도 있으니 경험 삼아 한번 출전해 보길 바란다.

영어 영역
비교과

다른 영역에 비해 특히 비교과의 빈익빈부익부가 심한 과

구분	대회명	홈페이지
사회	한국철학올림피아드(KPO) 국제철학올림피아드(IPO)	www.philosopiad.org/kpo
	전국지리올림피아드(IGO)	www.kgeography.or.kr
	한국사능력검정시험	www.historyexam.go.kr
	경제한마당(경제경시대회)	www.kdi.re.kr
	TESAT 고교생경시대회	www.tesat.or.kr
	전국고교증권경시대회	www.kcie.or.kr
	고등학생 경제논술경시대회	essay.chosun.com
	매경TEST	mktest.mk.co.kr
	전국고교생 생활법경시대회	www.lawedu.go.kr/04_event/event02_list.jsp
과학	자연관찰탐구대회	www.kofses.or.kr/compet/student_01.php
	과학탐구실험대회	www.kofses.or.kr/compet/student_01.php
	고등학교 과학탐구대회	www.kofses.or.kr/compet/student_01.php
	과학동아리활동 발표대회	www.kofses.or.kr/compet/student_01.php
	한국과학창의력대회	www.kofses.or.kr/compet/student_01.php
	전국과학전람회	www.science.go.kr
	전국학생과학발명품경진대회	www.science.go.kr
	휴먼테크논문대상	www.samsung.com/sec
	한국청소년물리토너먼트(KYPT)	www.kypt.or.kr
	화학탐구 프론티어 페스티벌	www.ilovechem.co.kr/2009/index.php
	전국청소년과학탐구대회	nysc.scienceall.com/2009/index.jsp
	대한민국학생발명전시회	www.kipa.org
	국제로봇컨테스트	www.robotworld.or.kr
	국제학생창의력올림피아드 한국예선대회	www.koreadi.or.kr
	대한민국학생창의력올림피아드	www.koci.or.kr
	LG생활과학 아이디어공모전	www.Lgscience.co.kr/science/lgidea
	한국청소년과학탐구토론대회(KYST)	www.kyst.kr
	한국과학영재올림피아드	yj.edupia.com/index.aspx
	한국3M 청소년/어린이 사이언스캠프	www.3m.co.kr/sciencecamp

목이 바로 영어 영역이다. 요즘은 어릴 때부터 영어를 접하고 오랜 시간 동안 꾸준히 공부를 하기 때문에 학생들의 영어 성취도가 갈수록 높아지는 추세다. 초등학교 때부터 영어인증시험을 보기 시작하며, 고등학생이 되었을 때 영어 비교과는 기본적으로 2~3개씩 가지고 있는 것이 현실이다. 또한 다른 과목에 비해 인증시험이나 경시대회의 종류도 다양해서 영어 한 과목만 잘해도 여기저기 상을 탈 수 있는 기회가 많다.

영어에 소질이 있는 학생이라면 한 가지만 응시하지 말고 좀더 다양한 기회에 도전하면서 비교과를 채워 나가길 권한다. 영어뿐 아니라 제2외국어도 언어별 인증시험이 있으니 도전 가능한 학생은 응시하여 인증 성적을 받아놓으면 좋다. 제2외국어의 경우 특기자로 응시할 것이 아니라면 반드시 높은 점수를 가지고 있을 필요가 없으니 자신감을 갖고 응시하길 바란다.

탐구 영역
비교과

국어, 영어, 수학 영역은 문과, 이과 계열에 크게 상관없는 비교과였다면, 탐구 영역은 자신이 지원하고자 하는 전공 학과와 직접적으로 관련 있는 경우가 많다. 예를 들어 지리에 관심이 있어서 그 분야의 공부를 하고 싶은 학생이라면 매경테스트와 같은 관련 시험에 참여하면 좋다.

이과의 경우 대부분의 캠프나 대회들에 팀으로 참가할 수 있기 때문에 동아리나 CA를 통해 팀을 만드는 것이 중요하다. 담당 교사의 인솔

구분	대회명	홈페이지
사회	한국철학올림피아드(KPO) 국제철학올림피아드(IPO)	www.philosopiad.org/kpo
	전국지리올림피아드(IGO)	www.kgeography.or.kr
	한국사능력검정시험	www.historyexam.go.kr
	경제한마당(경제경시대회)	www.kdi.re.kr
	TESAT 고교생경시대회	www.tesat.or.kr
	전국고교증권경시대회	www.kcie.or.kr
	고등학생 경제논술경시대회	essay.chosun.com
	매경TEST	mktest.mk.co.kr
	전국고교생 생활법경시대회	www.lawedu.go.kr/04_event/event02_list.jsp
과학	자연관찰탐구대회	www.kofses.or.kr/compet/student_01.php
	과학탐구실험대회	www.kofses.or.kr/compet/student_01.php
	고등학교 과학탐구대회	www.kofses.or.kr/compet/student_01.php
	과학동아리활동 발표대회	www.kofses.or.kr/compet/student_01.php
	한국과학창의력대회	www.kofses.or.kr/compet/student_01.php
	전국과학전람회	www.science.go.kr
	전국학생과학발명품경진대회	www.science.go.kr
	휴먼테크논문대상	www.samsung.com/sec
	한국청소년물리토너먼트(KYPT)	www.kypt.or.kr
	화학탐구 프론티어 페스티벌	www.ilovechem.co.kr/2009/index.php
	전국청소년과학탐구대회	nysc.scienceall.com/2009/index.jsp
	대한민국학생발명전시회	www.kipa.org
	국제로봇컨테스트	www.robotworld.or.kr
	국제학생창의력올림피아드 한국예선대회	www.koreadi.or.kr
	대한민국학생창의력올림피아드	www.koci.or.kr
	LG생활과학 아이디어공모전	www.Lgscience.co.kr/science/lgidea
	한국청소년과학탐구토론대회(KYST)	www.kyst.kr
	한국과학영재올림피아드	yj.edupia.com/index.aspx
	한국3M 청소년/어린이 사이언스캠프	www.3m.co.kr/sciencecamp

구분	대회명	홈페이지
과학	전국우수고교생 이공계학과대탐험	www.postech.ac.kr/kor/pages/iphak/admis_event/event2
	서울대공과대학 청소년공학 프런티어 캠프	www.beengineers.com
	국제청소년과학캠프(ISEC)	isec.kofac.or.kr/index.jsp
	전국초등학생과학학력경시대회	stsi.co.kr

하에 과학에 관심 있는 학생들이 팀별 실험 등을 하면서 각종 대회에 참여할 수 있다.

또한 대학에서 주최하는 청소년 과학 캠프나 경제 캠프 등이 수시로 개최되니 관심 대학의 웹사이트를 즐겨찾기 해놓고 수시로 공지 사항을 체크해 보는 것도 한 방법이다. 정보만 있으면 기회는 많다.

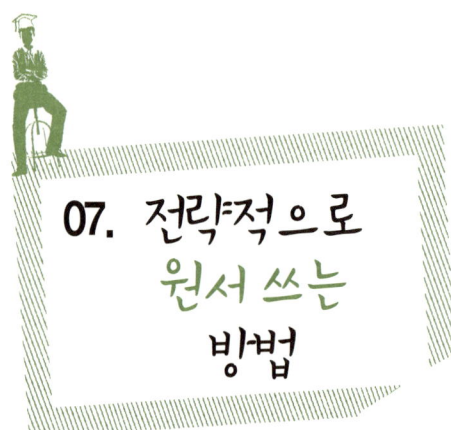

07. 전략적으로 원서 쓰는 방법

수시 원서 쓰는 법

대학들은 수능 점수만이 아니라 각 방면에서 우수한 학생들을 뽑기 위해 여러 수시 전형을 시행한다. 자기가 가장 자신 있는 분야를 살려 본인에게 맞는 전형을 찾아내고, 그에 맞춰 대학 입시를 준비하는 전략을 세울 필요가 있다.

수시 전형의 가장 큰 특징이라면 바로 자기소개서와 추천서를 써야 한다는 점이다. 서울대 수시 전형의 제출 서류를 살펴보면 학교생활기록부, 자기소개서, 추천서, 각종 증빙서류 등이다. 그중 자기소개서는 학생이 본인을 대학 측에 설명하고 소개하는 글이기 때문에 대학의 입장에서는 학생을 선발할 때 무엇보다 우선시하는 서류이기도 하다.

▶ 자기소개서 잘 쓰는 법

그렇다면 자기소개서란 무엇이고 어떻게 쓰는 것이 바람직할까? 우선 자기소개서는 입학 전형의 중요한 평가 자료이므로 사실에 기초하여 본인이 직접 작성하는 것을 원칙으로 한다. 전형 과정에서 자기소개서 기재 사항의 진위 여부를 확인할 수 있고, 만약 고의적으로 허위 사실을 기재하거나 대리 작성이 발견되는 경우 불합격으로 처리될 수 있다.

자기소개서는 작성해야 할 항목이 나뉘어 있는데 각 항목별로 글자 수 제한이 있으므로 정해진 분량 안에서 자신을 최대한 어필할 수 있어야 한다. 또한 입학사정관들이 평가할 때 공정성과 객관성을 유지할 수 있도록, 지원자가 자기소개서를 작성할 때 본인의 이름이나 출신 학교명 등 인적 사항이 노출될 수 있는 내용을 기록해서는 안 된다.

교육부와 대학교육협의회는 학생과 교사의 부담을 줄이기 위해서 2015학년도 학교생활기록부 전형에서 활용되는 자기소개서와 교사 추천서 공통 양식을 확정했다. 그 내용은 학교생활기록부 전형의 취지에 맞게 학교에서 생활하면서 학생이 진행한 학습 경험, 비교과 활동, 인성 항목으로 간소화해서 학교생활을 중심으로 작성하도록 제한했다. 2014학년도 대입에서 필수 문항에 속했던 성장 과정과 지원 동기, 대학 입학 후 학업 계획 등은 대학이 필요하면 1개의 자율 문항으로 추가할 수 있다. 2015학년도 필수 문항은 "고등학교 재학 기간 중 학업에 기울인 노력과 학습 경험(1,000자 이내), 고등학교 재학 기간 중 의미를 두고 노력한 교내 활동 3가지(1,500자 이내), 학교생활 중 배려, 나눔, 협력 등을 실천한 사례와 느낀 점(1,000자 이내)"이다.

이제 자기소개서 항목은 어떻게 구성되어 있고 어떻게 쓰는 것이 좋은지 분석해 보자. 다음은 서울대 수시 전형의 자기소개서에서 자주 나오는 항목이다.

- 1. 지원 동기와 진로 계획을 중심으로 우리 대학교가 지원자를 선발해야 하는 이유에 대하여 기술하여 주십시오.
  ▶ 띄어쓰기를 포함하여 1,000자 이내로 작성해야 합니다.

지원 동기와 입학 후의 학업 계획에 대해 묻는 항목이다. 자신이 지원하는 학과와 자기 잠재력을 연결해서 보여줘야 한다. 만약 영어교육과에 지원하는 학생이라면 어린 시절부터 영어를 얼마나 좋아했는지, 어떤 식으로 영어 공부를 해왔는지, 누군가를 가르치는 일을 좋아한다거나 그 분야에 어떤 식으로 재능이 있는지를 보여주면 된다.

가령 고등학교 재학 기간 동안 아동복지센터에서 어려운 학생들에게 영어를 가르쳐주는 봉사 활동을 꾸준히 하면서 가르치는 일의 재미와 보람을 느끼게 되었고 선생님의 꿈을 키워왔다고 쓴다면, 이 학생은 의미 있는 봉사 활동을 통해 자기 꿈을 찾은 경우로 그 꿈을 실현하기 위해 영어교육과에 지원했음을 분명하게 나타낼 수 있다. 그저 단순히 그 일 하고 싶어서, 혹은 재미있을 것 같아서라고 이유를 쓴다면 실패한 자기소개서가 된다. 대학입학처 관계자의 말에 따르면, 아무 근거 없이 무조건 가고 싶다는 의지만을 표명하는 경우가 실제로 굉장히 많다고 한다.

2. 고등학교 재학 중에 지적 호기심을 가지고 학업 능력을 향상시키기 위해 노력한 내용을 기술하여 주십시오.
- ▶ 고등학교 재학 경험이 없거나 졸업한 지 오래된 경우에는 최근 3년간의 활동을 중심으로 기술하면 됩니다.
- ▶ 띄어쓰기를 포함하여 1,000자 이내로 작성해야 합니다.

고등학교 재학 중에 학업 능력을 향상시키기 위해 기울였던 노력에 대해 서술하면 된다. 가령 성적이 떨어지거나 아무리 열심히 공부해도 뜻대로 점수가 잘 오르지 않는 것에 대해 어떤 식으로 노력해서 극복할 수 있었는지를 서술하는 것이다. 내용상으로는 모두 비슷할지 몰라도 개인별로 슬럼프를 극복한 방법은 다양하니 자신을 충분히 드러낼 수 있다. 오히려 새롭고 튀는 내용을 쓰고 싶어 고민하다가 내용이 이상해지는 것보다는 자신이 실제로 경험한 내용을 솔직하게 쓰는 것이 바람직하다.

3. 학내외 활동 중 가장 의미 있다고 생각하는 활동을 3개 이내로 기술하여 주십시오.
- ▶ 학교생활기록부에 기록되어 있지 않은 내용은 반드시 증빙서류를 첨부해야 합니다.
- ▶ '의미 있다고 생각하는 이유'는 각 활동별로 띄어쓰기를 포함하여 700자 이내로 작성해야 합니다.

3번 항목은 교내외 활동에 대한 서술이다. 의미 있다고 생각하는 활

▶ 서울대 수시 전형 자기소개서 3번 항목 양식

	교내외 활동	의미 있다고 생각하는 이유
활동명		
활동영역	교내( ) 교외( )	
활동기간	년 월~ 년 월 (총 년 개월)	
활동횟수	주( )회 월( )회 수시( )	
활동명		
활동영역	교내( ) 교외( )	
활동기간	년 월~ 년 월 (총 년 개월)	
활동횟수	주( )회 월( )회 수시( )	
활동명		
활동영역	교내( ) 교외( )	
활동기간	년 월~ 년 월 (총 년 개월)	
활동횟수	주( )회 월( )회 수시( )	

동을 3개 이내로 써야 하는데, 위 표와 같이 세 칸으로 만들어져 있기 때문에 '3개 이내'라고 하지만 '3개 모두' 쓰는 것이 좋다. 이 항목에서는 학생들이 보통 봉사 활동이나 임원 활동, 동아리 활동 등에 대해 쓰는데 각종 대회의 수상 경력이 있는 학생이라면 그 내용을 쓰기도 한다.

따라서 서울대에 지원할 학생이라면 3개 이상의 활동을 미리 머릿속에 담아두고 학교생활을 계획하는 것이 좋다. 수시 원서를 쓰는 고등학교 3학년 여름방학이 되어서야 내가 해놓은 활동이 별것 없다는 사실을 깨닫는 학생들이 꽤 많으므로 1학년 때부터 활동 경력을 관리해야 한다.

  이 항목에서는 화려하고 대단한 경력을 원하는 것은 아니다. 학생이 할 수 있는 작은 활동이더라도 그 안에서 무엇을 배우고 깨달았는지, 그것이 자신에게 어떤 의미가 되었는지를 쓰는 것이 더 훌륭한 자기소개서가 될 것이다.

  4. 다음 주제 중 자신에게 해당하는 주제를 선택하여 구체적으로 기술하여 주십시오.
    자신의 장단점이나 특성
    특별한 성장 과정이나 가정환경(생활 여건 등)
    고등학교 시절 겪었던 어려움과 그것을 극복하기 위한 노력
  ▶ 띄어쓰기를 포함하여 1,000자 이내로 작성해야 합니다.

  4번은 선택 사항이 있는 항목이다. 고등학교 재학 기간 동안 겪었던 어려움이나 좌절, 그것을 극복하기 위한 노력, 혹은 지금까지 가장 의미 있었던 경험에 대해 서술하면 된다. 이 항목은 학생들이 가장 쓰기 어려워하는데, 고등학생이 살면서 기억에 남을 만한 어려움을 겪기도 힘들뿐더러 특별한 경험이 없는 학생들이 은근히 많다.

  그렇다고 자신이 해보지 않은 경험을 갑자기 만들 수도 없고, 거짓으로 지어서 쓸 수도 없을 것이다. 이런 경우 평범한 학생들 사이에서 좀더 특별해 보이고 싶어 고민하다가 내용이 이상해지는 것보다는 자신이 실제로 경험한 내용을 솔직하게 쓰는 것이 바람직하다.

  참고로 2015학년도 서울대 자기소개서 문항은 다음과 같다.

- 고등학교 재학 기간 또는 최근 3년간(단, 초등학교, 중학교 재학 기간 제외) 지적 호기심을 가지고 학업 능력을 향상시키기 위해 노력한 내용(1,500자 이내)
- 고등학교 재학 기간 또는 최근 3년간(단, 초등학교, 중학교 재학 기간 제외) 학내외 활동 중 가장 의미가 있다고 생각하는 활동을 3개 이내로 기술(각 활동별 700자 이내)
- 고등학교 재학 기간 또는 최근 3년간(단, 초등학교, 중학교 재학 기간 제외) 읽었던 책 중 자신에게 가장 큰 영향을 준 책을 3권 이내로 선정하고 그 이유를 기술
- 고등학교 시절 겪었던 어려움과 그것을 극복하기 위한 노력, 서울대 학생으로서의 사회적 기여와 책임, 기타(자유롭게 주제를 정하여 기술) 3개 중 하나의 주제를 선택하여 기술(1,000자 이내)

다음은 서울대가 발행한 입학사정관 안내서 중 자기소개서와 관련된 내용이니 참고하길 바란다.

- '나'에 대해 정확히 아는 것에서부터 전형 준비를 시작하세요

전형 준비를 시작할 때 가장 먼저 해야 하는 것이 바로 자기소개서를 작성하는 것입니다. 자기소개서를 작성하면서 대학에 지원하는 동기와 향후 계획에 대해 진지하게 고민하고, 고등학교 기간을 돌이켜 보며 스스로에 대한 성찰의 계기를 마련할 수 있습니다. 그리고 이를 통해 어떤 내용을 중심으로 추가적인 서류를 준비할지 방향을 결정합니다. 나의 적성과 소질이 무엇인지 파악하여 지원 모집 단위를 결정하세

요. 이를 바탕으로 지원 동기와 고등학교 시절 동안 기울인 노력, 그리고 그 노력의 결과로 무엇을 얻을 수 있었는지 입학사정관에게 보여주는 것이 중요합니다.

- 자신에 대해 솔직하게 쓰세요

가끔 다른 사람의 자기소개서를 그대로 따라 쓰거나, 자신의 능력을 과장하여 쓴 자기소개서를 보게 됩니다. 예를 들어 봉사 활동을 하지도 않았으면서 어느 기관에서 몇백 시간씩 봉사 활동을 해왔다며 거짓말을 하거나, 받지도 않은 상을 받았다고 쓰는 경우가 있습니다. 심지어 전년도에 합격한 선배의 자기소개서에 이름만 바꿔서 자신이 쓴 자기소개서인 양 제출하는 경우도 있습니다. 자기소개서의 내용이 허위이거나 다른 사람에 의해 작성된 것이 드러날 경우에는 학생에 대해 신뢰하기 어렵습니다. 또한 자기소개서는 면접의 기초 자료로 활용되기 때문에 반드시 사실에 근거한 것만을 기술해야 합니다. 자기소개서는 자신만의 언어로 '나'에 대해 솔직하게 드러내는 글이라는 점을 명심해야 합니다. 좋은 문장을 만들기 위해 여러 사람이 첨삭하여 만들어진 자기소개서는 학생의 미성숙을 드러냅니다.

- 고등학교 기간 중의 활동을 중심으로 서술하세요

본인의 어린 시절부터 지금까지의 성장 과정을 연대기순으로 늘어놓거나 가족 관계를 길게 늘어놓은 자기소개서를 제출하는 경우가 있습니다. 물론 이런 내용은 지원자의 성격이 형성된 배경 등에 대한 참고 자료가 될 수는 있습니다. 그러나 대학에서는 자기소개서를 통해 지원자의 자질과 학업 능력을 확인하고 우리 대학에서 수학할 수 있는 능력이 있는지를 판단하고자 하므로 고등학교 생활을 중심으로 기술하여 강조하는 것이 효과적입니다.

- 학교생활기록부나 증빙서류로는 알 수 없는 내용들을 중심으로 서술하세요

학교생활기록부에 기록되어 있는 내용을 자기소개서에 그대로 나열하는 학생들이 적지 않습니다. 특히 학교생활기록부에 있는 수상 경력을 단순하게 나열하여 대회명, 수상 일시, 수상 등급 등을 적고 끝내는 지원자가 많습니다. 그러나 대학에서는 학교생활기록부, 수능 성적 같은 전형 자료들로는 알 수 없는 지원자의 숨겨진 특성, 자질 등을 자기소개서를 통해 확인하고 싶어 합니다. 따라서 단순한 사실을 나열하기보다는 본인의 수상 경력이 전공을 학습하는 데 어떤 도움을 줄 수 있는지, 경시대회를 준비하며 구체적으로 어떤 영역을 공부했는지, 이를 통해 어떤 부분을 더 개발하고 발전시킬 수 있었는지를 적는 것이 필요합니다.

자기소개서 "NG" 예시

저는 고등학교 기간 동안 내신성적을 잘 받았습니다. 국어와 수학 과목은 모두 1등급을 받았으며 교내 독서감상문대회와 수학경시대회에서 각각 금상과 은상을 수상한 경험이 있습니다. 학교에서는 수학경시반 활동을 했습니다. 2학년 때부터 해왔고 친구들 6명이 수학 선생님과 함께 공부했습니다.

이렇게 바꾸면 어떨까요?

저는 1학년 때부터 학교 공부에 전념해 왔습니다. 학교에서 선생님들께서 가르쳐주시는 내용이 모든 공부의 기본이라고 생각하여 수업 시간에 졸지 않고 들으려 노력했고 예습보다는 복습에 많은 시간을 할애해 왔습니다. 학교 공부와 더불어 독서는 저의 생활에서 빼놓을 수 없는 부분입니다. 독서를 통해 저는 수업 시간에 부족했던 부분을 채울 수 있었습니다. 고등학교 때 가장 기억에 남는 책은 황석영 님의 『오래된 정원』이라는 소설이었습니다. 원래 영화 제목을 보고 관심을 가지게 되었지만, 읽는 내내 단순히 남녀 간의 사랑의 문제가 아니라는 점을 깨닫게 되었습니다. 글을 읽어가면서 한국 현대사의 굴곡이 주인공 남녀의 삶에 고스란히 녹아 있다는 점이 특별하게 다가왔습니다. 역사는 단절된 것이 아니라 계속 이어지고 있으며, 이 시대를 살고 있는 저도 그 영향에서 벗어날 수 없다는 사실을 느끼게 해준 책이었습니다. 그 후 교내 독서감상문대회에서 이 책을 주제로 쓴 글이 금상을 수상하기도 했습니다. 저는 과목 중에서 수학을 가장 좋아합니다. 그래서 2학년 때부터 친구들 6명이 수학경시반을 만들어서 활동했습니다. 3학년 때는 부장으로 활동하기도 했는데, 주제를 정해서 매주 토요일 오후에 모여서 서로 토론도 하고 문제도 풀기도 했습니다. 수학 가운데 미적분은 어려우면서도 수학적 사고가 여러 방면에 응용된다는 것을 배우게 해줬습니다. 이 수학경시반 활동은 문제 풀이보다는 수학의 원리와 기본 개념을 스스로 이해하는 데 도움이 되었으며, 토론과 다양한 독서에 매진했던 노력이 교내 수학경시대회 은상으로 이어졌습니다.

- 자기소개서의 각 항목에 맞는 내용과 분량으로 쓰세요

각 전형마다 요구하는 자기소개서의 양식이 있는데, 이 양식에 맞는 내용을 기술해야 합니다. 예를 들어 학업 능력, 지원 동기 및 진로 계획을 쓰는 항목이 구별되어 있음에도 불구하고 계속 동일한 내용을 반복하여 써서는 안 됩니다. 각 항목에서 요구하는 내용이 무엇인지를 고민하여 작성해야 합니다. 또한 분량이 지정되어 있으니 정해진 분량 내에서 자신을 가장 효과적으로 드러낼 수 있도록 내용을 구성해야 합니다.

- 논리적인 설득력 없이 감정에 호소하는 글은 쓰지 마세요

지원자는 자기소개서를 통해 학교생활기록부, 수능 성적 같은 전형 자료들로는 파악할 수 없는 지원자의 특성이나 자질 등을 드러내야 하지만, 이것이 곧 감정적인 내용을 서술하라는 의미는 결코 아닙니다. 자기소개서의 내용은 객관적인 자료(타당한 근거 자료나 일화 등)를 중심으로 논리적이고 일관성 있게 전개돼야 합니다. 객관적인 시각으로 자신을 바라보면서 균형 있게 작성하는 것이 중요합니다.

- 상투적이거나 추상적이지 않은 구체적인 내용을 서술하세요

자기소개서는 남과는 다른 나를 표현하는 글입니다. 따라서 모든 사람들이 사용하는 상투적인 문구나 뜻을 짐작하기 어려운 추상적인 문구로는 입학사정관에게 '나'를 표현하고 자신의 인상을 강하게 심어줄 수 없습니다. "봉사성이 우수하다", "열심히 하겠다" 등의 문구로는 설득력을 가지기 어렵습니다. 막연한 내용보다는 구체적인 내용을 중심으로 작성해야 합니다. 예를 들어 봉사 활동을 언급할 경우 봉사 활

동을 하게 된 계기와 이를 통해 느낀 점, 이런 활동들이 향후 대학 생활에 어떤 영향을 줄 수 있는지 등에 대해 구체적으로 서술해야 합니다.

자기소개서 "NG" 예시

2학년 학급 부반장 : 저는 리더십과 봉사성이 우수합니다. 이러한 점을 인정받아 2학년 부반장에 선출됐습니다. 저는 매사에 열심히 한 결과 반장보다 더 나은 부반장이라는 말을 들을 수 있었습니다.

이렇게 바꾸면 어떨까요?

2학년 때 처음 부반장으로 선출됐을 때 제가 할 수 있는 일이 무엇일까를 고민했습니다. 사실 반장이 되지 못했다는 점이 서운하기도 했지만, 반장을 도와서 학급 친구들에게 도움이 되는 역할을 하기로 결심했습니다. 학급 친구들끼리 '하루 한 번씩 칭찬하기'를 시도했습니다. 최초 계획과는 다소 다르게 되었지만, 친구들 사이에 우정을 쌓는 데 많은 기여를 했다고 생각합니다. 조그만 생각의 차이가 매우 다른 결과를 낳을 수 있다는 점에서 많은 것을 느끼는 계기가 됐습니다.

1학년 도덕 시간에는 그룹 프로젝트로 여성의 사회 참여와 육아에 대한 주제로 탐구 활동을 하게 되었습니다. 6명의 조원과 함께 지역 어린이집과 여성 단체를 방문하고 인터뷰하여 정리하는 과정에서 초기에는 조원들의 참여가 저조하여 어려움을 겪기도 했습니다. 그때 저는 각 조원의 역할 분담과 진행 일정을 세분화하여 성공적인 프로젝트 결과를 낼 수 있었습니다. 그 결과 우리 반에서 최우수 조가 되었을 때는 큰 기쁨을 맛보기도 했습니다.

- **자기소개서를 중심으로 관련 기록이나 자료를 모아서 제출하세요**

　제출 서류는 자기소개서를 작성하며 기술한 내용들을 중심으로 준비하면 됩니다. 예를 들어 자기소개서에서 과학에 관심이 많아 실험을 해본 경험이 있거나 과학 동아리에서 동아리 장으로 활동한 내용을 서술했다면 이와 관련하여 당시 작성했던 실험보고서나 동아리에서 탐구발표회를 한 자료 등을 제출할 수 있습니다. 분량의 한계로 인해 자기소개서나 추천서에 언급하지 못한 자료들을 제출하는 것은 상관없지만 단순히 제출 서류의 양을 늘리기 위해 불필요한 자료를 제출해서는 안 됩니다. 2014학년도부터는 서울대 증빙서류도 5개로 제한됐고 성적도 제출하지 않도록 명시하고 있기 때문에 중요도를 잘 따져서 제출하는 것이 좋습니다.

▶ 추천서도 중요하다

　자기소개서와 함께 사정 과정에서 가장 중요한 요소로 꼽히는 것이 바로 추천서다. 추천서를 작성하는 추천인은 특별한 자격 제한이 없으나 지원자를 잘 알고 오래 지켜본 사람이면 더욱 좋다. 다만 지원 대학의 교직원이나 학원 강사 및 학원장, 과외 지도교사, 본인, 가족, 친척, 친구는 제외된다. 그래서 일반적으로 고등학교 담임교사나 학생과 특별한 친분이 있는 학과 선생님이 추천서를 쓰는 경우가 많다. 그런데 간혹 추천서를 부탁받은 교사들 중 이 추천서가 얼마나 중요한지 잘 모르는 사람이 있는 것 같다.

필자가 알고 있는 한 학생은 2010학년도 대입 수시 전형에서 서울대와 연세대, 고려대를 포함해 총 7개 학교에 동시 지원했다. 그중 논술 전형을 제외하고, 총 4개의 추천서가 필요했는데 담임교사에게 추천서를 모두 써달라고 하기가 죄송하다면서 서울대만 부탁드렸고, 나머지 추천서는 2학년 때 자신을 가르쳤던 물리 선생님에게 부탁드렸다고 했다. 참고로 그 학생은 물리 분야 특기자로 지원하는 학생이어서 그 물리 선생님과 각별한 친분이 있었다.

다른 대학보다 서울대 자기소개서에 특히 심혈을 기울여 수십 번을 다시 읽고 또 고치고를 반복하다 보니 서울대 원서는 마감 당일에 제출할 수 있었다. 그런데 막상 담임교사가 추천서를 하나도 작성해 놓지 않았다. 그 학생의 어머니는 어떻게 담임교사가 그토록 신경을 안 써줄 수가 있느냐면서, 마감 당일에 다른 서류를 들고 학교에 방문하자 부리나케 대충 써주는 추천서를 보면서 할 말을 잃었다고 했다.

물론 모든 교사들이 그렇지는 않겠지만, 수시 전형을 경험해 본 교사들이 많지 않고 추천서나 자기소개서 등 서류의 중요성을 간과하고 있는 교사들도 종종 있는 것이 사실이다. 따라서 추천서를 부탁할 때는 교사가 참고할 수 있도록 본인이 쓴 자기소개서나 각종 증빙서류들을 함께 보여주는 것도 한 방법이다. 그 후 추천서를 작성하게 되는데, 추천서도 자기소개서와 마찬가지로 지원자나 추천인의 인적 사항이 드러나는 정보를 기입해서는 안 된다. 서울대의 경우 추천서는 글자 제한이 없다. 다음은 서울대의 추천서 항목이니 참고하길 바란다.

1. 지원자의 학업 능력과 지원 모집 단위에 대한 관심, 열정, 재능, 우수

성 등에 대하여 기술하여 주십시오.

2. 학업 능력 이외의 개인적 특성(봉사성, 잠재력, 인생관, 리더십, 공동체 의식 등)을 중심으로 지원자를 이해하는 데 도움이 되는 내용이나 지원자를 추천하는 이유에 대하여 기술하여 주십시오.

3. 1~2번 항목 이외 지원자의 평가에 고려할 만한 사항이 있는 경우(교육 환경 등) 기술하여 주십시오.
   ▶ 가정환경이 어려워 장학금이 필요한 경우에는 지원자의 가정환경(성장 과정, 생활 여건 등)에 대하여 구체적으로 기술해 주십시오.

다음은 서울대가 발행한 입학사정관 안내서 중 추천서와 관련된 내용이니 참고하길 바란다.

- 지원자를 가장 잘 알고 있는 분이 작성해 주세요

솔직하고 구체적으로 추천서를 작성하기 위해서는 지원자를 가장 잘 알고 있는 분이 추천해 주셔야 합니다. 평소 지원자를 관찰해 왔으며 구체적인 근거를 바탕으로 평가할 수 있는 추천인이 추천서를 작성해야 미사여구만 이어지는 의미 없는 추천서가 되지 않습니다. 유명 인사에게 추천서를 받는다고 더 좋은 평가를 받는 것이 아닙니다. 지원자의 성격, 교육 환경, 잠재력, 고등학교 생활 전체에 대해 잘 알고 있는 분이 써주시는 것이 가장 좋습니다.

- 학교생활기록부나 증빙서류로는 충분히 파악이 어려운 보충 내용들을 중심으로 서술해 주세요

학교생활기록부에 기록되어 있는 내용을 다시 추천서에서 그대로 나열하는 경우가 적지 않습니다. 학교생활기록부에 있는 수상 경력(대회명, 수상 일시, 수상 등급 등)을 단순 나열하거나, 교과 성적만 추천서에 적는 경우가 많습니다. 그러나 추천서야말로 학교생활기록부, 증빙서류 같은 전형 자료들로는 파악하기 어려운 지원자의 숨겨진 특성이나 자질 등을 확인할 수 있는 전형 자료입니다. 추천서에서는 증빙 자료로 보여줄 수 없는 지원자의 인성, 학업 관련 내용 등에 대한 구체적인 일화를 기술하실 수 있습니다. 예를 들어 2학년 1학기 교과 성적이 매우 떨어졌을 때 지원자의 건강에 문제가 있었다거나, 어려운 가정사가 있었기 때문이라는 내용을 기술함으로써 지원자의 학업 능력 평가 시에 고려될 수 있는 내용을 제공해 줄 수 있습니다.

추천서 "NG" 예시

지원자의 학업 능력은 우수합니다. 지원자는 1학년 1학기 때 국어, 수학, 도덕, 사회, 미술에서 1등급을 받았고, 1학년 2학기 때도 국어, 수학, 미술, 기술가정, 음악, 영어에서 1등급을 받았습니다. 2학년 1학기 때는 수학 1, 한국지리, 경제 과목에서 1등급을 받았고 2학년 2학기 때는 사회문화를 제외하고 모두 1등급을 받았습니다. 지원자는 봉사성이 우수합니다. 3년간 학교에서 50시간이 넘게 봉사 활동을 했고 학교 밖에서도 30시간이나 봉사 활동을 했습니다. 지원자는 리더십이 우수합니다. 1학년 2학기 부반장, 3학년 1학기 반장을 했습니다. 또한 지원자는 교우 관계가 좋아서 친구들에게

인기가 많습니다.

- **수려한 문장보다 내용이 중요해요**

추천서는 분량 제한이 없고 내용을 자유롭게 구성할 수 있기 때문에 추천서 작성을 고민하는 경우가 많습니다. 그래서 국어 교사가 추천서를 전담하게 되어 결국 한 사람이 너무 많은 추천서를 써야 하는 부담스러운 경우들이 생기기도 합니다. 그러나 잘 써진 추천서란 문장이 수려한 추천서가 아니라 내용이 충실한 추천서입니다. 앞뒤 문장이 잘 연결되는지, 분량이 많은지 적은지 하는 것들은 중요하지 않습니다.

- **지원자에 대해 솔직하게 평가해 주세요**

아직 추천서 문화가 정착되어 있지 않은 탓인지 추천서에서 지원자에 대해 무조건 칭찬을 나열하는 경우가 많습니다. 현저히 학업 성적이 떨어지는 학생을 최상위권 학생이라고 평가하거나, 봉사 활동 관련한 내용이 전혀 나타나지 않는 학생을 봉사성이 우수하다고 평가하는 경우도 있습니다. 이런 경우 추천서 내용 자체를 신뢰하기 어렵게 되고, 지원자를 평가할 때 오히려 불리하게 작용할 수도 있습니다. 조금 부족한 점이 있는 학생이라면 이에 대해 솔직하게 언급하고, 그럼에도 불구하고 이 학생이 선발돼야 하는 이유에 대해 말씀해 주시는 것이 더 좋습니다. 또한 추상적인 문구보다는 구체적인 내용을 중심으로 자세하게 작성해야 합니다. 추천서는 데이터베이스화하여 관리하기 때문에 추천인이 허위 사실을 기술하거나 과장된 평가를 할 경우 향후 입학 전형에서 추천인 자격에 제한을 받는 등 불이익을 받을 수 있습니다.

추천서 "NG" 예시

지원자는 봉사성과 리더십이 매우 우수합니다. 비록 학교 공부에 신경을 쓰느라 봉사 활동이나 임원 활동, 또는 리더십을 보여주는 활동을 거의 하지 못했지만, 지원자의 봉사성과 리더십은 매우 훌륭하다고 생각합니다. 물론 사례로 들 만한 내용은 잘 기억이 나지 않지만 지원자의 봉사성과 리더십이 훌륭하다는 점은 제가 보증합니다. 대학에 입학하면 아주 훌륭한 학생으로 성장하리라 확신합니다.

▶ 포트폴리오, 이렇게 준비하라

수시 전형과 입학사정관제도가 확대되면서 포트폴리오에 대한 관심이 매우 높아졌다. 학원가에서는 포트폴리오에 대비하는 '스펙 만들기'를 대대적으로 홍보하고, 언론에서는 스펙을 사고파는 어두운 이면을 고발하는 등 그야말로 포트폴리오 열풍이 불고 있다. 거꾸로 생각하면 그만큼 대학 입시에서 포트폴리오가 차지하는 역할이 크고 중요하다는 의미이기도 할 것이다.

대학이 요구하는 포트폴리오는 간단하다. 자기소개서에 기록된 내용에 대해 증빙 자료를 제출하라는 것이다. 학교생활기록부에 기록된 내용은 그 자체로 증빙 자료로서의 가치가 있지만, 자기소개서에 본인이 직접 쓴 내용에 대해서는 그것을 증명할 수 있는 증빙 자료를 제출해야 한다. 포트폴리오는 각 대학마다 제출 양식이 다르니 제출 전에 대학별로 양식을 확인한 후 제작하는 것이 좋다. 각 대학이 정해놓은 양식을 따르지 않은 포트폴리오는 접수 시에 대학 측에서 받아주지 않는 경우가 발생하므로 주의하자.

포트폴리오의 내용을 구성할 때는 자기소개서를 바탕으로 지원 학과에 맞춰 관련 자료를 엮는 것이 무엇보다 관건이다. 다음 몇 가지 사례를 통해 포트폴리오의 실제 구성 사례를 살펴보자.

서울대 특기자 전형 | 사회과학계열 M양

지방 외고에 다니는 M양은 어학이 아주 우수한 학생이었다. 본인의 희망이 외교관이라 사회과학대학에 진학하고 싶어 했다. 사회과학대학은 경영학과와 더불어 가장 점수대가 높은 학과 중 하나다. 내신성적이 다른 학생에 비해 좋지 않은 편이라 다소 무리가 있었지만, 진로 희망이 뚜렷해서 M양의 바람대로 진행하기로 했다.

M양은 고등학교 때도 TOEFL 공부를 지속할 정도로 어학 점수에 신경을 썼다. 실제로 TOEFL 117점, TEPS 925점, TOEIC 만점의 성적을 냈고 IET, 모의유엔 등 영어 관련 대회에서도 수상을 했다. KBS 한국어능력시험 3급, JLPT 3급 시험에도 합격했으며 수능 국사를 공부하면서 한국사능력검정시험 1급에도 합격했다.

사실 M양만큼의 어학 성적을 가지고 있는 학생들은 많다. 하지만 지방에서 스스로 공부한 점이 높이 평가됐던 것 같다. 결국 M양은 서울대 특기자 전형, 연세대 글로벌리더 전형, 고려대 세계선도인재 전형 중 서울대와 연세대에 동시에 합격하는 영광을 누렸다.

서울대 특기자 전형 | 인문계열2 역사학과 L군

평소 역사에 관심이 많았던 L군은 서울대 역사학과에 들어가서 동아시아 역사를 연구하고 교수가 되는 것을 목표로 삼았던 학생이다. 고등학교 재학 기간 동안 한국사능력검정시험에 응시해 1급을 획득하고 우리역사바로알기대회에 참가하기도 했다. 우리역사바로알기대회에 참가하기 위해서는 학생이 역사에 관한 연구보고서나 조사보고서를 작성해야 하기 때문에 보다 심층적인 역사 공부를 필요로 한다.

우리역사바로알기대회에 제출했던 연구보고서, 한국사능력검정시험 1급 자격증, EBS 국사 인터넷 강의 게시판에 질문한 글, 교내 교과 우수상 등 L군의 포트폴리오는 무엇보다 역사와 관련된 비교과들이 맨 앞에 들어갔다. 그리고 동아시아 역사를 연구하기 위해 기본적으로 갖추면 좋을 어학 능력이 그다음 순서로 들어갔다. 영어 TEPS와 TOEIC 성적, 그리고 평소 일본 애니메이션을 즐겨 보면서 배운 기초적인 일본어와 학교에서 제2외국어로 배운 중국어를 증빙서류로 넣었다. 그 뒤에 1학년 때부터의 모의고사 성적표 사본을 비교과 자료로 넣었다. 수시 전형은 수능을 보기 전에 응시하므로 평소에도 수능 모의고사 성적이 어느 정도 나온다는 것을 보여주기 위함이었다. L군의 경우는 1학년 때부터 전 영역을 거의 꾸준히 1등급으로 유지했기 때문에 가능한 일이었다.

결과적으로 이 학생은 아쉽게도 서울대에 합격하지 못했지만, 동시 지원한 연세대에는 합격할 수 있었다.

성균관대 리더십 전형 | 인문과학계열 J양

앞 학생과 달리 J양은 학업적인 성과가 별로 없는 친구였다. 실제 내신성적도 평균 3등급에 머물렀고 모의고사 성적도 2~3등급 정도로, 성적만 보면 소위 인서울 학교(서울 안에 있는 4년제 대학)에 합격하기 힘들었다. 당연히 공부와 관련된 비교과도 없었다. 대신 고등학교 1학년 때부터 꾸준히 학년 회장을 역임한 경력이 있었다. 학급 회장도 아니고 학년 회장이었기 때문에 리더십 전형에서 유리하겠다고 예상하긴 했지만, 그래도 성적이 조금 마음에 걸리는 상황이었다.

어쨌든 정시로 넘어가면 J양에게는 매우 불리해져 무조건 수시에 합격해야 했다. J양의 부모님은 재수를 시키더라도 이화여대 아래로는 원서를 쓰지 않겠다고 하셨기 때문에 리더십 전형으로 내볼 만한 학교들 중 서울대, 연세대, 고려대, 성균관대, 이화여대, 이렇게 모두 5개 학교에만 지원하기로 했다.

J양의 포트폴리오 구성은 단순했다. 맨 앞에 각종 상장을 넣었다. 상장도 여러 종류가 있지만, 일단 리더십을 보여줄 수 있는 상장 위주로 구성했다. 학교 대표로 받은 표창장이나 임원 활동을 하면서 받은 임명장을 맨 앞에 넣고 뒷부분에는 학생회장을 하면서 다양하게 활동했던 자료들을 첨부했다. 축제 기획단으로서 만들었던 교내 축제 팸플릿, 교지에 실렸던 글, 학생회장 선거 포스터와 연설문 등 자기 활동들을 보여줄 수 있는 모든 자료들을 깔끔하게 정리하여 포트폴리오를 완성했다.

결과는 서울대, 연세대, 고려대에는 모두 불합격했고, 성균관대와 이화여대에 최종 합격했다. J양은 성균관대를 선택해서 입학했고 현재 1학년에 재학 중이다.

울산대 의예과 일반전형 | 의예과 Y군

Y군은 제출할 만한 서류가 그다지 많지 않았다. 하지만 한국화학올림피아드에서 은상을 탄 경력이 있어서, 이를 적극 활용하는 방향으로 포트폴리오를 구성했다. 이과 학생치고 TEPS 성적(670점대, 2급)이 나쁘지 않았고, 화학 과목 AP를 이수하여 '화학'에 대한 학생의 관심과 열정을 보여주기 좋았다. 자기소개서에는 학생이 어릴 적부터 의료 분야에 관심이 많아 병원에서 꾸준히 봉사활동을 했다는 내용을 효과적으로 어필했고, 그동안 헌혈을 했던 증서도 함께 첨부했다. Y군은 포항공대, 서울대 화학과, 경희대 한의예과 등을 동시 지원했고, 울산대 의예과 수시 2차에 합격했다.

울산과학기술대 글로벌리더 전형 | 전기전자컴퓨터공학부 S군

S군을 처음 봤을 때 그는 그야말로 이과생의 전형이었다. 오직 물리와 컴퓨터만 좋아하고 실력도 뛰어났다. 하지만 나머지 과목은 기대 이하의 성적을 받아놓은 상태였다. 실제 수능 모의고사에서도 언어와 물리만 1등급이고, 나머지는 3~4등급을 받는 수준이었다. 심지어 수리 영역은 5등급이 나올 때도 있었다. 자신이 좋아하고 잘하는 것만 파고든 대표적인 유형이었다. 내신과 수능 모두 골고루 우수한 성적을 받기보다 하나만 확실히 공부해 둔 학생이었기 때문에 공과대학으로 특화된 대학에 응시하기로 했다. 물론 종합대학에도 함께 응시했다.

S군의 경우 내신성적은 그리 우수하지 않았지만 일반고에서 혼자 스스로 공부해서 정보올림피아드에서 수상을 한 경력이 있었다. 또한 자신이 직접 찾은 정보를 가지고 IT영재원에서 활동하기도 했는데, 그

영재원의 구성원들은 대부분 과학고 출신 학생들이었다.

컴퓨터공학을 공부하고 싶어 하는 S군의 포트폴리오는 무엇보다 컴퓨터 관련 실적으로 채워졌다. 정보올림피아드 상장 및 교내 표창장, IT영재원 활동 경력이 그것이다. 그리고 그 뒤에는 물리 과목으로 받은 교내 학업우수상장들이 들어갔다. 또 어린 시절에 썼던 일기장도 참고 자료로 뒷부분에 넣었는데, 그 일기는 S군이 나중에 커서 컴퓨터 프로그래머가 되는 것이 꿈이라는 내용을 담고 있었다.

물론 초등학교와 중학교 재학 기간 중의 활동 내용은 평가에 반영되지 않는다. 그리고 그런 자료들은 아예 제출하지 말라고 명시하는 대학들도 있다. 하지만 그런 언급이 없는 대학에 응시하는 경우, 설사 그 자료가 반영되지 않는다고 할지라도 자신을 설명해 줄 수 있는 좋은 자료라고 판단되면 참고 자료로 함께 제출하는 학생들도 있다. 결과적으로 S군은 서강대와 울산과학기술대에 2차 합격까지 했지만, 두 학교의 마지막 면접일이 겹치는 바람에 울산과학기술대를 선택했고 그곳에 최종 합격했다.

정시 원서 쓰는 법

대학교육협의회의 발표에 따르면 2015학년도 정시모집에서는 전체 대입 정원의 약 35.8퍼센트인 13만 5,774명을 선발한다. 이는 지난해의 정시 인원에 비해 7,480명이 증가한 수치이다. 정시에서는 수능 성적을 주요한 전형 요소로 활용해 선발하고 2015학년도에는 수능 반영 비율이 지난해보다 다소 높아졌다. 인문계열의 정시 일반전형을 기준으로 했을 때 수능 100퍼센트를 반영하는 대학은 지난해에 비해 89개교로 18개교가 감소했지만, 80퍼센트 이상~100퍼센트 미만을 반영하는 대학은 60개교로 44개교가 증가했다. 정시에서는 어떤 전형 요소보다 수능의 영향력이 합격을 좌우하는 절대적 기준으로 확실히 자리 잡았다고 해도 과언이 아니다. 이제부터는 전략적으로 정시 원서를 쓰는 법을 본격적으로 알아보자.

▶ 전형 방법을 분석하라

정시모집에서는 대부분의 대학들이 대학별 고사를 실시하지 않기 때문에 수능이 합격의 당락을 결정하는 가장 중요한 전형 요소가 되었다. 이런 이유로 합격을 보장받기 위해서는 수능에서 한 문제라도 더 맞혀서 표준점수와 백분위점수를 올리는 것이 무엇보다 중요하다.

그러나 대학별로 선발 목적에 따라 수능, 학교생활기록부, 면접 등 전형 요소의 비중을 달리하여 선발하며, 분할 모집의 경우에는 대부분의 대학들이 모집군별로 중심적인 전형 요소를 달리 적용하여 배치하므로 지원 대학의 모집군별 전형 방법을 눈여겨봐야 한다.

한 가지 염두에 둬야 할 점은 2015학년도부터 정시에서 모집 단위 내 군간 분할 모집이 금지됨에 따라 지난해에 비해 모집군별 분할 모집을 하는 대학이 줄어들었다는 사실이다. 모집군의 구분에 따른 혼선을 최소화하기 위해 이전의 동일 학과 내 분할 모집(가나, 가다, 나다,

가나다)을 폐지하되, 2015~2016학년도에는 모집 단위의 입학 정원이 200명 이상인 경우 2개 군까지는 분할 모집을 할 수 있다. 하지만 2017학년도부터는 모집 단위 내 분할 모집을 전면 금지한다. 예를 들면 정시 경영학과 모집 인원이 100명이라면 '가'군에서 50명, '나'군에서 30명, '다'군에서 20명 선발하는 경우가 금지되는 것이다.

▶ **영역별 최상의 조합을 찾아라**

정시모집에서 합격의 당락을 좌우하는 가장 중요한 전형 요소는 수능이다. 따라서 수능을 이미 치르고 난 시점에서는 이미 끝난 수능으로 일희일비하기보다는 나의 성적으로 가장 유리하게 대학에 갈 수 있는 수능 반영 방법을 선택하는 전략을 세워야 한다.

서울대, 고려대, 연세대, 성균관대, 한양대, 중앙대 등 대부분의 주요 대학이 4개 영역을 반영한다. 그러나 성신여대, 숙명여대, 이화여대, 홍익대 등은 모집군에 따라 2~3개 영역을 반영하며, 건양대, 관동대, 인제대 의학계열은 수학·영어·탐구 3개 영역을 반영하여 선발한다. 대부분의 대학에서 4개 영역을 반영하고 있으므로 섣불리 한 과목을 포기하거나 해서는 안 된다. 2+1 반영 대학의 경우 3+1 반영 대학에 비해 상대적으로 부담이 덜하므로 비슷한 수준의 모집 단위라 할지라도 합격선 및 경쟁률이 높아지는 경향을 보인다. 그러니 수험생들은 자신의 반영 영역 조합 중에서 어떤 조합이 유리하고 불리한지를 정확하게 파악해야 한다.

수능의 총점은 같더라도 반영 비율이 높은 영역에서 높은 점수를 받을 경우 최종 대학의 환산 점수에서 10점 이상의 차이가 발생할 수도 있다. 1~2점으로도 합격과 불합격이 바뀌는 입시에서는 영역별 반영 비율에 따라 유리할 수도 있고 불리할 수도 있으므로, 같은 지원권의 대학이라면 성적이 상대적으로 잘 나온 영역의 반영 비율이 높은 대학을 선택하는 것이 유리하다. 따라서 지원 대학의 수능 영역별 반영 비율과 본인의 영역별 점수 구성을 비교하여 잘 따져보도록 한다.

인문계열의 경우 주로 국어, 영어 영역의 반영 비율이 높지만 서울대, 서울시립대, 성균관대 등과 같이 수학 영역의 반영 비율이 높은 대학도 있으므로 주의해야 한다. 자연계열의 경우에는 수학, 영어 또는 수학, 탐구 영역의 반영 비율이 높다.

수학 및 탐구 영역의 반영 방법도 주의해야 할 점이다. 주요 상위권 대학은 계열에 따라 수학과 탐구의 유형을 지정하고 있어서 반영 영역과 응시 영역이 일치하지 않을 경우에는 지원 자체가 불가능하지만, 교차지원을 허용하는 중상위권 대학이 증가함에 따라 수학 A/B, 사회탐구/과학탐구를 반영하는 대학도 증가했다. 다만 자연계열의 경우 대학에 따라 선택이 가능하더라도 의학계열과 같은 주요 학과의 경우에는 수학 B 및 과학탐구를 지정하여 반영한다.

경희대에서는 인문자연융합계열만 수학 A/B, 사회탐구/과학탐구 영역을 반영하고, B형 가산점이나 탐구 과목 지정이 없고, 자연계열의 경우 수학 B, 과학탐구 영역만을 허용한다. 하지만 동국대, 성신여대 등의 일부 모집 단위에서는 자연계열의 경우에도 수학 A/B, 사회탐구/과학탐구를 반영하지만, 수학 B 또는 과학탐구 영역에 가산점을 부여하는 경우가 많으므로 교차지원 시 지원 대학의 가산점 부여 방식을 꼼꼼히 살펴서 B형 응시자와 경쟁하여 경쟁력이 있는지를 고려한 후 여유 있게 지원해야 한다.

탐구 영역의 반영 과목도 비슷한 수준의 지원자끼리 경쟁할 경우에는 주요 변수로 작용한다. 2013학년도까지는 최대 3과목 응시에 상위 2과목을 주로 반영했지만 2014학년도부터 탐구 과목의 경우 최대 2과목에 응시하도록 바뀌었다. 3과목에서 2과목으로 바뀌면서 학생들의 공부량이 줄어든 것처럼 보이지만 내용이 심화될 가능성이 높아졌다. 또한 그만큼 경쟁률도 올라가고 심적인 부담감도 가중될 수밖에 없게 되었다. 서울대 문과는 한국사를 여전히 필수 과목으로 지정하고 있어서, 3과목일 때 한국사를 추가로 선택했던 학생들은 2과목 중 나머지 1과목에 대한 어려운 선택의 기로에 놓였다. 탐구 3과목을 선택할 수 있을 때는 한국사를 잘 못 봐도 나머지 2과목을 잘 보면 연고대에 지원할 수 있었는데 이젠 그럴 수 없어졌다.

대부분의 대학들에서 탐구 영역의 과목 수가 2과목이고, 탐구 영역의 반영 과목 수가 더 적을 경우에는 경쟁률 및 합격선이 높아지는 경향을 보인다. 그리고 모집 단위에 따라 과학탐구 Ⅰ, Ⅱ 과목을 지정하기도 하므로 특정 과목의 지정이나 제외 여부도 살펴야 한다.

▶ 교차지원도 전략이다

학생에 따라서는 마지막에 교차지원을 희망하기도 한다. 교차지원을 하려면 수학, 탐구 유형 지정 및 가산점을 잘 살펴봐야 한다. 가산점에 따라 최종 대학의 환산 점수에서 5점 내외까지 점수를 상승시킬 수 있다. 따라서 수능 영역별 가중치 외에 가산점까지 꼼꼼히 따져봐야 한다.

인문계열의 경우 사회탐구, 제2외국어/한문 영역에 가산점을 부여하는 경우가 가장 많으며, 모집 단위의 특성에 따라 특정 영역/과목에 가산점을 부여한다. 예를 들어 부산대는 사회탐구 영역의 특정 과목(국사)이나 제2외국어/한문 영역에 가산점을 부여한다. 단국대는 자연/인문 통틀어 수학 B 선택 시 가산점을 부여한다. 그리고 한문교육과의 경우 한문에 가산점을 부여한다. 외국어계열 학부나 국제학부 등은 제2외국어 영역에 가산점을 부여하는 경우가 대부분이다.

자연계열을 살펴보면, 수학 A/B와 사회탐구/과학탐구를 모두 반영하는 대학의 경우 수학 B 또는 과학탐구 영역에 가산점을 부여하는 방식을 택하며, 과학탐구의 Ⅱ과목에 가산점을 부여하는 경우도 있다. 단국대의 경우 몇몇 자연계열의 학과에는 과학탐구에 가산점을 부여한다.

특히 2015학년도 입시에서 교차지원을 선택할 외고 학생은 지원 가능한 학과와 학교를 우선적으로 선택해야 한다. 학교별 모집 요강과 수능 최저학력기준이 크게 다르기 때문이다. 서울대, 연세대, 고려대 등 상위권 대학의 자연계열 모집 단위에서는 수학 B형과 과학탐구 영역을 지정하는 경우가 많다.

일단 수능을 보고 난 후라면 점수는 잊어버리고 전략을 수립하는 것이 최우선이다. 가채점 결과를 바탕으로 정확한 결과 분석을 해야 한다. 가장 유리한 최상의 영역별 조합은 무엇인지, 전국에서 내 위치는 어느 정도인지를 파악하는 것이다. 입시는 정보전이다. 지원 대학의 전형 방법에 대한 정보를 최대한 자세히 알아보고 나에게 가장 유리한 전형을 골라내자. 이때는 주변에서 전문적인 조언을 해줄 사람을 찾아서 충분히 상의한 후 결정하는 것이 현명하다. 또한 대학별 환산 점수를 자동으로 산출해 주는 프로그램을 이용하여 지원 가능 대학을 추천받는 것도 한 방법이다.

민성원연구소와 함께하는
학습 능력 계발 및 입시 전략 컨설팅

1 진단 컨설팅

아이의 인지적 능력, 집중력, 학습 동기 및 기타 역량에 따른 학업 레포팅, 솔루션 제안! 현재를 알아야 미래를 설계한다. 학생의 능력과 성향을 기준으로 학습 플랜을 세워야 합니다.

■ 검사 꼭 해야 한다!

교육의 다변화 및 교육 정보의 홍수 속에서 과학적인 검사를 통해 아이의 적성과 타고난 능력을 정확히 분석하여 앞으로 나아갈 바를 제시해 줘야 합니다.

■ 왜 민성원연구소인가?
- 각종 매체와 교육기관에서 실시하고 있는 검증된 검사 프로그램입니다(EBS 〈생방송 60분 부모〉, 유치원, 학원에서 실시 중).
- 아이의 연령에 맞춘 맞춤식 프로그램입니다(유아, 초등 저학년·고학년, 중등, 고등, 성인 프로그램으로 구성됨).
- 다양한 분야의 검사로 철저하게 분석합니다(지능검사뿐만 아니라 학습유형검사, 진로탐색검사 등 다양한 검사 도구로 학생의 모든 데이터를 추출합니다).

■ 검사 프로세스
- 1단계 : 학생의 환경과 연령대를 분석하여 최적의 프로그램 도출
- 2단계 : 각 분야 최고의 전문가들로 구성된 담당자(검사자)와 검사 실행
- 3단계 : 검사 결과를 통해 학생 개인을 위한 리포트 제작
- 4단계 : 학부모와 1 : 1 상담을 통한 검사 결과 해석 및 솔루션 제안

검사 유형	검사 종류	목적
지능	Wechsler 지능검사	Wechsler 지능검사를 통해 학생의 지적 잠재력을 정밀하게 파악하고 약점과 강점을 분석
학습 유형	U&I 학습유형검사	학생의 성격적 유형을 파악하여 선호하는 학습 방법 및 현재 심리 상태 분석
학습 습관	MLST 학습습관검사	수업 태도, 집중력, 노트 필기 등 기본적인 학습 습관 수준 및 학습 동기 수준 파악
진로	Holland 진로흥미검사 Holland 진로발달검사	문과 · 이과 성향 파악 및 적합한 학과 분석, 선호하는 직업군 분석
집중력	ATA 집중력 검사 (검사자 판단 시)	ADHD 검사 및 청각 · 시각주의력 분석(검사자 판단으로 추가 실시)

2 초등 엄마 물음표(초등 컨설팅)

검사→컨설팅→교육(Follow-up)으로 시스템화한 '학습 솔루션' 초등학생을 위한 솔루션 컨설팅, 초등 엄마 물음표! 우리 아이에게 맞는 행복한 공부 방법, 초등 엄마 물음표가 바른 길을 제시합니다.

■ 대상
만 6세~초등 6학년

■ 특징
- 심리검사 및 학습능력검사를 통한 정확한 상태 분석

- 검사 결과를 바탕으로 한 체계적인 학습 컨설팅(상담)
- 우리 아이에게 맞는 개인별 맞춤형 리포트(민성원리포트)
- 검사 및 상담 결과에 따른 Follow-up 컨설팅(교육)

■ 초등 컨설팅 프로세스

검사	컨설팅	솔루션
1차 심리검사+TEST	2차 상담	3차 교육
• 웩슬러 지능검사 • 학습전략검사(MLST) • 학습유형검사(U&I) • ATA 집중력검사 　(선택 사항)	• 검사 결과 상담 및 컨설팅 • 개인별 맞춤형 리포트	• TEST • 상담 • 연습 • Work Sheet(숙제)

3 1:1 로드맵 컨설팅

민성원연구소 컨설팅의 대표 프로그램!
우리 아이 대학으로 가는 길을 보여드립니다.
수시 전형이 확대되는 최근의 입시 경향에서 개인별 맞춤 입시 전략은 선택이 아닌 필수입니다. 개인 분석 및 진단을 통해 뚜렷한 목표를 설정하고 이에 맞춰 특화된 자신만의 포트폴리오를 준비해야 합니다.
민성원연구소의 1:1 로드맵 컨설팅은 학생이 목표하는 대학을 갈 수 있도록 계획을 짜주는 프로그램입니다.

■ 대상
초등 3학년~고등 3학년

■ 로드맵 컨설팅 프로세스
- 1단계 분석 및 진단 : 성적 상담 및 입시 변인 분석→목표 대학까지의 가능성

진단(설문지, 수능적합도테스트, 학습유형검사, 학습전략검사, 적성검사, 지능검사(초등))
- 2단계 로드맵 설정 : 현재 학년부터 고등 3학년까지의 입시 로드맵 설정 및 동기부여
- 3단계 개인별 입시 전략 수립 : 개인별 맞춤 입시 전략 및 영역별 공부 방법 지도
- 4단계 로드맵 실행 과정 : 목표 대학 합격을 위한 성적 향상 프로그램 진행

■ 실력만큼 전략이 중요합니다!

컨설팅 이후 수많은 학생들이 성적이 오르고 명문대에 합격하고 있습니다.
정확한 전략 수립이 되고 동기가 올라가고 실천력이 좋아집니다.
대한민국 최상위권을 위한 도약, 로드맵 컨설팅이 정답입니다.

■ 로드맵 실행 과정(예시)

초등	공부 습관을 완성하고 초등부터 고등 3학년까지의 계획을 세워줍니다.
중등	목표하는 대학을 가기 위해 중학교부터 준비해야 할 교과/비교과 영역에 대한 계획을 세우고 관리해 줍니다.
고등	목표하는 대학을 가기 위해 내신, 수능, 논술에 대비할 수 있도록 영역별 계획을 세우고 관리해 줍니다.

4 수시/정시 컨설팅

변화하는 입시, 어떻게 준비하고 계십니까? 실력만큼 전략이 중요합니다.
어렵고 복잡한 대학 입시, 혼자 고민하지 마세요!
아는 만큼 길이 보입니다. 이제 전문 컨설턴트와 함께 준비해 보세요.

■ 1:1 수시 컨설팅

1:1 수시 컨설팅 프로그램으로 보다 확실한 전략을 세우십시오. 지원자에게 맞는 대학과 전형을 선정하고 준비 과정에서 전문 컨설턴트의 조언을 받는 프로그램입니다. 고등 3학년이 아니더라도 로드맵 컨설팅을 통해 미리 준비하실 수 있습니다.

- STEP1 서류 제출(필수) : 상담일에 앞서 학교생활기록부, 모의고사 성적표, 비교과 서류 제출
- STEP2 분석 및 진단(필수) : 성적 및 입시 변인 분석, 목표 대학 가능성 및 지원 가능 학교 선정
- STEP3 지원 대학 결정(필수) : 대학 및 학과 설정, 지원 전형 최종 결정
- STEP4 개인별 전략 수립(필수) : 전형에 따른 개별 전략 수립
- STEP5 서류 작업(선택) : 수시 전형 제출 서류 검수 작업

■ 1:1 정시 컨설팅

주사위는 던져졌습니다. 이제부터는 전략입니다. 학생의 정확한 성적 분석 및 현재 위치 파악을 통해 가장 적합한 지원 전략을 제시합니다. 단순히 합격률을 높이기 위한 지원이 아니라 학생의 적성, 대학 졸업 후 진로까지 고려한 최적의 솔루션을 받으실 수 있습니다.

- STEP1 서류 제출 : 상담일에 앞서 학교생활기록부 및 수능 성적표 제출
- STEP2 분석 및 진단 : 학교생활기록부 및 수능 성적 분석, 철저한 변인 분석을 통한 진단
- STEP3 지원 대학 결정 : 진단 결과를 통해 모집군별 지원 대학 및 학과 결정
- STEP4 상담을 통한 최종 결정 : 학생과 1:1 상담을 통해 지원학군 최종 결정

5 민성원의 공부원리

공부하는 이유와 방법을 배웁니다.
공부원리 집중코스로 인해 변화된 자녀의 모습을 확인하세요.
공부에도 원리가 있습니다. 공부의 원리를 깨달으면 공부가 즐거워집니다.
공부원리는 학생이 최대 학습 능력을 발휘할 수 있도록 도와드리며 구체적인 학습 방법과 한국의 입시 시스템을 알려드리는 최고의 학습동기부여 프로그램입니다.

■ 공부원리, 이런 학생에게 꼭 필요합니다!
- 학습 의욕의 재충전이 필요한 학생
- 뚜렷한 학습 방법을 찾아 공부의 능률 상승 효과를 얻고 싶은 학생
- 짧은 시간 동안 동기부여가 필요한 학생
- 평소 열심히 공부해도 성적이 안 올라 고민인 학생
- 상위권을 넘어 최상위권으로 진입하고 싶은 학생

■ 수업 내용
- 꿈과 목표를 설정하는 방법
- 공부의 대원칙
- 과목별 학습법
- 명문대 진학 전략
- 효율적인 공부법(암기법, 필기법 등)

■ 공부원리 1.0
공부원리 1.0은 하루 5시간으로 짧은 시간 동안에 강력한 동기를 갖게 함으로써 공부의 원리를 깨달아 공부가 즐거워지게 합니다. 공부하는 이유와 방법을 배우므로 하위권 성적의 학생은 습관과 동기를, 상위권 성적의 학생은 최상위권으로의 진입을 목표로 학습 능력을 발휘하게 하는 자기주도학습 프로그램입니다.

■ 공부원리 3.0

2003년부터 시작하여 2014년 현재 170회차를 거치는 동안 약 1만 6,000여 명의 수료생을 배출했으며 명문대·특목고·국제중에 진학하고 있는, 국내에서 가장 오래되고 신뢰할 수 있는 최고의 학습 동기부여 및 자기주도학습 캠프입니다. 방학 기간 중 2박3일 동안 학생 스스로 공부를 해야 하는 이유, 꿈과 목표 설정, 효율적인 학습 방법, 시험 잘 보는 법 등을 터득할 수 있도록 도와주며 서울대 재학생들로 구성된 멘토들이 캠프 기간 동안 꿈과 목표에 관한 워크숍 진행과 인솔, 취침까지 함께하는 공부원리 심화 프로그램입니다.

6 스스로 5분 학습법

민성원연구소에서 자신 있게 권하는 '스스로 5분 노트'!
이 노트에서 가장 중요한 것은 평가 목표와 행동 목표의 균형 있는 실천입니다. 평가 목표만 있고 행동 목표가 없는 사람은 목표가 공허해집니다. 행동 목표만 있고 평가 목표가 없으면 계획과 엉뚱한 방향으로 가게 됩니다. 따라서 평가 목표와 행동 목표는 상호 보완적으로 동시에 적절하게 실천돼야 합니다.
민성원연구소의 '스스로 5분 학습법'에서는 평가 목표는 학생의 학습 방향성을, 행동 목표는 구체적인 실천을 제시합니다. 그래서 평가 목표와 행동 목표가 동시에 작용하여 학생의 목표 달성이 용이해집니다.

■ 목표를 세워라

목표는 꿈을 이루는 도구입니다. '스스로 5분 노트'에 내가 실천할 수 있는 나 자신만의 목표를 세우는 것이 중요합니다.

■ 목표는 구체적이어야 한다

예를 들어 "하루에 영어 구문을 10개씩 외운다", "자습은 매일 3시간씩 한다"와 같은 구체적인 목표를 작성합니다. 구체적인 목표를 작성한 후 1점부터 5점까지 점수를 부여해 행동 목표를 스스로 평가합니다.

■ 목표에 유연하자
처음 정한 목표에 너무 연연할 필요 없습니다. 현실성이 부족한 계획이었다면 현실성 있게 바꿔 나가면 됩니다. 반대로 너무 쉬운 목표였다면 좀더 강도 높은 목표로 변경해 나가야 합니다.

■ 새로운 습관을 만들자
기존의 습관을 버리고 새로운 습관을 만듭시다. 공부하는 습관을 30일간 반복하고 나면 나중에는 그것을 따르지 않는 것이 더 힘듭니다.

■ 쉬는 시간에 5분간 정리한다
모든 내용을 정리할 필요는 없습니다. 수업 후 쉬는 시간을 활용해 수학 공식이나, 영어 구문, 암기 사항 등을 간단하게 5분 학습법 시트에 정리합니다.

■ 5분 복습법 시트로 다시 공부한다
방과 후 시간 및 이동 시간 등을 적극적으로 활용해 5분 학습법에 정리된 내용을 5분 복습법 시트에 정리하며 복습합니다.

■ 부모 또는 멘토 선생님이 점검한다
부모 또는 멘토선생님이 MONTH / WEEK / DAY에 코멘트를 작성하며 학생의 학습 상태를 점검합니다.

■ 지속적인 점검과 실천을 해라
공부를 잘게 되기까지는 시간이 걸린다는 사실을 알아야 합니다. 공부 습관이 몸에 익숙해질 때까지 지속적으로 실천하는 노력을 게을리하지 마세요.

7 민성원의 엄마학교

민성원연구소의 재능 기부 프로그램으로 민성원연구소의 비밀을 공개합니다!

■ 교육 대상
초/중/고등학생 자녀를 둔 대한민국 학부모 여러분이면 누구나 수강 가능합니다.

■ 교육 목적
서울대 및 상위 10개 대학 진학 컨설팅 전문 민성원연구소에서, 학부모님들의 교육 궁금증을 풀어주고 자녀의 올바른 학습 습관 형성 및 자기주도 학습능력 강화를 위해 꼭 알아야 할 지식과 정보를 전달하기 위해 민성원 소장님을 비롯한 전문 컨설턴트들의 교육 노하우를 공개합니다.

■ 수강료
- 무료
- 10회 출석 시 공부원리 1.0 프로그램 참가비 무료
- 20회 출석 시 진단검사 5만 원 할인 또는 민성원연구소 유니폼 증정

■ 교육 일시
청담 본원 : 매주 화요일 오전 10~12시

■ 교육 내용
- 공부원리, 자기주도학습법
- 과목별 학습법—국어, 영어, 수학, 과학 등
- SKY 로드맵
- 초등/중등 학습 전략—과고, 외고, 영재고 등 특목고 입시와 국제학교, 국제중 입시
- 이외에도 교육(입시) 관련 이슈, 다양한 학습 방법, 자녀 지도 방법에 대한 궁금증을 풀어드립니다.

- 매주 강의 후 학부모님들을 위한 질의&응답 시간이 마련되어 있으니 많은 참여 부탁드립니다.

8 경제학 프로그램

이제 영어와 수학만으로는 대학 합격을 보장할 수 없습니다. 달라진 입시 제도인 '입학사정관제도'에 전략적으로 대응하려면 다양한 분야의 포트폴리오가 필요합니다. 민성원연구소만의 차별화된 경제학 전문 강의로 비교과를 준비하십시오.

■ 입학사정관제도와 경제경시대회

각종 경시대회의 입상이 필요합니다. 그렇다면 어떤 경시를 선택하면 될까요? 수능 과목의 축소로 사회탐구에서 경제 과목은 앞으로 최고의 뒤집기 과목이 될 것입니다. 입학사정관제도→포트폴리오→각종 Activity

■ 경제경시대회 준비로 무엇을 얻을 수 있는가?

- 최상위권 학생의 지적 호기심 충족
- 경제 현상에 대한 날카로운 이해력
- 입학사정관전형 확대에 최적 대비
- TESAT이나 AP(micro/macro) 등 관련 시험으로 확장 가능
- 논술이나 언어 영역의 경제 지문 해결력 향상(시간 절약)
- 수능 경제 및 고등 1학년 내신과 심화 경제 내신에 대응
- 2011학년도에 서울대의 학과별 모집으로 경제학과가 최상위 학과로 복원

■ TESAT 준비로 무엇을 얻을 수 있는가?

- TESAT 2등급 취득 시 경제경시대회 입상과 동일하게 인정
- 경제 이론을 현실에 적용하는 능력 함양
- 시사 문제에 완벽 대비

- 경제학과와 경영학과 입학을 위한 필수 코스
- 연간 4회에 걸쳐 보는 시험이므로 꾸준히 경제 이해력을 향상
- 최고 등급인 S등급을 향한 동기부여

■ 민성원연구소의 경제학 강의
- 우수한 강사진 : 민성원 소장의 직강 및 SKY 출신 경제 전공자의 강의
- 다양한 커리큘럼 : 수능 이론, 수능 문제 풀이, 경제 이론, 경제 논술, TESAT반, 경제경시반
- 학생 수준별 강의 : 반 구성원에 따라 수준별 강의 진행, 각 단계별 3개월 과정

───── 예약 및 문의 민성원연구소 ─────

서울 청담 본원 1599-8884(1번)
청주 브랜치 1599-8884(3번)
세종 센터 044-863-8848
순천 센터 061-723-2003
대구 수성 센터 053-746-7999
울산 남구 센터 052-256-7884
부산 센텀 브랜치 1599-8884(2번)
대전 둔산 센터 042-471-7270
광주 남구 센터 062-681-4877

전주 센터 063-227-5171
거제 센터 055-633-0500
김해 장유 센터 055-314-8864
부산 진구 센터 051-898-1090
구리 센터 031-514-8505
홍성 센터 041-634-7072
노원중계 센터 1800-7277
포항북구 센터 054-231-8884

민성원의 **엄마는 전략가** 고등편 완전개정판

초판 1쇄 발행 2008년 7월 28일   5판개정 1쇄 발행 2013년 8월 30일
6판개정 1쇄 인쇄 2014년 8월 5일   6판개정 1쇄 발행 2014년 8월 10일

지은이 민성원 펴낸이 연준혁

출판 1분사 분사장 최혜진
편집 정지연
제작 이재승

펴낸곳 (주)위즈덤하우스 · 출판등록 2000년 5월 23일 제313-1071호
주소 경기도 고양시 일산동구 정발산로 43-20 센트럴프라자 6층
전화 031-936-4000 · 팩스 031-903-3891
전자우편 yedam1@wisdomhouse.co.kr   홈페이지 www.wisdomhouse.co.kr
종이 월드페이퍼 · 인쇄 · 제본 (주)현문

값 14,500원   ⓒ 민성원, 2014   ISBN 978-89-91731-72-1 13370

* 잘못된 책은 바꿔드립니다.
* 이 책의 전부 또는 일부 내용을 재사용하려면
  사전에 저작권자와 (주)위즈덤하우스의 동의를 받아야 합니다.

국립중앙도서관 출판시도서목록(CIP)

(민성원의) 엄마는 전략가 : 중3부터 준비하는 명문대 입
학 로드맵. 고등편 / 지은이: 민성원. — 완전개정판. —
고양 : 위즈덤하우스, 2013   p. ;   cm

ISBN 978-89-91731-72-1 13370 : ₩14500

입시 지도[入試指導]
자녀 교육[子女教育]

378.9-KDC5
649-DDC21   CIP2013016049